迎难而上 驰而不息

上海商学院70年

方有林 主编

The 70th
ANNIVERSARY
OF SHANGHAI
BUSINESS SCHOOL

中国出版集团 東方出版中心

上海市高校“课程思政”重点改革领航学院建设成果之一

上海市高校“三全育人”综合改革示范学院建设成果之一

中共上海商学院委员会党建工作标杆学院建设成果之一

主　编　方有林

副主编　卞　樑　林沈节

编　委　许瑛瑛　张　冰　黄建昌　刘建民　李坦楼

杨凤美　卢苗苗　庄黎丽　张君安　边栎叶

学校变迁

1950年　中央税务学校华东分校（赁徐汇柿子湾立信会计专科学校）

1950—1952年　中央税务学校华东分校（苏州带城桥37号等）

1952—1956年　华东财政学校（三门路661号）

1956—1958年　财政部上海财政干部学校（三门路661号）

1958—1968年　上海市财政贸易干部学校（三门路661号）

1969—1978年　上海市财贸五七干校（奉贤县五四农场）

1950年　中央税务学校华东分校（赁徐汇柿子湾立信会计专科学校）

1950—1952年　中央税务学校华东分校（苏州带城桥37号等）

1998—2004年　上海商业职业技术学院（中山西路2271号等）

2004年起　上海商学院（奉浦大道123号等）

序

为迎接上海商学院建校70周年举办的征文活动很成功，在校师生和来自天南海北的校友踊跃来稿，80多篇回忆过往、记录发展和抒发感怀的作品汇聚起来，抒写了学校干部教育、党校教育、国民教育发展阶段的峥嵘岁月，以及师生员工奋进拼搏的鲜活群像。

征文较为系统地记述了学校70年发展的流金岁月：1950年初建校的中央税务学校华东分校，从第一届招生的494名学员起步，发展到今天每年招收近2 000名全日制本科生的规模，校舍从最先租赁办学发展到如今拥有400多亩的校园，教职员工规模从创校时的11人发展到现在的700多人。

尤其是近40年，趁着改革开放的春风，学校迎难而上、抢抓机遇，步入了快速发展的轨道，踩准了高速发展的节奏，迈上了良性发展的台阶。首先是改革之初的干部教育大发展，为上海商贸系统的转型发展培养和造就了一大批德才兼备的管理干部和经贸骨干；其次是20世纪90年代中期，顺应了老百姓希望接受高等教育的迫切愿望，从干部教育成功转制为国民教育，开创了全日制普通高等职业教育为主的新征程；再次是21世纪初，抢抓高职教育转型升级为本科教育的良机，于2004年成功“升本”，进入全日制本科教育为主的新阶段。

上海商学院70年发展历史，是新上海71年发展历史的重要组成部分。虽然校名几经更迭，先后经历了中央税务学校华东分校、华东财政学校、财政部上海财政干部学校、上海市财政贸易干部学校（中共上海市财贸党校）、上海市财贸管理干部学院（中共上海市财贸党校）、上海商业职业技术学院（中共上海市财贸党校）、上海商学院（中共上海市经济党校），但是“迎难而上、驰而不息”的精、气、神始终不变，成为上海城市精神的有机组成部分。

校庆办公室、校友办公室会同党政办（档案室）、组织部、宣传部、校工会、校友会、文法学院等部门的同志组成编委会，由文法学院院长方有林担纲主编，统筹全书编纂工作。方有林教授长期关注本校校史的收集、整理和研究，曾经组织和参与了校庆 60 周年的具体工作。本书比较充分地反映了近年来该团队在校史整理和发掘方面的阶段性成果。

全书分为上、中、下三篇，凝聚了编纂者的匠心打造：“上篇　历史沿革”，编纂者参考“校庆 60 周年纪念图册”、《我们共同走过八年》等材料，充实了校史沿革，希冀建立“面”上的“坐标”添砖，助力读者更全面了解本校校史脉络。“中篇　上商往事”，遴选蕴含着丰赡史实和生动细节的校庆征文等，为深入了解校史提供了丰富的“点”上可读性强的史实。“下篇　往事撮要”，选取“伟大工程”主题党课《红色基因　商道使命》、二级学院风采录、学校大事记等内容，冀望丰富理解校史的多维度。

我校 70 年来的发展历程中，干部教育和党员教育经历的时间长、跨度大、变化多，而国民教育虽然只有 20 多年的短短历史，然而在快速的规模扩张中兼顾不及等原因，目之所见本校 70 年校史资料还比较有限，这就为后续校史收集、整理、挖掘和研究留下了较大的空间。祈愿本书的编印和出版，作为校史收集、整理和研究抛出的一块小砖，引来更多的校史研究成果之美玉。

我校有着光荣的历史，传承着红色基因，始终以服务城市的经济和社会发展为己任，在改革开放的大潮中迅速崛起，屡经艰苦创业开荒拓土，实现了由干部培训到国民教育，由行业办学到直属市教委，由异地办学到固定办学的艰难转型。在几代上商人眼里，上海商学院的发展史，就是一部浓缩的创业奋斗史。昨天的上海商学院曾是新中国红色干部的大熔炉；今天的上海商学院，争做新时代改革开放的排头兵；明天的上海商学院，必将是新征程伟大复兴的圆梦人。

融入中国特色社会主义建设的新时代，站在实现中华民族伟大复兴中国梦的历史起点，我们充满必胜信心，决心奋力拼搏，将学校的发展融入上海城市经济和社会发展服务中去，融入服务长三角一体化发展的国家战略中去，努力将学校建设成为与上海国际大都市相匹配的、特色鲜明的应用型商科大学，用智慧和汗水铸就新的辉煌，献礼 80 周年校庆。

乐为之序。

上海商学院校长　唐海燕

2020 年 12 月 21 日

目　　录

上篇　历史沿革

中篇　上商往事

下篇　往事撮要

附　录

上篇　历史沿革

一、中央税务学校华东分校
（1950—1952）

中央税务学校，是1949年12月创办的全国性税务专业学校，其前身是华北税务学校。

由于新中国建设对税务干部的急需，1950年1月政务院发布的《关于统一全国税政的决定》中，要求财政部税务总局扩大税务学校。在政务院的通令发布10多天后，中央人民政府财政部批复决定“将原华北税务学校改名为中央税务学校”。校长由时任中央财政部税务总局局长李予昂兼任。学生来源包括招考新生和调集在职干部轮训两方面。定有校训：“忠诚朴实，廉洁勤能。”

中央税务学校（中央财经大学前身）先后在华东、中南、西北、西南等大区建立了税务分校，对新中国初期充实税务干部力量，提高税务干部的政治思想和政策业务水平发挥了很大的作用。

中央税务学校华东分校校徽

在上述背景下，1950年1月，根据中央财政部指示，经华东财委和财政部批准建立中央税务学校华东分校（简称华东税校）。

校长由华东税务管理局局长、上海市货物税局局长王南秋兼任。校党支部书记为耿同麟，副书记、副校长为侯建中。学校日常工作均由校党支部书记、副校长耿同麟负责。

筹建之初，教职工只有11人。其中，扛过枪、打过仗的老革命4人，在白色恐怖下从事过秘密工作的大学生4人，在国民党政府机关中做过财税工作的前公务员3人，都没有高等教育工作经验。同时，办学场地、专业教师、办学对象也都没有。大家当时压力很大。

为了树立大家的信心，时任上海税务局局长顾准来校做思想工作。顾准说："我们共产党人从无到有，能把这么大的新中国建立起来，你们就没有信心白手起家，把咱们共产党的税校办起来?"这一席话，对大家触动很大，尤其是帮助大学生放下了思想包袱，树立了信心。

没有办学场地，就向私立立信会计专科学校（徐汇区柿子湾校本部）租借房子做教室。

没有专业教师，就通过上级领导机关到各高校去要人。

没有学生，就在报纸上刊登招生广告。1月31日，学校发布《中央税务学校华东分校招生简章》，2月11日在《解放日报》刊登招生广告。半个月就完成了首期招生，第一期共招收494名学员。

华东税校采用供给制和军事化管理。学制以短期培训和干部轮训为主，短期培训一般每期三或五个月结业。如第一、第二期结业时间分别为1950年5月、1950年9月。

由于借用的私立上海立信会计专科学校校本部校舍有限，以及华东税校第二、第三期招收学员陆续入学，办学场地不堪负荷，上级决定将学校迁出，另觅校址办学。

1950年8月，全校师生近千人举校迁往江苏省苏州市，校址在苏州市带城桥37号，办学点还有苏州城隍庙等多处。

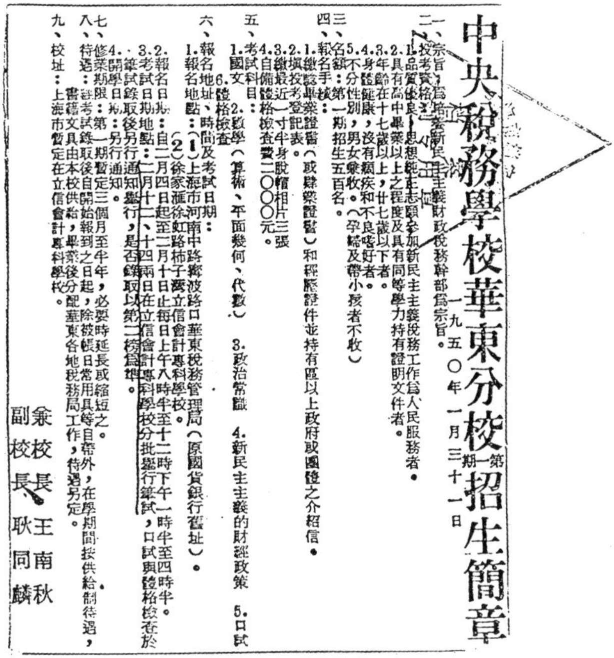

中央稅務學校華東分校第一期招生簡章

一九五〇年一月三十一日

一、宗旨：為培養新民主主義財政稅務幹部為宗旨。

二、投考資格：1.品質優良、思想純正志願參加新民主主義稅務工作為人民服務者。2.具有高中畢業以上之程度及具有同等學力持有證明文件者。3.年齡在十七歲以上，廿七歲以下者。4.身體健康，沒有痼疾和不良嗜好者。5.不分性別，男女兼收。（孕婦及帶小孩者不收）

三、名額：第一期招生五百名。

四、報名手續：1.繳驗畢業證書（或肄業證書）和稱職證件並持有區以上政府或團體之介紹信。2.填投考登記表。3.繳最近一寸半身脫帽相片三張。4.自備體格檢查費二〇〇〇元。

五、考試科目：1.國文 2.數學（算術、平面幾何、代數） 3.政治常識 4.新民主主義的財經政策 5.口試 6.體格檢查

六、報名地址、時間及考試日期：

1.報名地點：（1）上海市河南中路寧波路口華東稅務管理局（原國貨銀行舊址）。（2）徐家匯徐虹路柿子灣立信會計專科學校。

2.報名日期：自二月四日起至二月十日止每日上午八時半至十二時下午一時半至四時半。

3.考試日期地點：二月十二、十四兩日在立信會計專科學校分批舉行筆試，口試與體格檢查於筆試錄取後另行通知舉行，是否錄取以第二榜為準。

4.開學日期：另行通知。

七、修業期限：第一期暫定三個月至半年，必要時延長或縮短之。

八、待遇：經考試錄取後自開始報到之日起，除被帳日常用具等自帶外，在學期間按供給制待遇，書籍文具由本校供給，畢業後分配華東各地稅務局工作，待遇另定。

九、校址：上海市暫定在立信會計專科學校。

兼校長 王南秋

副校長 耿同麟

刊载于《解放日报》的招生广告

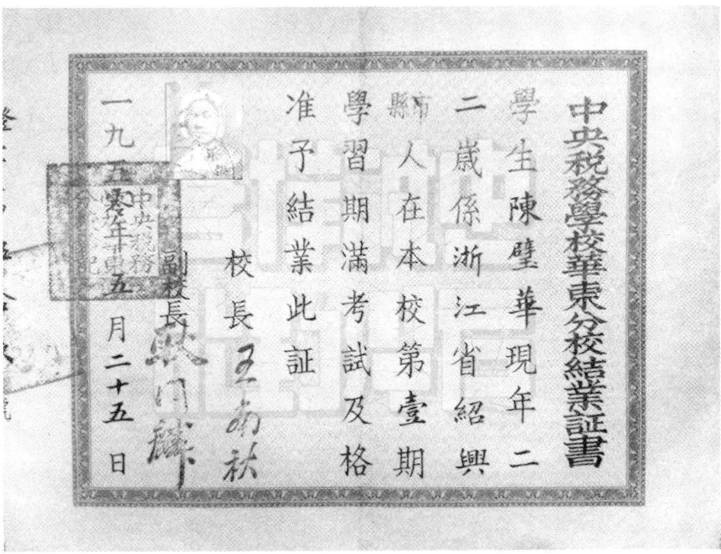

中央税务学校华东分校第一期学员结业证书

附：华东粮政干部学校（1951—1952）

华东粮政干部学校，成立于1951年，1952年底并入华东财政学校。由华东粮食局局长周伯萍兼任校长。

华东粮政干部学校自印教材：粮食鉴定讲义

华东粮政干部学校结业纪念册

二、华东财政学校(1952—1956)

从 1949 年到 1952 年，全国陆续成立 6 个大行政区(简称为大区)，分别有华北、东北、西北、中南、华东、西南 6 个军政委员会，对应当时的 6 大军区。每个大行政区都设立了行署，而且管理着几个省和地区。

华东军政委员会包括了山东、江苏、浙江、福建等省份，以及南京和上海两个直辖市(新中国成立初期全国有 13 个直辖市)，公署设立在上海。

1952 年 12 月，华东军政委员会财政部决定成立华东财政学校，时任华东财政部副部长、后任上海市副市长的宋季文说："我们要搞自己的财政大学!"

校址选在虹口区三门路 661 号。

华东财政部部长周光春兼任校长、党支部书记。校级班子成员还有许用思(副书记、副校长)、耿同麟(副书记、副校长)、徐旭(副校长)等。校址在苏州的中央税务学校华东分校和 1951 年成立的"华东粮政干部学校"撤销，教职员工全部并入华东财政学校。

华东财政学校纪念徽

学校教师主要由四部分组成：一是中央税务学校华东分校和华东粮政

干部学校的部分教师;二是在 1952 年高校院系调整过程中从上海其他高校调来的教师,其中包括原沪江大学商学院金融系主任郑辉在内的十几位老教授和讲师;三是从华东财政部调来的部门业务骨干;四是新中国成立初期中共中央华东局从华东六省一市选调来上海财经学院培养的 800 多名学员中挑选的 20 名学习尖子。

学校培养对象为华东地区财政税务部门的县市级领导骨干。

学校按大专院校模式建制,设预算、税收、经建、财务等系,以及财政、会计、统计、税务、政治理论等教研室,大多采用中国人民大学的教材。

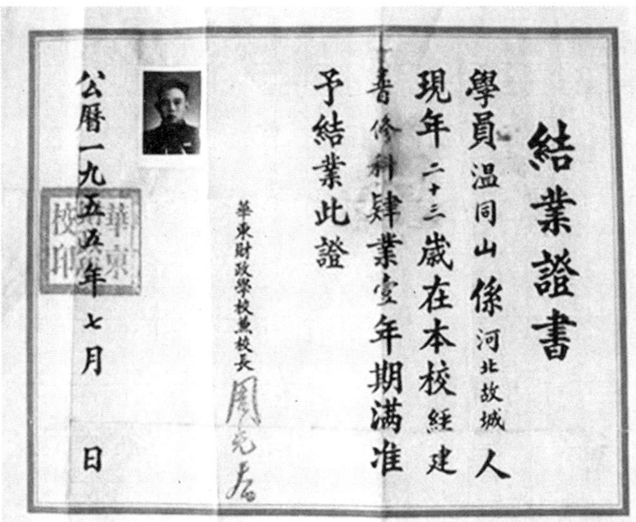
結業證書
學員温同山係河北故城人
現年二十三歲在本校經建
專修科肄業壹年期滿准
予結業此證
華東財政學校兼校長
公曆一九五五年七月 日

华东财政学校结业证书

三、财政部上海财政干部学校(1956—1958)

1954年国家进入有计划的经济建设时期。国家计划经济的建设，要求进一步加强中央集中统一的领导。中央直接领导省、市，以便于更切实地了解基层的情况，减少组织层次，增加工作效率，克服官僚主义，节约干部，加强中央和供给厂矿企业的需要，并适当地加强省、市的领导，撤销大区一级的行政机构。

1956年4月，根据中央的统一部署，全国各大区撤销，财政部通知将学校改名为财政部上海财政干部学校，培养对象由华东地

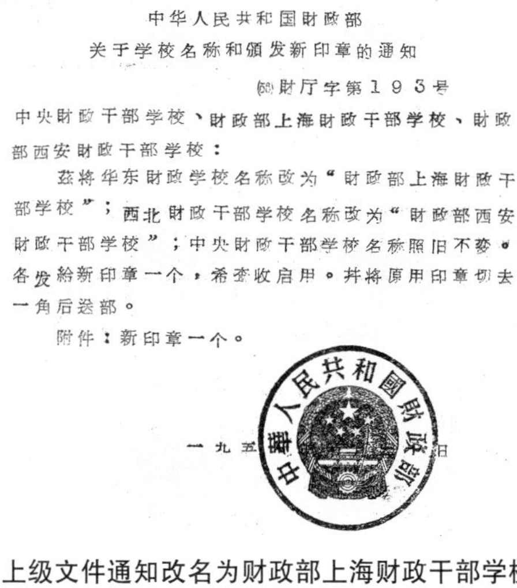

中华人民共和国财政部
关于学校名称和颁发新印章的通知

(56)财厅字第193号

中央财政干部学校、财政部上海财政干部学校、财政部西安财政干部学校：

兹将华东财政学校名称改为"财政部上海财政干部学校"；西北财政干部学校名称改为"财政部西安财政干部学校"；中央财政干部学校名称照旧不变。各发給新印章一个，希查收启用。并将原用印章切去一角后送部。

附件：新印章一个。

一九五 … 日

上级文件通知改名为财政部上海财政干部学校

区扩大到中南地区。

結业証书

学員夏梓材於一九五六至一九五七学年在本校企业財务专修班学习一年期滿成績及格准予結业

財政部上海財政干部学校
校长 耿同麟

一九五七年七月 日

証书登記字[illegible]号

财政部上海财政干部学校结业证书

校址仍然在虹口区三门路661号。

耿同麟出任学校党支部书记、校长。何方明担任学校党支部副书记、副校长。

当时,学校教师与复旦、同济的教师一起参加政治学习,教职员工按高等院校系列评定工资。

四、上海市财政贸易干部学校创校(1958—1969)

1958年3月,中央财政部把学校下放给上海市。上海市委决定,把财政部上海财政干部学校与第一商业局、第二商业局、税务局、外贸局、人民银行所属的干部学校以及上海市商业职工学校合并,建立上海市财政贸易干部学校,委托中共上海市委财贸政治部直接领导。

校区仍然在虹口区三门路661号。耿同麟担任学校党支部书记、校长(至1962年止)。

结业证书

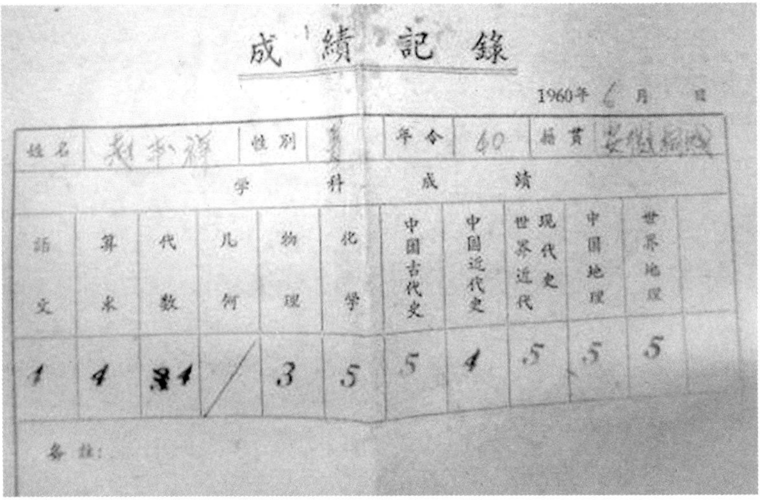

成績記錄

1960年 6 月 日

姓名	[illegible]	性别	男	年令	40	籍貫	安徽[illegible]

学科成績

語文	算术	代数	几何	物理	化学	中国古代史	中国近代史	世界近代现代史	中国地理	世界地理	
4	4	34	/	3	5	5	4	5	5	5	

备註:

上海市财政贸易干部学校学员结业证书、成绩记录

先后担任校级领导的还有：侯希仁（副书记）、陶毅（副书记、副校长）、丛光烈（副校长）、张曙（副校长）。

学校任务是负责全市财贸系统干部的政治理论教育。

学校部分专业教师被调到上海财经学院、上海第二医科大学、上海外国语学院和安徽财贸学院等高校。

其间，上海市商业学校、第一商业局干部学校、第二商业局干部学校、税务局干部学校、外贸局干部学校、人民银行干部学校先后陆续并入。

五、上海市财贸“五七干校”（1969—1978）

1968 年 10 月 5 日，《人民日报》发表黑龙江省革命委员会柳河“五七干校”的经验材料，从此，各地纷纷开始效仿柳河开办“五七干校”。

同年 10 月 9 日，上海市革命委员会决定在当时奉贤县奉城镇南，五四农场境内（今奉贤区五四公路 2011 号）建立上海市直属机关“五七干校”（简称市直干校）。下放劳动学习的对象为市委、市人委各直属机关参加“斗、批、改”的全体干部。校部建立上海市直属机关“五七干校”革委会，下设办公室、组织组、政工组、专案组、教研组、生产后勤组；学员按军事编制，分为兵团、连队。

在上述背景下，1969 年 11 月，成立“上海市财贸五七干校”，学校从虹口区三门路 661 号迁出，至杭州湾畔奉贤海边的五四农场，校址在今奉贤区五四公路 2761 号。

下放劳动和学习的对象为市财贸系统公司以上机关工作人员。学员在干校的任务就是学习和种地劳动。

干校规定，教职工每周一次，半天部门学习，主要学习各种文件，或者读报。校部人员周四参加劳动打扫猪圈。农忙时，教职工和学员都要下田拔秧插秧，每次农忙基本上连续一到二周。

校区由两部分组成：一是办公、学习和生活区（面积近 300

亩)，一是马路对面、差不多大小的农场。学员最多时有几千人，分布在 5 个居点，有几十幢房子。起先是草屋，后陆续新建瓦房二三十幢。

校部办公楼，是两层的红砖房，设有办公室、教研室、生产组等部门。

教职工和学员平时都住在学校。干校食堂吃的蔬菜自己种，还养鸡和猪。学员排着队一齐来食堂用餐，校部人员窗口排队，用饭、菜票购买。

市区的教职工一般每两周回去一次，休息两天。乘坐的是用交通牌 142 型卡车改装的校车，到市区北京东路外滩(北京东路 83 号设有干校驻沪办事处)终点下车。

1978 年 10 月底，上级划拨了铜仁路 195 号为新校区。

1979 年市区教职工陆续搬入新校区办公，奉贤当地职工留在老校区。

上海市财贸五七干校使用的菜票

六、上海市财政贸易干部学校复校(1978—1983)

1977 年 10 月 5 日，中共中央作出《关于办好各级党校的决定》，复校的春风吹拂着全国各级党校和干校。

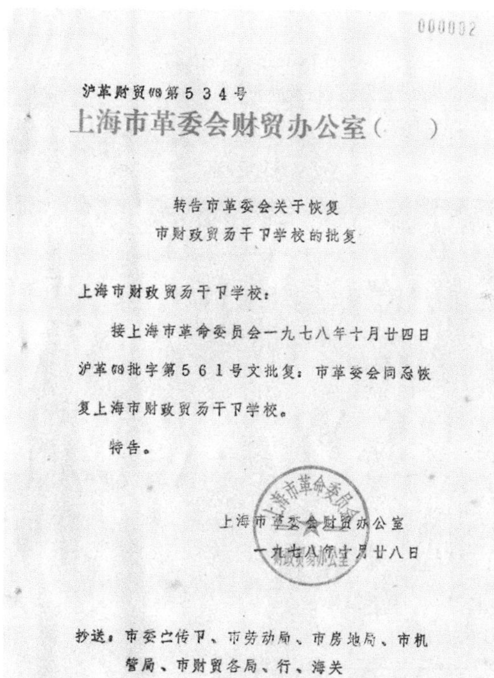

000032

沪革财贸(78)第534号

上海市革委会财贸办公室（　）

转告市革委会关于恢复
市财政贸易干部学校的批复

上海市财政贸易干部学校：

接上海市革命委员会一九七八年十月廿四日沪革(78)批字第561号文批复：市革委会同意恢复上海市财政贸易干部学校。

特告。

上海市革委会财贸办公室
一九七八年十月廿八日

抄送：市委宣传部、市劳动局、市房地局、市机管局、市财贸各局、行、海关

上级文件“恢复市财政贸易干部学校的批复”

1978 年 10 月 28 日，上海市革委会财贸办公室下文批复：市革委会同意恢复上海市财政贸易干部学校。

学校开展以拨乱反正为主要内容的干部教育和真理标准讨论，积极落实党的工作，着重点转移到以经济建设为中心的战略部署。

新校址在静安区铜仁路 195 号。占地 5 亩，是市财贸办下属公司的仓库所在地，多家单位合用。二层楼房改建成几间教室、一个会议室，没有教师办公室。同时，继续使用奉贤海湾校区。

裴先白（1979 年 1 月起）、肖林（1981 年 11 月起）兼任学校党委书记和校长。

其他校级领导先后有：张曙（副书记、副校长）、宫钦建（副书记、副校长）、叶德煌（副校长）。

1980 年 8 月，上海市委办公厅通知，同意上海财政贸易干部学校同时称为“中共上海市财贸党校”，属两块牌子、一个机构的建制。

学校的主要任务是对本市财贸系统（包括上海商业、银行、财政、外贸、海关、工商行政管理等系统）的干部进行政治轮训。

上海市财政贸易干部学校复校后的“全家福”（摄于奉贤海湾校区）

七、上海市财贸管理干部学院(1983—1998)

1983 年 8 月 3 日,学校改名上海市财贸管理干部学院。

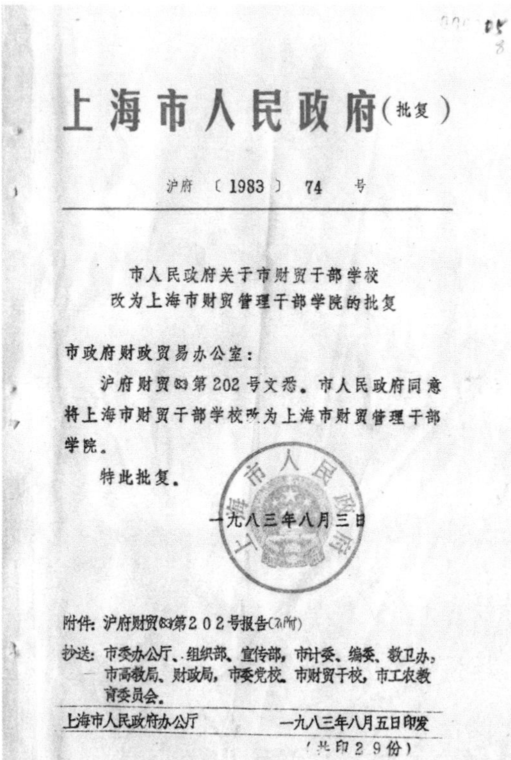

上海市人民政府(批复)

沪府〔1983〕74 号

市人民政府关于市财贸干部学校
改为上海市财贸管理干部学院的批复

市政府财政贸易办公室:

沪府财贸(83)第 202 号文悉。市人民政府同意将上海市财贸干部学校改为上海市财贸管理干部学院。

特此批复。

一九八三年八月三日

附件:沪府财贸(83)第 2 0 2 号报告(不附)

抄送:市委办公厅、组织部、宣传部,市计委、编委、教卫办,市高教局、财政局,市委党校、市财贸干校,市工农教育委员会。

上海市人民政府办公厅　　一九八三年八月五日印发

(共印 2 9 份)

上级文件改名"上海市财贸管理干部学院"的批复

管理模式仍采用与中共上海市财贸党校两块牌子、一套机构的建制。

这是党的十一届三中全会以来，工作中心转移到经济建设上来，我国从计划经济向市场经济转变，全市财贸系统转型升级，经济管理人才严重不足的背景下，为适应经济和社会发展形势需要，经上海市人民政府批准而改名的。

新校区在铜仁路 195 号。同时，继续使用奉贤海湾校区。

先后担任学校党委书记的有：庄晓天（1987 年 8 月起）、蓝少海（1993 年 4 月起）。

先后兼任学校校长的有：潘其昌（中共上海市财贸工作委员会党委书记，中共上海市委委员，交通银行副董事长、副总经理、党组成员兼上海分行总经理，1984 年 7 月起）、庄晓天（上海市副市长、浦东发展银行董事长，1987 年 8 月起）、张俊杰（中共上海市人民政府财贸办公室委员会书记兼主任，1989 年 8 月起）、任徽典（中共上海市人民政府财贸办公室委员会书记，1993 年 9 月起）、崔善江（中共上海市商业工作委员会书记，1997 年 6 月起）。

先后担任校级领导的有：张曙（副书记、副校长）、叶德煌（副校长）、徐继栋（副校长）、徐立夫（副书记、副校长）、蓝少海（副书记、副校长）、吴庆成（副校长）、陶国勋（副校长）、陆嘉书（副校长）、曹晓兰（副书记、副校长）、江才妹（副书记、副校长）、方名山（主持工作副校长）。

学校先后开设政工、商业企业管理、商业经济、财会、企业管理、企业行政管理、餐旅、国际工商管理、涉外会计、旅馆饭店、国际商业经济管理等大专学历专业。几年后，共有近 4 000 名学员获得国家颁发的大专毕业文凭，毕业生多数成为财贸系统的政治业务骨干，其中不少走上了局、处级或商业企业的领导岗位。

学校为了落实党的“十二大”提出的“建设有中国特色的社会主义”思想，以及建设四个现代化和实现小康目标，学校党委主动

学生杨艳，性别女，一九七二年一月　日生。于一九九四年九月至一九九七年七月在本校（院）国际工商管理专业业余学习，修完叁年制专科教学计划规定的全部课程，成绩合格，准予毕业。

校（院）长　　　学校（院）

一九九七年七月　日

（无国家教育委员会成人高等教育证书专用章无效）

批准文号：教计字(85)45号

证书编号：9703033

上海市财贸管理干部学院学员毕业证书

对接上海经济和社会发展的迫切需要，带领全校师生员工，将加快培养大量德才兼备的商贸人才作为新时期办学的神圣使命。

其间，还完成行政管理、旅馆酒店、财会、商业储运管理等各类专业资格证书培训；举办多期“高级企业干部培训班”和“财政税务科、所长培训班”；还为市财贸系统、市建设银行、城市信用社、华联集团、市合作联社等商业单位以及新疆、甘肃等地有关部门举办各类短期培训班，培训干部数万人次，为提高本市及其他地区财贸系统管理干部的文化业务素质作出了贡献。

1988 年 1 月至 1998 年底，学院在邓小平同志建设有中国特色的社会主义理论和党的十三、十四、十五大精神指引下，学院党委带领师生员工团结奋进，开拓创新，发挥了各级党组织的战斗堡垒作用和党员的先锋模范作用。

校党委较好地坚持了民主集中制，实行党委领导下的院长负责制，加强思想政治工作，狠抓精神文明建设，修订完善各项规章制度，学院按照“找准位置，形成特色，增强活力，提高效率”的思路，紧紧围绕社会主义市场经济的需要，深化改革，牢固树立以质取胜的观念。

1988年，学校对系(部)领导实行聘任制，并试行院、系“两级办班、两级管理、两级分配”的管理模式；同年初在总务处试行科、室(含)以下人员由总务处进行聘任的改革。

1992年推出“教学、人事、分配”三项制度改革：教学方面实施“加强教学管理工作32条制度”和“质量保证体系12条意见”，人事制度主要推出“工作任务实行目标管理，教职员工实行动态管理”，完善教师聘任制，行政、党务、后勤人员实行岗位责任制，分配制度上试行岗位职务津贴，打破大锅饭，适当拉开了差距。

1993年，学校加大改革力度，精简机构，改革用人制度，实行全员聘任制，采取两级聘用，择优上岗，聘余流动，允许教职工在校内跨部门受聘的原则，在分配制度上进一步向教学部门倾斜，完善两级分配办法，实行经费财务统收，按项支付，划块包干，试行国家和院内双轨工资制，计时、计件、按质、按量进行分配。

1994年起，学校在改革方面，进一步精简机构，主要职能部门实行合署办公，精减人员，推出富余人员的管理办法，系(部)实行按课时分配并统一课时标准。

1997年起实行院“一级管理，一级分配”，提高分配比例，教职工收入有所增加。由于学校在改革的同时加强了思想政治工作，改革稳步推进，教职员工得到实惠、思想稳定。

初步形成置换铜仁路195号校区方案，为后续建设中山西路2271号校区做了相应的准备。为了配合新校区建设，曾租赁多处场地办学：

1993年7月，临时租借长宁区教育学院(愚园路864号)办学；

1996年底，校(院)长室、院办、党办、组织人事处、财务科、科

研所、电教中心、图书馆等部门搬到社会主义学院办公(镇宁路405弄65号);

1997年11月,全校(院)搬到上海市商业学校(共和新路1485号)办学。

八、上海商业职业技术学院
（1998—2004）

1998 年 3 月 6 日，国家教委批准，同意建立上海商业职业技术学院，学校“转制”成功，开启全日制国民高等职业教育办学阶段，成为上海市第一所全日制高等职业技术学院。

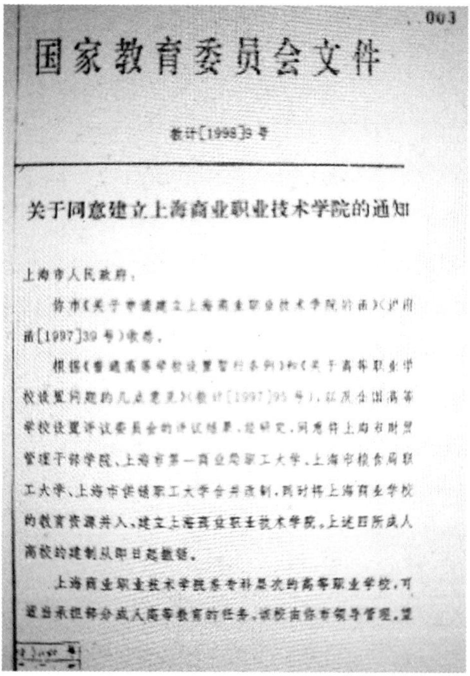

003

国家教育委员会文件

教计[1998]9号

关于同意建立上海商业职业技术学院的通知

上海市人民政府：

你市《关于申请建立上海商业职业技术学院的函》（沪府函[1997]39号）收悉。

根据《普通高等学校设置暂行条例》和《关于高等职业学校设置问题的几点意见》（教计[1997]95号），以及全国高等学校设置评议委员会的评议结果，经研究，同意将上海市财贸管理干部学院、上海市第一商业局职工大学、上海市粮食局职工大学、上海市供销职工大学合并改制，同时将上海商业学校的教育资源并入，建立上海商业职业技术学院。上述四所成人高校的建制从即日起撤销。

上海商业职业技术学院系专科层次的高等职业学校，可适当承担部分成人高等教育的任务。该校由你市领导管理。望

国家教委文件“同意建立上海商业职业技术学院的通知”

上海商业职业技术学院,由上海市财贸管理干部学院、上海市第一商业局职工大学、上海市粮食局职工大学、上海市供销社职工大学合并"转制",同时将上海商业学校的教育资源并入,共同组建而成。

学校从成人干部培训教育"转制"为全日制国民教育,始于20世纪90年代中期。当时,上海这座城市步入了改革开放的快车道,上海市财贸管理干部学院面临着重重困难:

一是办学规模小、结构不合理。只有两个专业,成人在校生380多名。教职员工近200名,36名专职教师,行政、后勤人员却有130多人。

二是教学场所不落地。学校虽然早就落实了中山西路2271号的建设用地,但是因为资金原因"晾"了四年,靠临时租借场地"打游击"办学。

三是办学经费十分困难。财政拨款有限,不敷日常费用,连在职职工和退休职工医药费报销都成大问题,更别说新建校区、增加收入了。

四是队伍不稳,人心思走。由于上述诸多原因,教职工忧虑前途,人心思动,不少职工纷纷跳槽,另谋出路,而且这种情况不断加剧。

如果说,上述情况属于显性困难,那么,当时的隐性困难更大。当时校内存在着两种截然相反的意见:一种意见认为,为了学校未来的发展大局,为了让学校的教职员工有一个良好的发展空间,同时也是为了贯彻落实国家关于发展职业技术教育的精神,学校有必要进行转制。另一种意见认为,"转制"成功的可能性不大。因为当时国家对成人高校向全日制高校的"转制"管控得十分严格,要"转制"必须得到国家教委认可和批准。从全国来看,成功实现转制的案例有,但不多,难度相当之大。既然转制难度那么大、成功的概率也不高,所以没有必要转制,以目前学校的状况和现有的办学条件，把成人干部教育搞好就不错了。

两种意见交锋激烈，“转制”进程阻力重重。“转制”的各项工作，就是在一种不可能成功的消极舆论和看笑话的氛围之中推进的。但是，在上级单位的全力支持下，学校有识之士竭尽全力推进“转制”工作，在充分调研的基础上形成了切实可行的“转制”报告，归纳整理了各种不同类型的附件资料。国家教委来校评审的专家，充分肯定了学校所做的各项转制准备工作，对提交的“转制”报告和各种附件资料给予了较高的评价。学校专家组提交的评审报告得到了国家教委的认可，1998 年 3 月国家教委发文同意学校“改制”，成立上海商业职业技术学院，从而诞生了上海市第一所高职学院。

在此之前，学校还曾开展过一系列“转制”国民教育的探索。一是 1994 年 10 月经上海市人民政府同意，将上海市财贸管理干部学院、市第一商业局职工大学、市粮食局职工大学、市供销社职工大学合并组建上海市商业高等职业技术学校，同时保留上海市财贸管理干部学院建制，实行“两块牌子，一套班子”的建制。共同承担本市财贸系统的高等职业教育、成人高等学历教育和干部岗位培训等继续教育任务。1996 年因国家教委未予承认，全日制高职教育未能正式起步。

二是 1997 年，用立信会计专科学校名义，招收国民教育高职学生 120 名，在上海市商业学校内培养。

1999 年 1 月，学院从租赁办学地(共和新路 1485 号)迁至自有新校区(中山西路 2271 号)办学。徐汇新校区建设，自 1996 年 12 月经上海市人民政府批准，选址在中山西路 2271 号建设新校址起，经过多年的不懈努力，终于在 1998 年底完成一期工程，建造了 14 层教学、办公楼，7 层生活楼。

1999 级高职新生在自有校区报到，结束了学校四处漂泊、借校舍办学的历史。全校师生精神大为振奋、面貌焕然一新。当成功的事实摆在全校教职工面前时,各种消极思想也就烟消云散了。

1998 年 10 月经中共上海市委、上海市人民政府同意,中共上海市财贸党校与上海商业职业技术学院实行“一个机构,两块牌子”的建制。

方名山担任学校党委书记(1996 年 10 月—2004 年 9 月),并担任主持工作副校长。

先后兼任上海商业职业技术学院校长的有:崔善江(中共上海市商业工作委员会书记,1998 年 3 月起)、甘忠泽(上海市商业工作委员会书记,2001 年 7 月起)。

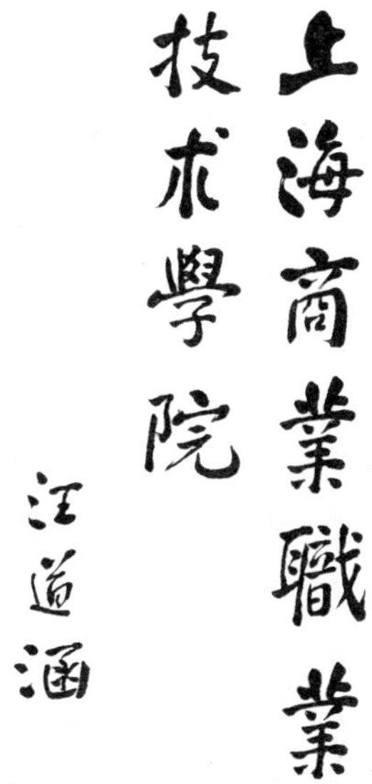

时任上海市市长汪道涵题写的校名

先后担任上海商业职业技术学院校领导的还有:曹晓兰(副书记、副校长)、江才妹(副书记、副校长)、张振丰(副校长)、冯伟国(副校长)、朱铮宸(副校长)、陆一樑(副校长)。

徐汇新校区投入使用,办学硬件改善,塑造和优化了学校形象,吸引了广大家长的注意力,收获了高职考生的青睐。学校 1998 年秋招生 320 名;1999 年秋招生 850 名,占全市高职生招生数的 1/8;2000 年、2001 年共招生 4 900 名,短时间内在校生规模达到 5 750 名,占全市高职院校招生数的 1/7,名列全市第一。

高职多院区管理实行“八个统一”的模式,就这样创新地走上了学校发展的前列。学校不仅不减招,而且进一步增招;不仅上海招生,而且面向长三角乃至全国招生。高职学生的快速增长,使占地只有 24 亩的徐汇校区再次难堪重负。

以方名山书记为副校长的校级领导班子并未沉浸在第一次成

功创业的喜悦中，而是迎难而上、继续前行，面对新问题、新困难、新情况，继续第二次创业。瞄准未来商业人才转型升级的巨大空间，顺应和对接普通孩子上大学的强烈需求，2001 年开始物色郊区校舍建设地块，创造条件、继续迎难而上，创新校区"滚动高效"建设新模式。

经过半年多的调查研究，反复比较，几乎跑遍市郊有可能建校的地块，终于在 2001 年下半年选择奉浦上海市工业综合开发区征地 320 亩，筹建 12 万平方米现代化新校区。

2002 年奉浦校区工地

在上级主管单位市商务委和奉贤区政府的支持下，靠自筹资金和银行贷款，全校团结奋斗，步调一致，2002 年 2 月 1 日终于在奉浦校区工地尚未完全"七通一平"的困难条件下，打下了第一根桩。

学校面对建设奉浦校区资金缺、工期短、要求高、经验少的"硬骨头"，在基建现场学习基建，并创新思维，将设计、勘探、监理和施工阶段全部实行公开招标，同时将审计队伍请进现场等办法，提出

“五比”原则(比质量、比价格、比付款方式、比交货期和比售后服务),处处精打细算、货比三家,2002 年 9 月奉浦校区一期工程教学用房 5 万多平方米胜利竣工并投入使用,迎来首批近 2 000 名新生入校就读,创造了建设周期最短、建设费用最低的上海高校校舍建设奇迹。

2002 年 9 月竣工的奉浦校区一期

奉浦校区二期工程于 2003 年 1 月动工,累计建造行政办公大楼、学生公寓、教学楼、图文中心辅楼、网球场等体育设施,共 5.5 万多平方米。并于当年 9 月份完工,同月又迎来 2 000 多新生入校就读。

建成后的奉浦校区,有图文信息楼及辅楼 2 栋、公共教学楼 4 栋、实验实训技术楼 1 栋、行政楼 1 栋、食堂 1 栋、学生公寓 10 栋、容纳 2 462 人的体育看台 1 个、辅助用房 4 栋,另有 400 米标准田径场和标准足球、篮球、排球场,旱地溜冰场及人工湖泊。

进入 21 世纪,学校高等职业教育进入规模发展期,除 2000

年、2001 年共招生 4 900 人外，2003 年、2004 年继续扩大招生，2004 年，学校在校生规模已达万人。由于拥有徐汇、奉浦两个校区，加上共和新路等六个院区，不仅能容纳万名学生就读，而且还有足够能力继续办好党校、成人教育学院，以及各类培训项目。学校社会影响力与八年前不能同日而语，经济效益增加了十多倍，国有资产增加了几十倍，教职工收入也翻了两番。

学校在做好规模扩张，实施跨越式发展的同时，十分关注师资队伍的建设和管理队伍的建设，为高职教育质量打下了坚实的基础。通过引培结合，不断充实教师队伍，截至“专升本”时，学校共有专任教师 385 多名、兼任教师 250 多名。教师队伍中具有硕士以上学历和副高以上职称的分别占 30.65％和 31.4％，具有实践经验的“双师型”教师占 40％。

上海市教委 2003 年底公布的统计数据显示，我校高职毕业生就业率达 95％以上，超过一般本科毕业生就业率。

能够充分体现学校办学质量的一系列标志性成果不断涌现：一是“连锁经营管理”“电子商务”两个专业被国家教育部列为试点专业，“会计(连锁企业财会审)”被列为上海市教育改革试点专业；二是“电子商务”“基础会计学”被列为上海市教委重点建设精品课程；三是宋文官教授被市教委列为教育名师，并荣获 2001—2003 年度上海市“劳动模范”光荣称号。

学校设置的教育部高职高专教育师资培训基地、上海市电子商务实训中心、上海市商贸类职业技能鉴定所、上海连锁经营研究所、上海电子商务教育研究所等科研和培训机构，在业界持续获得良好声誉。

2003 年，学校被列为上海市示范性高等职业技术院校建设单位，被评为上海市职业教育先进单位和上海市文明单位。

学校趁势而上，在加快建设上海市示范性高等职业技术院校的同时，瞄准了升格本科教育的目标。

九、上海商学院(2004年9月起至今)

2004年9月14日，经上海市人民政府批复，同意在上海商业职业技术学院(中共上海市财贸党校)的基础上建立上海商学院，

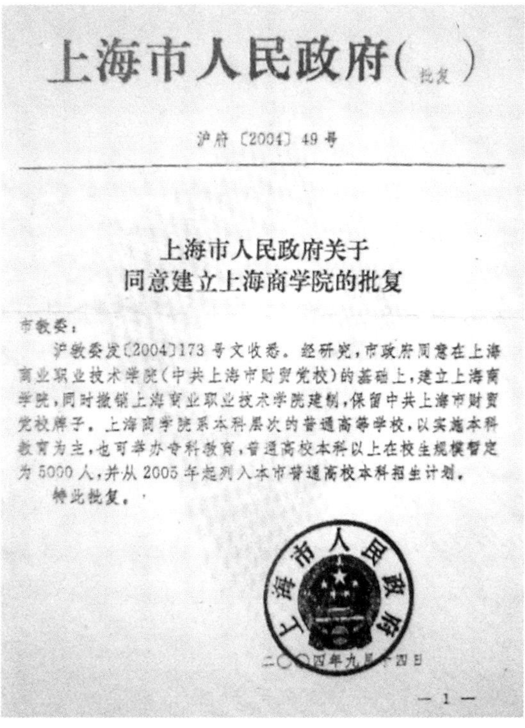

上海市人民政府(批复)

沪府〔2004〕49号

上海市人民政府关于
同意建立上海商学院的批复

市教委：

沪教委发〔2004〕173号文收悉。经研究，市政府同意在上海商业职业技术学院(中共上海市财贸党校)的基础上，建立上海商学院，同时撤销上海商业职业技术学院建制，保留中共上海市财贸党校牌子。上海商学院系本科层次的普通高等学校，以实施本科教育为主，也可举办专科教育，普通高校本科以上在校生规模暂定为5000人，并从2005年起列入本市普通高校本科招生计划。

特此批复。

上海市人民政府

二〇〇四年九月十四日

— 1 —

上海市政府文件批复同意建立上海商学院

开始实施全日制本科教育为主的办学阶段。学校自2005年开始本科招生，首批工商管理、财务管理、国际经济与贸易、英语4个专业招生200人。

上海商学院仍然沿袭“两块牌子、一套班子”建制，与中共上海市财贸党校（2005年12月起称中共上海市经济党校，后又有中共上海市外经贸党校并入）一起，至两校分离止。

2013年，中共上海市经济党校划转上海市委党校管理，成为第五分校；2014年，上海商学院由上海市经济和信息化工作党委、上海市经济和信息委员会划转上海市教卫工作党委、上海市教育委员会管理。

先后担任上海商学院党委书记的有：方名山（2004年9月—2010年12月）、李明福（2013年11月—2016年8月）、李昕（2016年9月—2018年6月）、沈大明（2018年6月至今）。

先后担任上海商学院校长的有：方名山（2005年2月—2010年12月）、朱国宏（2010年12月—2017年5月）、唐海燕（2019年7月至今）。

先后担任上海商学院校级领导的有：张振丰（副书记）、冯伟国（副校长）、朱铮宸（副校长）、陆一樑（副校长）、吴延风（副书记）、楼文高（副校长、副书记、纪委书记）、钟幼伟（副校长）、贺瑛（副校长）、翁德玮（副书记、副校长）、陈剑峰（副校长）、劳晓芸（副书记）。

2016年，上海市商务教育培训中心（上海市商业人才开发服务中心）并入上海商学院。

学校现有三个校区一个办学点：徐汇校区、奉浦校区、国权路校区、福州路办学点。另有两个高职办学点：共和新路院区、交通路院区。

中篇　上商往事

创设之初的华东税校

方有林

1950年初创校的中央税务学校华东分校(简称华东税校),历经70年沧桑,发展为今天的上海市属全日制本科高校——上海商学院。

华东税校首任党支部书记是耿同麟(兼副校长),校长是王南秋。学生来源,包括两大类:招考新生和调集在职干部轮训。1952年底停办,后与华东粮政干部学校合并组建华东财政学校。

一、中央税务学校的前世今生

中央税务学校,是1949年12月创办的全国性税务专业学校,其前身是华北税务学校。

华北税务学校,正式成立于1949年11月6日,校址在北京西皇城根22号。这是在中华人民共和国成立前夕,为了适应新中国经济建设的需要,代行中央政府职权的华北人民政府财政部责成华北税务总局筹建的专门税务学校。时任华北财政部税务总局局长的李予昂兼任学校校长。

新中国成立后不久,在原华北税务总局的基础上成立了中央税务总局,隶属于财政部。由于新中国建设对税务干部的急需,1950年1月30日,政务院发布的《关于统一全国税政的决定》中要求财政部税务总局扩大税务学校。

在政务院的通令发布的10多天后，中央人民政府财政部批复决定"将原华北税务学校改名为中央税务学校"。中央税务学校校长由时任中央财政部税务总局局长李予昂兼任。学生来源，包括招考新生和调集在职干部轮训两方面。定有校训、校歌与校徽。

中央税务学校的校训是"忠诚朴实，廉洁勤能"八个字。"忠诚"，是对人民事业无限忠诚，对革命一条心；"朴实"，是必须发扬的革命优良传统；"廉洁"，是税收工作与各阶层接触，与钱联系，很容易犯错误，必须廉洁自守；"勤能"，必须勤恳工作，提高效能，认真贯彻政策。

中央税务学校先后在华东、中南、西北、西南等大区建立了税务分校，为新中国成立初期充实税务干部力量，提高税务干部的政治思想和政策业务水平发挥了很大的作用。中央税务学校办了几期后停办，各大区税务分校随着大区的撤销也相继撤销。

"中央税务学校"，后来发展成现在的"中央财经大学"。

"中央税务学校华东分校"，1952年底停办后，与华东粮政干部学校合并组建"华东财政学校"（1952年12月—1955年8月，周光春任书记和校长）。校名几经更改，主管单位几经变更，办学机构不断汇集，薪火相传70年，发展成为今天的上海商学院。

二、华东税校的首次招生

1950年2月，华东税校开始第一次招生。招生分"笔试""口试和体格检查""报到"等几个环节。半个月全部落实完成。

（一）笔试

《解放日报》刊载了《中央税务学校华东分校通告（1950年2

月 11 日)》,当时笔试的主要信息一目了然:

笔试时间一天,是 1950 年 2 月 12 日全天(8:30—16:40)。

设三个考场,分别是:徐家汇交通大学(考号 1—1200);徐家汇虹桥路 349 号(考号 1201—1550);徐家汇徐虹路立信会计专科学校(考号 1551—)。

笔试科目四门及笔试时间:(1) 数学(8:30—10:20);(2) 新民主主义的财政政策(10:30—12:00);(3) 国文(13:30—15:00);(4) 政治常识(15:10—16:40)。

(二) 口试和体格检查

笔试后仅隔一天,即在 2 月 14 日《解放日报》发布《中央税务学校华东分校第一期招生笔试及格学员名单》,并通知"口试和体格检查"。

(三) 报到

2 月 23—26 日,新生报到。

2 月 21 日在《解放日报》发布《中央税务学校华东分校长第一期新生考试揭晓通告》,并通知在 2 月 23 日至 26 日到学校报到。

就这样短短的半个月,第一期招收的 494 名青年知识分子和工人进入了华东税校开始了紧张的校园学习生活。

三、华东税校教学简况

华东税校当时以短期培训和干部轮训为主,短期培训一般每期三或五个月结业。办学地点主要在苏州。

第一期学员的学习时间只有短短的三个月。史料显示,从 1950 年 2 月 23—26 日报到开学,到 5 月 25 日颁发结业证书止,满打满算才三个月整。第一期学员陈璧华(浙江绍兴人)的结业证书,也清晰地记录了第一期学员的学习周期。

史料显示,第一期结业时间为1950年5月;第二期结业时间为1950年9月;第三期结业时间为1951年5月;第四期结业时间为1951年7月。

华东税校重视政治理论学习。1951年2月,就在学校成立的同一时期,中共中央在《关于加强理论教育的决定(草案)》中强调,干部进行政治理论的学习,学习马克思主义、毛泽东思想,提高理论修养,适应建设新中国的需要。

在招生开考科目中除国文和数学外,也要考政治常识、新民主主义的财政政策这两门与政治理论密切相关的课程。

第一期的结业纪念册上,列明了下列政治理论的学习内容目录:《中国人民政治协商会议共同纲领》《为争取国家财政经济状况的基本好转而斗争》《毛主席在人民政协全国委员会二次会议的开幕词》《闭幕词》《陈云副总理关于经济形势、调整工商业和调整税收诸问题的报告》《薄一波部长关于调整税收问题的报告》。

华东税校注重政治品格养成。当时的校训是"忠诚朴实,廉洁勤能",这与今天"锤炼忠诚、干净、担当的政治品格"有若干的相通。中国共产党是马克思主义政党,不是一个社团、兴趣协会和一般组织,政党对政治成员是有政治品格要求的。现在总结为三个词:忠诚、干净、担当,各有所指。当年的校训有四点:"忠诚、朴实、廉洁、勤能",和忠诚、干净、担当的政治品格当然不同,但是也有一定的接近性,非常有意义。

从1951年5月中央税务学校华东分校编印的《政策学习参考文件》来看,里面有若干的关于新民主主义经济的特点、构成和政策的若干文件,要求学员对新民主主义的合作经济、过渡期的个体经济、财政、税收与财政税收政策、印花税问题进行认真学习。

四、华东税校的党政领导

华东税校的师资队伍,是从办学之初陆续充实起来的。到1950年7月底,到位的教职工队伍规模已经超过了60人。耿同麟担任党支部书记,王南秋兼任校长。

耿同麟(1917—1975),字香斋,山东沾化县北耿村人。1933年开始接受民主革命思想,"七七事变"后,中断学业回乡,投入正在兴起的抗日救国运动,在沾化县城(今古城)一带组织青年学习,宣传抗日救国。1938年3月加入中国共产党,同年8月任沾化县第一区区委书记,并负责编印沾化县委期刊《星火》。沾化县被日军侵占,便化名吴英民,经常扮作酒商传送党的文件及宣传品,搜集日伪情报,筹措款项,购买枪支,组织破坏日伪通信线路。1939年任中共沾阳县工委组宣部长,翌年任书记。1944年5月,任沾阳棣边区县政府副县长。1947年7月任无棣县县长。1949年夏南下,1950年初任华东税校党委书记。

1952年底华东税校停办后,耿同麟改任新组建的"华东财政学校"党支部副书记,1956年底开始担任"财政部上海财政学校、上海市财政贸易干部学校"党支部书记、校长,直至1962年改任上海市供销合作社党委副书记。

王南秋,湖南湘潭人,年轻时曾在湘潭吴恒泰酱园当店员。1927年1月21日,王南秋带领工人纠察队参加湘潭雪耻会举行的反帝示威游行,焚毁了河东太平街英商的"洋油池"。抗战全面爆发后,被派回湖南从事群众抗战工作,参与恢复湖南的党组织,并在湖南《观察日报》社工作。1938年担任湖南省县工委委员,是省委政治交通,常住长沙,负责与湘潭联系。他受委派出席中共湘潭(韶山)特别支部成立大会(1938年1月,特支隶属中共湖南省工委领导)。

后任陕甘宁边区陇东税务分局局长。1948 年任华北人民政府税务总局副局长,后任财政部税务总局副局长,兼天津市税务局局长。

1949 年南下,担任华东税务管理局局长,兼任上海市货物税局局长(1949 年 9 月—1950 年 3 月)。1950 年初,担任华东税校校长。后任江西省计委主任兼劳动局长。

鸣谢:王进庄、边栎叶等老师对本文的贡献。

(作者方有林,上海商学院教授、文法学院院长)

听创校校友说上商往事

李　强

“学校刚成立的时候，只有 11 个人。”93 岁高龄的戴诗瑞老人对我们说。

2019 年岁末，我们前往外滩一座老式公寓探望这位创校校友时，她一打开话匣子就说了这句话。

戴老所说的“学校”正是上海商学院的前身——中央税务学校华东分校，从 23 岁到 31 岁，她把自己人生中最美好的青春年华都奉献给了这所学校。

1949 年 5 月上海解放，中共地下党员、大学生戴诗瑞顺利完成了组织安排的任务，把学校安全、完整地交到人民手中。不久后，她与另外几位做过地下党工作的同学一起，到华东军政委员会财政部(华东区为新中国初期的全国六大行政区之一，1954 年撤销)报到。当时这些青年学生热情似火、豪情万丈，正准备全身心投入到新中国的伟大建设实践中。

戴老告诉我们，那时候她最想做的就是到一家大企业里管财务，为党和人民管好账、理好财。不过她的愿望并没有实现，中央一份重要文件的发布，却让她与上海商学院的创校历史紧密联系到一起。

新中国成立之初，统一、完善符合新中国建设形势的税收制度、培养一支为新中国服务的税收队伍刻不容缓，国家为此专门在

1950 年 1 月底发布了《关于统一全国税政的决定》。根据这份文件的要求，中央税务总局扩大税务学校，积极培养干部，在全国成立中央税务学校华东、中南、西南和西北四所分校，并将解放前成立的“华北税务学校”改为“中央税务学校”（即中央财经大学前身）。

1950 年 2 月，五大税校中的华东分校在上海筹办，戴诗瑞奉命参与创办这所新中国自己的税务学校。

在戴老的记忆中，当时具体负责筹建学校的一共只有十一个人：四个革命干部，四个刚毕业的大学生，还有三人是旧政权的留用人员。四个大学生中两人是地下党员，两人参加过中共外围组织“新青年”。

四个干部则都是参加过抗日战争或解放战争的老革命，其中包括后来成为戴诗瑞丈夫的耿同麟，这位创校校长抗日战争时打过游击，解放战争时参加过渡江战役（学校刚成立时由当时的华东货税局局长王南秋兼任校长，学校日常工作均由主持工作的副校长耿同麟负责，党组织公开活动后，耿同麟任学校党支部书记）。

参与创校的十一个人中，要么是扛过枪、打过仗的老革命，要么是在白色恐怖下从事过秘密工作的大学生，要么是在国民党政府机关中做过财税工作的前公务员，没有一人从事过教育工作，这样一个团队怎么可能把学校办起来呢？戴诗瑞等四个大学生感到压力非常大。

当时的上海税务局局长顾准专门来给他们做思想工作，戴老说顾准同志的一句话让她铭记终生：“我们共产党人从无到有，能把这么大的新中国建立起来，你们就没有信心白手起家，把咱们共产党的税校办起来？”这句话对四位大学生触动很大，他们彻底放下思想包袱，与团队中其他同事一起，全身心地投入到税校的筹办中。

没有办学场地，他们向立信会计学校借了几间房子做教室；没有专业老师,他们就通过上级领导机关到各高校要人;没有学生,他们把招生广告刊登在《解放日报》上。本以为学校刚刚成立,可能不会有多少人报考,结果没想到招生十分火爆,第一期学员竟然招了 400 多人!

讲到这一段往事,戴老非常兴奋,她从沙发上站起来,走到书桌前找来一张报纸的复印件,那正是印着我们学校第一期学员名单的《解放日报》,这 400 多人真可谓是上商学子的开山大师兄、大师姐,也是戴老他们辛苦创校的见证。

短短的时间,十一人的创校团队精诚合作、"逢山开路,遇水搭桥",在上级领导机关的支持帮助下,"中央税务学校华东分校"这块牌子就这样在上海滩立起来了,上海商学院的历史也由此拉开了序幕。学生数量超出预期,借来的几间校舍难以满足学校发展的需要。1950 年 8 月,全校师生近千人举校迁往苏州,开始了两年苏州办学经历。

上海商学院 70 年的办学历史上有数次学校搬迁记录,比较有意思的事实是,几乎每搬迁一次,学校的发展水平都会上一个新的台阶——我们甚至可以说这是一座越迁越红火的学校。

迁到苏州后,学校终于有了属于自己"地盘",这座有着革命情怀和红色基因的学校,也渐渐在华东地区崭露头角。学校当时在苏州有数处校区,戴老最难忘的还是城隍庙校区。"校园里好多桂花树啊,现在想起来,好像还能闻到那满院子的桂花香呢!"戴老一回忆起苏州老城隍庙,满满地都是幸福感。

她说当年很多女同学都喜欢校园的桂花,到了花开满园的时候,她们会偷偷跑去摇桂花树,把落了一地的桂花收集起来做香包,挂在宿舍里或送给好友。有些心灵手巧的同学,竟会用桂花做成化妆品,往脸上擦一点,香味比花钱买的雪花膏还好闻。

中央税务学校华东分校在苏州办学只有两年,可那是戴老最难忘怀的两年。当时虽然百业待兴、生活困难,但学校的老师豪情满怀、无私奉献，学校的学生热情活泼、朝气蓬勃，校园里处处透着新中国、新社会、新学校的新气象。每天清晨师生们穿着帅气的军装、排着整齐的队伍在苏州古城的大街上跑操，他们嘹亮的口号声、整齐的脚步声，成为这座老城最富有生命律动的声音，他们飒爽英姿的身影也是苏州城一道靓丽的风景。

学校的学习气氛很浓，不仅老师学生在抓紧时间学习，就连学校的管理干部也忙着读书，一门心思提高自己的文化水平。业余文娱活动也非常丰富，学校的篮球队、田径队在苏州声名远播，每个周末还有专门为师生举办的交谊舞会。

奉献着、奋斗着、幸福着、快乐着，每个师生心中都有一片晴朗的天空，那真是鲜花一般盛开的日子啊！

共青团组织公开活动后，戴老担任了学校的团支部书记，她与好多同事、学生结成莫逆之交，真挚的友谊一直保持到今天：留在上海的老校友每十天半月都要聚会一次，有时候还会组织集体旅游。他们中年龄最小的 88 岁，最大的 100 岁，每个人的心中都铭刻着为新中国奉献的青春印记，都珍藏着上海商学院 70 年前的童年往事。

前几年，他们回到苏州城隍庙寻找当年的岁月屐痕，而彼时的城隍庙早已成了苏州著名的旅游景点，不复当年华东分校的模样。几位银发老者在庙里缓步慢行，追忆着当年似水年华、激情岁月，不经意间引起了庙里一位道士的注意。道士主动上前询问他们是不是当年老税校的人。戴老很是惊讶，问道士何以得知他们的身份。道士答前两天也来了几位气质高雅的老者参观，他们说是中央税务学校华东分校的学生，很怀念解放初在这座庙里上学的快乐时光。你们的神态与那几位老者很像，一看就是同一所学校走出来的。

说起这件事时，93 岁的戴老笑了，那是“海内存知己，天涯若比邻”的笑，那是“莫愁前路无知己，天下谁人不识君”的笑，那也是历尽岁月沧桑、归来仍是少年的笑。在最美好的芳华遇见，在最醇熟的日子回忆——与上海商学院童年的这段不解情缘，终成老一辈上商人心中最温暖的印记。

鸣谢：上海商学院张仲礼、李侃、吴国俊、沈卫平等老师在本文写作时的协助。

（作者李强，上海商学院文法学院教授）

校史第一帧照片及其背后故事

方有林

“中央税务学校华东分校全体干部合影”（以下简称“合影”），是上海商学院校友最熟悉的校史照片之一。这是我校校史中目前所见最早的照片。

所见校史中的第一张照片（校友冯国樑捐赠，现存校档案室）

今天，用说这张老照片背后的故事形式，作为“知史爱校”系列的开篇，也算是先抛块砖，希冀引来校友们分享老照片及其背后故事的更多美玉。

一、“合影”中的相关信息

照片“合影”，有比较翔实的文字，如标题名称、拍摄时间等，为我们提供了准确的信息。然而，毕竟是70年前的老照片，离现在的我们还是有相当的距离，看过照片的校友，总有不解渴的感觉，还想了解更多的相关信息（如拍摄地点、其中的人和事等）。

据照片捐赠者冯国樑老师介绍，合影拍摄于私立立信会计专科学校宗敬堂前；拍摄时间是举校搬迁至苏州办学前夕的8月初。可谓是当时全校教职员工的“全家福”。

校史记载，中央税务学校华东分校创校之初，还没有属于自己的办学场地，办学场所是租赁而来的，在立信会计专科学校校园内（徐汇区徐虹路柿子湾）办公、办学，时间从1950年2月至1950年8月底。

《解放日报》载，华东税校首次招生考试（1950年2月）的考场之一，就在立信会计专科学校（徐汇柿子湾校区）。华东税校首期招生的494名学员，都是在此报到、注册、学习和结业（1950年5月）的。

后来，华东税校继续招收学员，立信校园不敷两校办公、办学同时使用，寻找新校区成为华东税校迫在眉睫的工作之一。这就开启了搬迁苏州办学的历史篇章，第二期学员结业（1950年9月）就已经在苏州了。

二、“合影”中的办学场所回眸

我校办学之初，从租赁立信会计专科学校办学场地起步，开启了两校70年的不解渊源，这是后话。

私立立信会计专科学校创建于1928年，创始人是著名会计专家潘序伦先生。

1950 年的立信，有两个校区：一个是柿子湾校本部，一个是长乐路市区部。坐落于徐家汇徐虹路柿子湾铁路附近的校本部，占地 34.45 亩，房屋 12 幢，面积 4 360.5 平方米，内有纺织楼、思源楼、序伦体育馆等。

立信校本部，是 1947 年 2 月全部建成的，包括一座教学大楼，一个大礼堂、一座大饭厅，还有一个足球场。

由于建设该校区，有相当的资金是通过募捐形式而来，而且当时纺织界慷慨捐赠巨款，因而潘序伦将建造的大楼命名为“纺织楼”，再由于纺织界中以申新纺织公司总经理荣鸿元捐款最多，因此又将纺织楼的一所礼堂以荣氏父亲的名字题为“宗敬堂”，以志纪念。

下面这张立信毕业照，就是以宗敬堂为背景所摄。我们将“合影”与这张立信毕业照进行细部对比，就可以清晰地发现，“合影”的背景确实是宗敬堂前之一隅。

立信毕业照（校友曹宏炯提供，现存校档案室）

为了帮助本校校友更形象地还原70年前的立信(我校的办学地),笔者从《立信往事》(朱坚强、何佩莉主编,立信出版社2013年)中,翻拍了一张柿子湾校区校门照片(见下)。

立信会计专科学校柿子湾校区大门

三、“合影”捐赠校友冯国樑

合影照片的捐赠者、校友冯国樑老师,今年93岁高龄。冯老穿着红色T恤,9月16日在家中接待了校友采访。他身体健康、精神矍铄、思路清晰,微信、电脑、iPad都用得很溜。他给我们介绍自己的经历时,说:

1927年农历十月初四出生于上海。1934—1937年读小学,

1940—1944 年在上海日本工厂做小工。

抗战胜利后，1945 年 12 月由父亲带领在苏北参加新四军一师后勤部印钞厂印制抗币。1946 年在华中银行印钞三厂印制华中币。1947 年 7 月在山东印钞厂入团，并参加“三查三整”学习运动。1948 年 9 月，参加中国共产党，在山东印钞厂印制“人民币”。

1949 年 2 月参加南下服务团。1949 年 5 月 26 进入上海，接管国民党印钞厂，在平印车间任军事联络员。

1950 年 5 月，调中央税务学校华东分校，先任团委书记，后任群工组组长。

1953 年 5 月调到长春第一汽车厂担任起重大队支部书记和总支副书记。1957 年调入上海基楚公司先任团委书记，党委委员和宣传部长。“文化大革命”时靠边。1970 年调到上海大屯煤矿大屯矿、姚桥矿、电厂、指挥部读书班工作。1979 年底调回上海在建材局任工会主席。1987 年底离休。

入选上海市“伟大工程”系列党课（第二季）的我校党课《红色基因　商道使命》，冯国樑是主讲人之一，他在党课中讲述了他的人生经历，特别是作为一名党员面对疫情自己的所思、所感、所言、所行。

鸣谢：李贝雷、庄黎丽对本文的贡献。

（作者方有林，上海商学院教授，文法学院党总支书记、院长）

我所知道的财贸五七干校

袁俊民

我到上海市财贸五七干校是1973年的事。

我是1970年的初中毕业生，当时的分配应该到外地工矿。但是要在上海市虹口区饮食服务公司培训一年后再分配到山东。

我们这批人培训的都是做各种点心和炒菜。在培训了一年多后，那时山东不要人了，于是就被分配到上海市财贸五七干校，与我一起到学校的有14人(都是一起培训的)。

我们来到建在奉贤五四农场中的上海市财贸五七干校，一起被安排在食堂工作。当时食堂负责人叫徐根福。

我们一来，食堂的职工一下子有了三十多人。从这也可以推算出财贸干校当时的规模挺大的，有几千学员，分布在5个点，有几十幢房子。校区不到300亩，马路对面是农场。

当时住的地方都是草屋，然后新的瓦房一幢一幢地开始建造。共造了二三十幢。我们食堂住的宿舍是平房。

办公楼同别的楼一样的，是二层红砖房。记得校部主要有办公室、教研室、生产组等部门。校长我只记得叶德煌和张曙两位，叶德煌是本校提拔的。

每周一次半天部门学习，主要是学习各种文件，没有文件学习就读报。学员在学校一方面学习，一方面种地劳动，校部人员周四参加劳动打扫猪圈。农忙的时候我们都要下田拔秧插秧，农忙时基本上连续一到二周的时间。

我们平时都住在学校，每两周回上海一次，休息二天。乘坐的是学校用交通牌卡车改装的校车，坐到市区北京东路外滩终点下车。这里是我们学校的驻沪办事处（北京东路 83 号）。

当时的交通条件与现在根本不好比，不仅车少，而且单程路上也要半天时间。当天来回是不可能的事情。

吃的蔬菜自己种，还养鸡、养猪。每到年底一人发一只鸡。

用餐学员是排着队一齐来的，校部人员都是窗口排队，用饭票、菜票购买。

过节都回去了，只留值班人员，基本都是当地人。

空余时间没什么娱乐，晚上整个校区只有一台彩色电视机。当时彩电金星 24 寸，国内刚刚自己生产出来，上面就给配了一台。

上海市财贸五七干校创立于 1969 年 11 月，位于奉贤县境内五四农场（今五四公路 2761 号），东与工交干校毗邻，下放对象为市财贸系统公司以上机关工作人员。

听老职工说，“五七干校”是从三门路 661 号搬迁过去的。干校在奉贤海湾校区一直办到 1978 年 10 月底。

1978 年 10 月底，在张曙校长等的努力下，上级部门在市区划拨了铜仁路 195 号做校区，那地方当时是财办下属一家公司的仓库，经过一年左右的改造变成校区。1979 年我们陆续开始往上海搬家了。市区的教职工就较少去奉贤了，留在奉贤校区的主要是当地的教工。

1979 年初复校“上海市财政贸易干部学校”，与“中共上海市财贸党校”两块牌子、一套班子。有两个校区：一是铜仁路校区，一是奉贤海湾校区。

奉贤海湾校区存在了很长时间，当时外省市的委托我们学校的培训，主要放在这里。授课老师一般从市区去上课，就住在那里。

一直到奉浦校区建设时，才卖掉这块地，将置换的钱投入建设奉浦校区。据说，现在奉浦校区的部分行道树也是从干校移植过来的。

（作者袁俊民，上海商学院资产管理处原职工）

难忘的铜仁路 195 号

周　勇

我从 1983 年入沪工作至今 37 年，其中 28 年在上海商学院（含其前身）任教，9 年在企业做老板的“跟班”。往事并非如烟，最大的感触是：遇上了好时代，遇到了好机会，遇见了好人。

结缘铜仁路

1979 年我考入杭州商学院商业企业管理专业，毕业时获得经济学学士学位，被分配到复校不久的上海市财贸党校（上海市财政贸易干部学校）任教。

1983 年 8 月 25 日，我怀揣工作分配通知书来到上海，先陪同分配到上海大学、上海百货站的同学去报到。26 日上午才到市政府财贸办公室（福州路 30 号，简称“财办”）联系报到事宜，始知上海市财贸党校在铜仁路 195 号。

1983 年 8 月 31 日，星期五，上海市财贸管理干部学院成立大会暨首届大专学历班开学典礼在此召开。上海市财贸管理干部学院是从原来的上海市财贸干部学校改过来的。上海市财贸办副主任、学院党委书记、校长肖林主持会议，上海市财贸党委书记潘其昌、上海市人民政府顾问裴先白到会并讲话。

会议从上午 9 点开始到中午 11 点半结束。当时,我就坐在这个会场的某个角落。没想报到后仅仅过了两天,学校就多了一块牌子。当时我并没有意识到整个社会已进入发展快车道。

从"干校"升级而来的上海市财贸管理干部学院,当时只有 49 名教师。在铜仁路 195 号,这一小片校园内,我曾经工作、居住、生活了 10 年,如今那里是中欣大厦。

在铜仁路时期,党校校长都是上级领导兼任,潘其昌、庄晓天、张俊杰、任徽典先后兼任校长;主持工作的副校长先后有张曙、徐继栋、徐立夫、蓝少海等。

地 理 位 置

铜仁路 195 号,位于静安区南京路中段(陕西北路至常德路),隔壁是水利局的研究院,对面是外事办,斜对面是上海中苏友好大厦(今上海展览中心),毗邻静安寺与静安公园。南京西路铜仁路口有一家上海咖啡馆,这是上海最有名的咖啡馆,没有之一。20 世纪 80 年代每杯清咖 5 元。1983 年我月工资不到 50 元,大闸蟹 5 元一斤。静安寺与久光百货相隔的地方叫"庙弄",从前是一个棚屋区,也是临时的马路菜场,久光百货背面的胶州路曾是上海非常有名的固定的露天菜场。当时经常到这个菜场去买乌贼头,2 元一斤。那时候已经有小龙虾,1 元一斤。后来学校经常派我到位于奉贤县五四农场对面的分校上课,课后还同来自企业的学员到附近钓小龙虾。

铜仁路 195 号,地方真小,占地 5 亩多。进门右侧,依次是门房、变电站、垃圾桶。对面是泡开水处,紧挨着食堂。当时全上海除了福州路 30 号地下室的市政府食堂,公认我校食堂是最好的。食堂有一位二级点心师,我们都叫他"崔和尚",每天午后他都会做各种花色的点心，可凭饭菜票购买。

与食堂相连、面朝大门的一栋两层板房，楼上是校长等领导的办公室，楼下开始是两个教室，后来改成了人事处、组织处等办公室。

进门左侧，依次是老干部活动室、财务处和小卖部。小卖部卖食品饮料，曾卖过皮夹克等服装。我们商业经济系还申办过一张烟草证，后来收归学校统一经营。

小卖部左转弯就进入了学校的主要教学场所，主体是两幢楼房，由原来的单层库房改造而成。靠近大门外面的一幢房子由室内过道隔开，一边是教室，另一边是办公室。主通道一头是财会系的办公室，另一头是商经系办公室。楼上还开了可以对外营业的招待所。

里面一幢房子还有一个稍大的会堂、图书馆以及办公室。会堂里曾经多次请象棋大师胡荣华来与我们学校的师生比赛，他一个人走盲棋，我们 8 个人走明棋，还是打不过他，确实厉害。因为食堂的方正梁认识胡荣华的徒弟，我们偶尔也会与他们有一些交流切磋。后来教室越来越紧张，大会堂就改成了教室。

教学简况

学院成立后的第一期大专班招收了科级以上党员干部 39 名，学制两年，脱产学习，党政专业。学员来自上海批发、零售、服务、进出口贸易、海关、财政、税务、商办工等不同行业。班长陈振鸿，当年 33 岁，入学前是上海市第一商业局团委书记，毕业后先后任职市第一商业局、市服装鞋帽公司、市政府财贸办公室、市商委、静安区委，后担任上海爱建股份有限公司党委书记、中共十六大代表。像这样的学生不少，还有曾任卢湾区副区长的王亚琦。

我进校后担任过两届班主任，1984 级 40 名学员，1987 级 48 名学员，他们来自采购供应站、百货、供销社、烟糖果品、储运、纺织、冷库、饭店、照相馆、盐业、储运、食品、燃料、服装鞋帽、物价、石油、副食品、批发、渔业、银行、服装、机关、农资、摄影器材、武术馆、美发美容、粮食、药业等几十家单位，都是国有性质的企业。当时我国经济无论批发零售或物资供应，都还是以国有企业为主导。

从现在留下来的备课笔记来看，那时候上课的内容很粗浅，但学员都“好学”，用“如饥如渴”四个字来形容，一点也不为过。他们更善于讨论问题，偶尔也会给数学老师讲马列主义毛泽东思想在工作中的运用，甚至给英语老师讲人生故事！

周一到周六上课学习，周六下午回家，周日下午返校。那时候没有地铁，公共交通很不方便，也没有私家车，即使是商店或公司经理也绝对不会配车。不管是全脱产班还是半脱产班，学员都没有离开工作岗位，学习、工作、家庭三者兼顾。有不少学员家在郊区，路上要花费很多时间。就这样，这些学员坚持了两年(全脱产)或三年(半脱产)，圆满完成学业，但也有个别学员，因为数学成绩没达标，最后没有拿到文凭。

那时候培养的都是已经在独立“带兵打仗”的商贸干部。现在培养的则是希望未来能独立“带兵打仗”的人。时代不同了，学生对象也完全不同，各有优势。

1985 年举办“高级商业企业管理培训班”，为了这个班，专门装修了教室，“第九教室”里安装了立式进口大空调，还配有会客室。这是成立管理学院以来举办的最高层次的培训班，与香港地区管理专业协会联合举办，主要五个内容：批发业、零售业的组织与市场；采购与供销管理；企业财务管理；进出口贸易与商业现代化；商业经济学导论。结业后选派 10 名学员到香港考察学习，所以这个班级又称为“香港班”。

当时教务长戴子贤叫我放弃复旦考研，担任教辅工作。我当

铜仁路校区当时的校门

然一口答应，自己没啥能耐，领导说啥就干啥。未来无法把握，只有态度可以控制。后来在上海商学院与我搭档，担任流通经济学院总支书记的李侃老师，就是这一期培训班的学员，学员潘志纯后来成为中共上海市经济党校校长。这一期学员中还有：王亚琦，后来担任卢湾区副区长。汤期庆，曾任上海交家电商业（集团）公司总经理，上海市商业一局副局长，上海商务中心股份有限公司总经理，长江经济联合发展（集团）股份有限公司党委书记、总裁、副董事长，上海水产（集团）总公司党委书记、董事长，上海远洋渔业有限公司董事长，上海开创国际海洋资源股份有限公司董事长，富国基金管理有限公司独立董事。

业 余 生 活

铜仁路校区内,两幢房子相连的中庭,用钢结构加塑板顶棚搭建而成的。这个过道经常用来打羽毛球。

学校虽然小,每年还举办运动会。自行车慢骑是常设比赛项目。这项运动特别有难度,定力不够的人,怎么训练都慢不下来。从中也使我感悟到:慢确实是一种境界。

靠墙一面还搭建玻璃花房,每年春天,两棵杜鹃花总是开得那么艳丽,至今仍在脑海中隐约可见。那位花匠,人很瘦小,很少说话,每次见到他总是在干活。

当时上海商报社也在这里。学校面向铜仁路还开过"海市蜃楼酒家"。

那时没有买房这一说,报到两周后学校给我在教室楼上的集体宿舍里安排了一个床位,与医务室王医生、食堂何会计住在一起。在我印象中,食堂会计在当时已经是个中老年人了,瘦高个子,人挺精神,更是风趣。他说:我是糊里糊涂的"何",噱头噱脑的"旭",神之胡之的"之",我的名字叫"何旭之"。

后来宿舍调整,老师们住在一起,我与商经系主任江成龙、财会系张一平、张学龙等四人住一个寝室。再以后教师寝室搬到教室夹层里。最后搬到食堂楼上。第一间是胡伟英夫妇,第二间是王奋赓夫妻,第三间是我,第四间是张学龙,第五间是徐月丽、王庆华等。我把寝室用书橱一分为二,后面放两张高低床,前面把两张单人办公桌拼起来当饭桌。

周末食堂不开伙,我就到学校隔壁的阿婆那边吃大排面,还到静安寺吃素面。当然也会到宝安路、襄阳南路、哈密路等处蹭饭,这都是一些小时候就来过多次的亲戚家,有祖辈的,也有父辈的亲戚。

当时静安寺的素面就两种：一种是什锦面，2 元一碗，另一种是香菇面，2.5 元一碗。如今的静安寺仍然有素面供应，就只有什锦面，30 元一碗，浇头有十余种，口感与当年一样。

那时候学校人少，相互认识，关系融洽。我的寝室也是大家的集散地，有好吃的就拿过来，我有好吃的也叫大家一起过来吃，大家经常在我这里聚会，有一次还叫他们专程到宁海去买青蟹，用电炉或煤油炉烧菜。

每年秋季学校照例会分不少橘子与鱼等农副产品，是奉贤分校所属 200 多亩土地的产出。记得那时候分鱼，先是一堆堆搭配好，编好号，老师们抓阄分配，不用相互谦让，公平有效，办法极好。

搬迁后续

到 1993 年，学校所在地块被列入动迁范围，食堂楼上的寝室住不下去了，就把已经搬了 5 次的家具搬到系主任办公室暂放。

后来，学校分给我一套徐汇区梅陇五村的房子。六楼，顶天立地，很好。这套房子约 60 平方米，当时我还只是一个讲师，按照职称，面积超标了，与学校签订了一份"分房付款协议书"，协议书上写着"根据院分房有关规定职工应付人民币 1 368.5 元，现先付 500 元，余下 900.5 元，分期付款，付款计划商定：一九九三年八月起每月还款 50 元，至还清"。1995 年如果买的话，只要 1 万多元，但我直到 2007 才买下房子的所有权，用了 5 万多元公积金。

1994 年年初，我们终于搬入了梅陇五村的新家。这时候，铜仁路 195 号也破土动工，后来就造起了中欣大厦。

之后，学校过渡到长宁区愚园路 864 号长宁区教育学院，以及闸北区共和新路 1458 号上海商业学校。

没有铜仁路 195 号的动迁，就没有后来的中山西路校区，以及后来的奉浦校区。因此，铜仁路 195 号，是上海商学院的发源地。

1998 年我应邀商调进入上海农工商(集团)有限公司(2006 年四大公司合并成立光明食品有限公司)旗下的一家小型子公司“上海农工商超市总公司”，直接进入五人班子，先后担任总经济师、连锁学院院长、营运总监、信息总监、副总裁等职务，其实就是做老板的跟班。

2007 年上半年从企业离职的时候，公司已改制为集团，从孙公司升级为子公司，上海市财贸管理干部学院转型为“上海商业职业技术学院”后，也已升格为“上海商学院”。

1998 年我跟随黄成芝、徐文龙、朱连庆等行业专家，参与完成了由本院主持的“静安南京路商业商务功能定位及开发规划”项目的西段规划。这一段的区位是：以南京西路、华山路为轴心，东至常德路(可延伸到铜仁路)，西至乌鲁木齐北路(可延伸到镇宁路)，北至北京西路，南至华山路和巨鹿路。规划确定以后，一步步动迁居民，引进项目，改善交通，整治马路菜场，最终形成了如今繁华的静安寺文化旅游购物商务圈。这是后话。

一路走来五十余年，在商言商四十余年，总是那么巧合：小学毕业时，小学开办了初中部；初中毕业时，初中部又扩建了高中部；考入大学时，中专变本科；到上海工作时，干校立马变管院；进入企业时，“孙子”变“儿子”；重返校园时，专科变本科。

其实，这不是个人能力所致，而是我们赶上了一个好时代，正在加速发展的好时代，只要跟着潮流跳动，人人都会活得有模有样。如果我们误以为自己“好运”，或者自以为“能干”，那最终便会发现：原来自己不仅做错了，而且也想错了。

(作者周勇，上海商学院工商管理学院市场营销系教授)

一张自制的授课课程表

徐小满

“上商”校庆征文，拜读了几篇，也勾起我的一些回忆，写下来，让大家略知我们走过的路。

我是1983年秋应聘来上海市财贸党校（上海市财贸管理干部学院）的，那时学校是“两块牌子、一套班子”。

校领导中多半是革命老前辈，与大家同在一个食堂用餐，常来各教研室转转，干群关系极为融洽，师生关系也极为良好。许多学员是单位里的头儿脑儿，但对我们教师却非常尊重，从不摆如同现在的某些领导者的架子。在这样的环境下工作再辛苦，也毫无怨言。

记得改名为上海市财贸管理干部学院后，开办的班级增加不少。基础教研室的教学任务也增加了，不仅有传统的政工班，还有新成立的商经班、财会班和餐旅班，再加上预科班，职称考试财经写作辅导班，几个区县参加自学考试大学语文科目的辅导班。

教学地点除本校外，还有各区县的教学点。往往一天里上午在本校上“大学语文”，晚上就赶到黄浦区汉口路沐恩堂后面一个教学点去上“商业应用文写作”；有时要赶到奉贤分校住上一段时间集中上一门课。

所以，每个学期会拿到各系科的各种排课表，每天临睡前要对照各张课程表把所用教材、备课笔记整理好放进自己的大书包，不得有任何差错，以至于我退休二十年了，还常做梦拿错备课笔记、只能凭记忆上课，常被这样的噩梦吓醒。

为此，每学期开学就自己动手制作一张大的课程表，将每天要上的课程名称、哪个班级、什么时间、上课地点等一一填写清楚。每晚对照这张特制课程表准备教材、备课笔记，做到有条不紊。

退休二十多年了，有时回想那时的工作、学习及日常生活，很惊讶自己是怎么走过来的。因为那时我还参与学校工会工作，一段时间分管女职工工作：谁动了与计划生育有联系的手术，要家访或上医院慰问，有时还要参加区里有关计划生育的会议。

为什么那时有那么旺盛的精力来完成各方面的任务？思来想去，那时和谐的上下级关系，协调配合的同事关系，是调动每个人工作积极性的很重要因素。

每每回忆起那段工作经历，倍觉温馨。

铜仁路校舍内学员结业留念（校友周安珍提供）

（作者徐小满，上海商业职业技术学院语文教研室原主任）

奋斗的青春芳华

娄永毅

光阴荏苒，三十八年过去，弹指一挥间！

1982 年初春，我从华东师范大学中文系本科毕业，被组织上分配到上海市财政贸易干部学校（中共上海市财贸党校）任教。依稀记得，报到那天，我兴冲冲地来到了学校所在地——静安区铜仁路 195 号。

刚进校门，迎面遇见一位年近花甲的长者。他衣着朴素，头发花白，面容清癯、慈祥，鼻梁上架着一副看似度数不低的眼镜。我向他说明来意并迫不及待地想先看看校内环境。他微笑着伸出右手表示欢迎，并主动为我当向导，边走边介绍学校的有关情况。展现在我眼前的是略显局促的校内空间、简陋的校舍设备；耳边回响的是：目前师资力量不足……

现实与理想的巨大落差使我心头一震：原来是在“螺蛳壳里做道场”啊！但眼前这位长者的热情、和善以及鼓励、期许的眼神却给我这个初来乍到的教坛新人留下了难忘的印象。事后，当我得知这位长者是备受教职工敬重的叶德煌副校长时，感动的心久久不能平静。

那时，市财贸干校和财贸党校是两块牌子、一套机构，学校的主要任务是通过多种形式培训上海财贸系统的各级在职干部、政治和业务骨干及其后备力量。

我到校后不久即被安排承担有70多名学员的一年制政治工作人员训练班的语文教学任务，来往于市区与奉贤分校之间。就这样，在兴奋与忐忑中，开始了我的教师生涯。

说实在的，同有较多财贸知识和实践经历的在职学员相处，亦师亦友，我既感到亲切，又有一种莫名的压力。我逐渐认识到，在职学员不同于国民教育的普通学生，只有紧密结合学员特点有针对性地开展教学才能收到良好的效果。

1983年8月，我有幸碰上了学校发展的重大历史机遇。经上海市人民政府批准，我校更名为上海市财贸管理干部学院，这标志着我校的干部教育朝正规化方向迈进了一大步。这也是自1950年建校以来全校教职员工齐心协力、长期艰苦奋斗的硕果！

成立之初，学校即不失时机地举办两年制大专水平的第一期党政干部基础理论专修科，在本市财贸系统择优招收了39名学员。

当时，学校领导高度重视，专门成立了专修科班部，指派有经验的办学干部和老教师负责。专修科有详细的教学计划，其中列有哲学党建、经济理论等方面的主课，也有“大学语文”“高等数学”等基础课程。前者是我校的传统强项，教师配备比较齐全，教学经验也比较丰富；而后者则是新开课程，教师都是新近由高校毕业分配或调入的。

针对这一现实情况，班、部负责人经过慎重考虑，决定基础课程全部聘请专门培养财经干部的上海财经学院的老师主讲，而本校的相关专业老师则承担助教工作。对于这样的安排，开始时我们基础课有些老师想不通，但很快就理解了这是严谨治学、确保教学质量的必要措施。

大专层次的正规化教育我们刚起步，急需在教学安排、教学管理等方面向同是财经类的普通高校取经。通过学习交流、随堂听课、批改作业、学生管理等环节，我们实际上是得到了一次岗前系统培训的难得机会，受益颇多。随着学校专业的拓展、招生的扩大，很快我们基础课的教师都在讲台上各显神通了。

为了扩大学校办学规模，改善办学条件，学校领导和有关部门负责人不辞辛劳，四处奔走。全校教职员工意气风发，群策群力，但筚路蓝缕，困难自多。

我到校工作后，亲身经历了学校从铜仁路 195 号到中山西路 2271 号，再到奉浦大道 123 号的大变迁。其间，还由于基建所迫，曾先后临时借用长宁区教育学院和上海市商业学校的部分校舍过渡。方名山校长殚思竭虑、率先垂范，中山西路教学楼和办公大楼尚未竣工验收，就亲自去打扫、清理。办学之艰难，可想而知！

在奋发图强，举全校之力进行基本建设的同时，校领导更注重脚踏实地夯实各学科、各专业基础，适时引进各类英才，坚定走内涵发展的道路。学校立足现实，多措并举，不断提高全体教师的教学质量和科研水平，由此孕育了一大批教学和科研成果，培养出多名教学名师，学校声誉也与日俱增。在学校浓郁学术氛围的熏陶下，再加上周围同仁的激励，像我这样科研能力一般的普通教师在认真完成规定教学任务之余，也积极撰写专业论文，发表的文章时有获奖。我参编的有关大学语文、写作教材也有六七本，先后由复旦、交大、同济、立信等高校出版社出版。

我记得，每当新学期开始，学校总要隆重召开全体教师大会，校领导强调最多的就是教书育人。“学高为师，身正为范”已成了不少上商老师的座右铭。著名哲学家康德说过，这个世上唯有两样东西能让我感动：一是我们头顶上璀璨的星空，二是我们心中崇高的道德法则。道德品行不仅仅是外在的规范，更是一种发自内心的本质需求。享有“人类灵魂工程师”美誉的教师义不容辞要紧密结合学科特点，有针对性地实施教书育人。

我感到，我们语文老师在教书育人方面有得天独厚的优势。这是因为语文教材较之其他学科的教材，中国乃至世界文化的精华表现数量最多,而且比较具体、形象。在几十年的语文教学工作中,我们充分利用古今中外文质兼美的诗文名篇,在引导学生充分感受语言艺术魅力的同时,“春风化雨”,较好地实现了对在校大学生在立德、处世、理想抱负等方面的人文关怀,起到了“润物无声”的效果。

在全体上商园丁的辛勤耕耘下,一批又一批应用型商科人才在上海商学院这片沃土上茁壮成长,许多上商毕业生在现代商务流通业和财会金融等行业脱颖而出。

与此同步,上海商学院教职工队伍整体素质在教书育人、服务育人中得到大幅提升,不少青年才俊走上了重要领导岗位。

俗话说得好：火车跑得快,全靠车头带。领头羊的作用是毋庸置疑的！历届校领导都是捧着一颗心来忠诚党的教育事业。他们呕心沥血,坚持从严治校,引领全校教职员工脚踏实地,与时俱进,不断创新,一次又一次开辟了学校发展的新天地：1998 年 3 月国家教育部批准我校为独立设置的全日制高等职业院校,2004 年 9 月又升格为本科院校。

如今上海商学院已发展成为有 10 个二级学院,30 个本科专业,拥有万名学子的商科特色高校。这真是来之不易啊！几十年来,一步步,一程程,凝聚了全体上商人的大量心血,这分明就是一首首奋斗者的歌！

点点滴滴,絮絮叨叨,回忆的是青春,记录的是奋斗：我与学校共成长！

(作者娄永毅,上海商学院文法学院副教授)

忆铜仁路时期的校合唱团

高晓梅

石以砥焉，化钝为利

有人说，校园历来都是合唱的摇篮。的确，校园文化总少不了大合唱。合唱特别能体现团结协作的精神，打造集体意识，有时，还能成为学校形象的一张闪亮名片。在一些地区文艺比赛中，大合唱总是最受欢迎、最活跃的一种形式。

当年位于铜仁路的上海财贸党校，校舍简陋，学生不多，都是走读的在职干部。教职工也少，要组建一支水准过硬，具一定规模的合唱团是非常困难的。当时也没有什么校园文化建设、打造浓厚的人文艺术氛围等概念，后来学校建立了一支合唱队，纯为参加所在地静安区的歌咏比赛，临时性的。

由于人少，加上重视不够，合唱团初建时，就“小猫”几只，一到分声部，便捉襟见肘，短板频现，几乎无法排练；加上每次排练，总有人借口溜号，眼看比赛时间将至，当兵出身的蓝少海校长急了，亲自点名抓差：责令系部领导必须带头参加，各科室硬性摊派，甲部门几人，乙科室几人……还严格规定了排练考勤纪律，规定在专门的排练时间里，不可无故缺席。最有意思的是合唱队员，无论有无声乐基础、无论嗓音是百灵还是破锣，无论自愿与否，只要不长得“歪瓜裂枣”，是人就得上！就这样拉出了一支校合唱团（以下称“铜仁路合唱团”），并埋下无数搞笑伏笔。

误入藕花深处

几近拼凑而成的铜仁路合唱团，可以说一路走得磕磕绊绊。当时选定的合唱曲目是被誉为红色经典的《长征组歌》中的若干选段。

《长征组歌》是一部非常优秀的经典合唱曲。除思想性与艺术性高度结合外，每一组都吸收融入了大量的中国民间音乐元素。例如《四渡赤水出奇兵》中有云南少数民族音乐、《遵义会议》中有侗族大歌的元素，这些曲谱上标出来的民间韵味，增加了演唱难度。

我们选了《过雪山草地》《四渡赤水出奇兵》《遵义会议》三组，三组曲中，有男女声领唱、女声二重唱、多声部等多种形式，对合唱队员的演唱水准有很高的要求，对合唱团整体发挥，集体配合的意识也有很高要求，加上长征《组歌》妇孺皆知，耳熟能详，我们能否胜任，能否唱好，能否在比赛中发挥水准，全是未知数。

接下来是指挥选谁？当初两个人选：一是基础部徐小满老师，精通乐理知识，指挥节拍音符抓得准确到位，积极性很高，要求严格顶真，谁若走音、拖拍等，稍不准确立即停下重练；一是商经系黄谦老师，为人温和宽容，略懂乐理，指挥比较马虎，谁若走点音或节拍不准，他也听不出来，手一挥“过！”两位“本地产”的指挥，最后还是选了宽松“糊涂”的黄谦老师，于是每次排练总是龃龉不断，最后工会主席董红战没办法，干脆外聘上海歌剧院一退休的张老师

(女)任指挥兼合唱辅导。

张老师系老文工团团员,作曲、指挥、声乐训练均在行,是业界著名的专家,训练、指导特别有一套。到底是专业的老师,辅导训练特别有方,态度又和蔼亲切,特别敬业认真。每次排练前先让大家练声,开嗓后再一段段抠,何处高何处低,何处强何处弱,节拍情感等,处理得清清爽爽,所以只要张老师一来,排练总有大有起色,每个人都认真专注地听,投入地唱。张老师呢也不吝表扬,笑嘻嘻地总予以鼓励,这样,我们这支合唱“杂牌军”在张老师的精准有效的训练辅导下渐成“正规军”,无论是乐理知识还是演唱水平都大幅度提高,尤其是组织纪律观念、集体意识更为加强。如果哪位排练时不小心声音突显或拖了半拍,还未等张老师指出,他(她)必会立即招致前后左右队员们集体“鄙视”责备的眼神。

眼看赛事渐近,合唱团穿什么服装的问题也提到议事日程上,因经费紧张,外借又贵,赶做来不及,最后拍板:大家都有白衬衫,服装为:白衬衫配黑裤(女士黑裙)学校每人发一条紫红色领带。于是,第一次参赛,白衬衫光领子就五花八门,有方领、尖领、立领、大翻领……女士黑裙有开叉一步裙、筒裙、喇叭裙、或长或短,说实在,如果严格要求,形象上还挺失分的。

第一次参赛期间,看到其他单位合唱团的服装都整齐、精神、漂亮,大家受到刺激,回来纷纷要求学校给合唱团做统一的服装。校方也同意,选了几种面料请大家选择,结果意见纷呈,据说最后由校长拍板定下一款灰黑大方格面料。

那方格面料单看面料尚可,然而一旦做成服装视觉效果极差,尤其是大方格的男裤之后成为大家茶余饭后喷饭的笑料。但不管怎么,鸟枪换炮,对合唱团而言,是个进步。

仗剑而行折戟归

养兵千日，用兵一时。终于到了参赛的时间，记得当时站在舞台中央，个个兴奋紧张，还有点忐忑不安，大家都想好好表现为学校争光，互相鼓励彼此悄悄提醒。大幕拉开，手风琴前奏音起，看着指挥自信、鼓励、镇定的眼神，所有的心都安定下来。

“横断山，路难行。天如火来水似银……”当时我是领唱，好像真的行军于烈日当头的横断山中。“亲人哪送水来解渴，军民鱼水一家人。”当后面的和声一起，每个人都唱得无比投入，觉得我们就是当年的红军战士，和百姓一起，处处洋溢着亲切欢乐，融入一片柔和的军民鱼水情中。

比赛前，鉴于在我们前面上场的其他单位有的合唱团比赛中发挥失利，不是声音太轻，就是表现战战兢兢，所以轮到我校，大家都想发挥得最好，结果感情太过饱满，越唱声越大，几乎是吼叫，全然不顾指挥王老师频频发出的暗示“轻点！弱、弱……”待唱到“调虎离山袭金沙，毛主席用兵真如神”时，平时排练表现颇佳的男声领唱林海基老师突然“毛主席……”出现超长拖拍，大家的心顿时提起抽紧了，好在他终于刹住了，大家均松了口气，以为小疵，不会影响评分，未料《过雪山草地》再次出糗！

《过雪山草地》的领唱是王锡麟老师，平时排练表现也很不错，自信满满。当首句“雪皑皑，野茫茫，高原寒，炊断粮”唱起，可以说一下将人带入，好像真的处在红军当年饥寒交迫的恶劣之境，可以说，每个人都被歌曲感动，沉浸于“风雨侵衣骨更硬，野菜充饥志越坚”那种情境中，铿锵有力一字一顿地抒发着“红军都是钢铁汉，千锤百炼不怕难”的坚毅情感。

当领唱唱到“革命理想高于天”一句时，可能太激动，突然，王老师跑调了！高好几个调！所有人都接不上茬了！顿时面面相觑，最终全曲在集体跑调、高低不同的和声中收尾。大幕拉上，埋怨的、指责的、嬉笑的、生气的、懊悔的、遗憾的……总之，获奖肯定无指望了。

可事情发展总是“山重水复疑无路，柳暗花明又一村”，就这样几乎演砸的参赛，我校竟获得一个二等奖！大概是评委会给予的鼓励和安慰吧。

满架蔷薇一院香

往事烟霭纷纷，欢娱渐随流水。铜仁路合唱团那段往事已过去近20年了，当年的老同事或分离，或驾鹤仙去，诸多往事也依稀模糊，记忆不清了，合唱团的演出照片也遍寻不见踪影。但那支临时组建的合唱团所留下的团结协作精神依旧留存于心，因一次参赛合唱而激发出的那种很纯洁、很质朴、很亲切的情感共鸣，可以说深深烙在每一位合唱团员心中，见面都会说：“阿拉伊格辰光铜仁路有多少好噢！”我想，我们那支临时的合唱团就像学校的历史见证，就是这样依托每一位教职员工的努力付出，一点一滴，一步一个脚印发展而来。

合唱，讲究做到无“我”，只有“我们”。唱《长征组歌》，则要求做到没有“我们”，只有“红军”，借每一位合唱团员之口，唱出红军的心声，唱出为实现理想而奋斗的那种集体精神。

当年的合唱团不仅仅为参赛，不仅仅为受红色歌曲的教育熏陶，而是通过合唱，唱一种团队协作的精神，唱一种集体荣誉，唱一种归属，唱一种凝聚力，唱一个时代中一段有温度的岁月。

铜仁路合唱团

指挥：黄谦

第一排从左至右：胡世婧、徐小满、高晓梅、姚志琴、王建平、陶敏华、吴金芳、崔国萍、周左鸣

第二排从左至右：何放、郑玉兰、杨萍、朱企华、陶凤英、董红战、徐月丽、陈屹军、王庆华、黄慰堂、张含萍

第三排从左至右：李烈峰、王锡麟、赵卫国、章华龄、金庆弟、沈天生、屠家惠、段国华、吴建康、夏平、沈维钧

第四排从左至右：洪钧祺、周国忠、张荣、杨谊青、叶宏佐、刘建华、倪华、马崇文、毛伟敏、娄永毅、胡硕、王国元

（作者高晓梅，上海商学院语文教研室教师）

怀念商业经济系工作的岁月

朱国栋

我于1991年8月，从上海机电系统调入上海市财贸管理干部学院培训部。同年12月，被任命为商业经济系副主任（主持工作）。

那时，学校设在南京西路铜仁路195号商业储运公司的一处旧仓库内，条件极其简陋，办公室和教室狭小阴暗，要经常开着灯才能办公和上课；学院教职员工不少是上海市财贸五七干校留下的，个个觉悟高，有水平，而且干劲十足，然而在整体上显得有些青黄不接。学院由“三驾马车”蓝少海、吴庆成、陶国勋三位校长拉着。

蓝少海是党委书记（兼校长）、吴庆成是教务副校长、陶国勋是总务副校长。

第一天早晨到校上班，就见蓝校长在校门口笑着迎接教职员工进校，犹如高级宾馆的门童。进入办公室，见到几张办公桌旁放着藤椅，这是当时办公条件下，对具有高级职称教师的优待。校领导给人以“虚怀若谷”“礼贤下士”的印象。这也是当时的社会风尚。在以后商业经济系的工作中，我深感校领导的这种精神，是商业经济系和财贸管理干部学院，在20世纪90年代取得较大发展的重要原因。

当时学校的教学部门主要是“一部两系”：培训部（兼党校职

能)、商业经济系和财会统计系。1992 年 1 月商业经济系设有三个教研室(经济管理、餐[饮]旅[游]、法学),杨谊青老师任经济管理教研室主任、徐锚老师任餐旅教研室主任、刘建民老师任法学教研室主任,共 17 名教师,承担着较重的教学任务。

我刚任副主任时,前任主任江成龙因胃癌逝世;现任主任黄荣滋患了肺癌,带病坚持工作;系党总支书记王奋庚也累病了,一度要扶着墙才能走路。可谓“受任于危难之际”。

1992 年初,正值邓小平南方谈话,改革开放进入一个新的发展时期,我校领导利用假期,北上南下(赴北方和南方诸省的财贸管理干部学院)取经,结合实际进行“三项改革”:改革专业和课程设置,改革教学方法;推行《机构设置定编方案》和《全员聘任方案》;校内分配实行“二八分成”,系内教师的岗位津贴和伙食补贴均由系部自行解决。听说吴校长是财贸系统的“四大才子”之一,他在全校教职员工大会上的演讲,声情并茂,慷慨激昂,结尾常引用屈原《离骚》中的诗句:“路漫漫其修远兮,吾将上下而求索。”余音绕梁,令吾共鸣。

我有一定的经济理论知识和人文知识,也有一定的行政工作能力,责任心也强,但商业经济理论和业务知识缺乏,而且人地生疏。上任伊始,在上课的同时,自己要草拟专业设置改革方案、编写新课程大纲,还要开拓办班、筹划系内奖金,固然有“求索”之志,也不免感到较大的精神压力。

学院三位校长对商业经济系和我的工作倾注了极大的心力。蓝、吴两位校长经常听取汇报,并作具体指导;介绍我同市财贸办教育处、外经处等职能部门领导相识;陶校长常同我“聊天”,还直接关心高级企业培训班的赴香港考察事宜等。他们要求学校各部门主动同我联系,支持我的工作。在工作推进的过程中,人地生疏的问题很快得到了解决。我本人利用工作接触、个别交谈和家庭访问,也很快熟悉了本系教师。

从 1992 年开始，按照邓小平南方谈话的精神，上海商业开始向现代化、国际化推进，上海商业系统的干部职工，迫切需要现代化、国际化的商务管理知识。学校较快完成了学历班专业和课程设置的改革，还开设了第二大专。对各类培训班的课程也不断调整、充实。学校的改革基本上适应了上海商业发展的客观需要。

在校领导的指导下，我本人和商业经济系主动开拓办班，为顺利完成学校教学任务发挥了作用。在原已举办三期高级企业培训班的基础上，先后与党总支书记王奋庚和周勇、杨谊青、陈屹军（教务秘书）等老师，分别同去走访闸北区财贸办、虹口区财贸党委宣教处、市商业研究中心、市财贸办外经处、南市区财贸办等处联系举办各类培训班。而后，各类高级企业培训班连续举办了十六期。还开办了“区公司经理班”“投资项目审批程序班”等培训班。王奋庚还联系了自己家乡奉贤县平安乡，为他们办了一期短训班。

各类高级企业培训班，为 20 世纪 90 年代上海商业的超常规发展，提供了急需人才。第四期赴港高企班（由教务处张华令老师任班主任）的学员都是市属大公司及一些大店、名店的经理，如任该班班干部的市百货总公司党委书记徐庆海、上海市对外供应公司副经理的樊世本、上海市蔬菜公司二经部经理钱超，还有新雅粤菜馆的总经理陈耀良、培罗蒙西服公司总经理金建华，等等。第十五期高企班学员为豫园商城和部分南市区公司的干部……学员们通过学习，开阔了视野、增长了知识、转变了观念，为上海 20 世纪 90 年代“四街四城”（南京路商业街、淮海路商业街、四川北路商业街、西藏中路商业街和南市豫园商城、浦东新区新上海商城、徐家汇徐汇商城、上海火车站不夜城）的建设及上海商业的扩大开放和深化改革作出了贡献。许多学员长期活跃在上海商界。

商业经济系还承担了财贸系统经济师和助理经济师考试的大量培训任务。财贸系统的职工培训报名十分踊跃，连着几个寒暑假，杨谊青、陈屹军、吴国芬（系副主任，后调教务处）等冒着凛冽的寒风或热浪，寒假有时下着大雪，暑假有时40度高温，多次在肇家浜路600号市考试中心走廊上设摊招生，从上午到下午，有时还连续两天，报名的人络绎不绝。

餐旅教研室为西亚大酒店，培训总台、客房服务员；为徐汇区饮食公司，开设在淮海西路外国领事馆区域的“伊露法餐馆”培训服务人员。1992年2月中旬，我与杨谊青赴北京参加中国市场学会和中国老区促进会举办的支援赣南老区生产企业开拓市场座谈会。会上赣南老区寻求制造草珊瑚产品，我们带了些草珊瑚回上海，餐旅教研室主任徐镭老师商议请上海食品研究所无偿试制成草珊瑚糖。我拿到样品后，当晚便送到出差来沪的赣南老区同志手上，表示了一点支援老区的心意。

20世纪90年代上海商业大建设、大发展的实践，向商业教学和研究工作者，提出了诸多重要课题，需要做出回答。学校领导也十分重视支持和开展校内科研活动。商业经济系具有重视科研的良好传统，前任主任江成龙曾同系内青年教师王顺惠、杨谊青、周勇、顾国建等一起从事基础学科研究和建设，共同编著了《企业市场经营战略与策略》《中国市场价格学》《商品流通经济学》三本颇有影响的教材。

1993年3月，校党委决定：杨谊青任教务副主任，我分管科研，同时仍负责开拓办班。财贸管理干部学院各系部设科研副主任，也是从此时的商业经济系开始的。在吴校长的具体指导下，1993年7月6日，商业经济系举行了首届学术交流会，这应该是我校第一次由系部举办的学术交流会。蓝校长和吴校长以及校研究所所长毛伟敏、人事处长顾明兴均出席。

在校领导的推动和督促下，商业经济系科研成果累累，先后出版了从商业实务、商业业态、商业礼仪、商业行规到商业理论、商业市场、商业史以及商业企业名录等一系列商业论著，不少著作具有不俗的社会影响：

——顾国建老师成功承接了宝山区商业发展规划，出版了《超级市场连锁经营管理》(1995 年 5 月，上海社会科学院出版社)、《零售业：发展的热点思辨》(1997 年 3 月，中国商业出版社)，《超级市场营销管理》(2000 年 1 月，立信会计出版社)等；

——周勇老师除撰写了大批论文，还编著了《新编管理理念与实务——现代商务管理》(1995 年 10 月，立信会计出版社)等著作；

——顾国建和周勇对于超级市场连锁经营的研究，为日后上海商学院"连锁经营管理"专业(教育部原专业目录外的本科专业)的建立奠定了基础；

——刘建民老师从编著经济法教材开始，深入研究商业行规，著有《商业行规及其疑点、热点、重点、难点》(1999 年 11 月，立信会计出版社)等；

——餐饮教研室刘裔远老师编著有《社交·服务必读——实用礼宾学》(1993 年 9 月，立信会计出版社)。

——本人 1993 年 3 月后方有时间从事课题研究，1994 年开始先后出版了《社会主义市场经济学》(1995 年 8 月，同济大学出版社)和《市场经济概论》(1994 年 2 月，成都科技大学出版社)、《上海服务市场》(1996 年 1 月，文汇出版社)、《无店铺销售》(1997 年 9 月，立信会计出版社)、《上海商业史》(1999 年 8 月，上海财经大学出版社)、《新上海旅游商务购物指南》(2000 年 9 月，上海财经大学出版社)等。此外，我和杨谊青、周勇、黄永康还作为常务编委和编委参与编纂大型工具书《中国企业大辞典》(上海卷)(严家栋等主编，1994 年 8 月，中国人民大学出版社)，我们负责商业企业部分。

商业经济系部分老师还直接从事或参与课题调研，写出了一批有价值的专题论文和调研报告。其中：

——顾国建老师的《上海超市发展的前景与对策研究》(1993

年)获上海市第二届哲学社会科学优秀成果奖;

——刘建民老师的《商业行规定位、特点及体系》(1996年)获上海市第四届哲学社会科学优秀成果奖。

方名山校长在主持上海商学院工作期间曾多次表彰以上两篇获奖论文。他自己1993年发表的论文《三论探寻中国式跨国综合商社之路》,也曾获得上海市哲学社会科学优秀成果奖。方校长说:"在上海高校林立、社科研究实力强大,上海商学院的人均获奖率高于其他高校。"他还说,"上海商学院教职工编制少,教育任务重,但是更接上海商业'地气',更应当多做上海乃至全国商业发展应用性研究,多出成果"。

校领导还十分重视教学法的研究和交流,除在系内进行公开教学外,还经常进行全校性的公开教学。商业经济系参与全校公开教学的有王顺惠(管理数学)、刘建民(法学:模拟法庭)、黄永康(管理经济学)、王锡麟(西方经济学)、金维莉(统计学)等。

到20世纪90年代中期,商业经济系已拥有国际贸易、商务管理、法学、餐旅、广告策划等5个教研室,24名教师。同时由于教学和科研水平的提高,商业经济系从90年代初仅有2名副教授,到90年代末涌现了一批副教授和数名正教授。

由于学院"三驾马车"的共同努力,方名山校长的决策、协调,陶国勋副校长的具体工作,在市财贸办及各方支持下,建成了新教学大楼。这是上海市财贸管理干部学院的一座丰碑,标志着上海市财贸管理干部学院的完善。新校舍建成后,学院的"三驾马车"先后退休。我也于1999年12月退休。

20世纪90年代末,全校迁入中山西路2271号新校舍,办公和教学条件极大改善。商业经济系又有进一步发展。此后,商业经济系的老师杨谊青、刘建民、顾国建、周勇、王顺惠、黄永康、徐信虎、刘红、王锡麟、王伟和、胡逸汀等成为上海商业职业技术学院时期、上海商学院时期的二级部门的负责人,或者成为教学和科研工作的骨干。

本人在上海商业经济系工作近十年，其间是上海市财贸管理干部学院快速发展的一个时期，也是上海商学院校史中承上启下的重要阶段。这一时期商业经济系工作的进展，得益于20世纪90年代上海商业改革开放大潮的推动和上海市财贸管理干部学院"三驾马车"的领导。

（作者朱国栋，上海市财贸管理干部学院教授、商业经济系主持工作副主任）

庄晓天：中国商业系统改革的标本

朱国栋

2008年5月1日，世界上最大的跨海大桥——杭州湾大桥即将通车。这座大桥让上海与宁波等浙东、浙南城市的距离缩短了100多公里。大桥建成后，苏南乃至安徽等地区将成为宁波北仑港的经济腹地。毫无疑问，这座大桥的建成，将对长三角未来经济格局产生重大影响。

这座大桥的最初提议者，就是曾兼任上海市财贸管理干部学院（上海市财贸党校）校长和党委书记的庄晓天，原上海市副市长、上海浦发银行、上海银行首任董事长。庄晓天，对杭州湾大桥的即将通车，感慨万千。早在20世纪80年代中期，庄晓天在参观宁波北仑港时，就看到了北仑港作为世界一流深水良港的地理优势。鉴于当时宁波经济腹地受限，而上海港饱和势头已经初显，庄晓天萌生了建设杭州湾跨海通道的设想。

1993年，刚从上海市副市长位置上退下来的庄晓天，在宁波市的一次座谈会上提出了建造杭州湾跨海通道的建议，得到宁波市领导的支持。

追溯历史，从改革开放初的1980年起，庄晓天就开始先后担任上海市第二商业局副局长、党委书记，市第一商业局党委书记，市财贸党委书记。1988年4月—1993年2月，又担任上海市副市长。1993年2月起，任上海浦东发展银行董事长，1995年，又兼任上海银行董事长。

改革开放30周年的亲历者

庄晓天是改革开放30周年的亲历者，也是见证人。在他任职期间，参与设计了上海商业系统从计划经济向市场经济过渡的改革方案，成为中国商业系统改革的标本；他参与设计了中国证券市场的起步——上海证券交易所创办时，庄晓天是分管副市长兼上海市证改办主任；他筹建了上海浦发银行、上海银行；他冲破各种阻力，力主上海浦发银行上市，拉开了银行成批上市的序幕。

回顾改革开放风雨30年，庄晓天始终强调一句话：解放思想不只是一句口号，更要看实际行动。

庄晓天担任的第一个重要职务是上海市第二商业局副局长、党委书记。在当时，肉禽蛋、蔬菜、糖酒、水果、饭店旅馆都属第二商业局管辖。

在庄晓天的记忆中，在担任第二商业局党委书记期间，建冷库是其中一件大事。“当时副食品的供应是靠天吃饭，每年春秋两季，蔬菜和肉类供应十分充足，但到了夏天和冬天，供应就很少，当时我们为了平衡供应，想到了通过大量建冷库的办法，将许多食品冷藏到冬天或夏天出售。”庄晓天在任第二商业局副局长、党委书记期间，共建成了20万吨的冷库，其中最大的吴泾冷库容量达5.2万吨容量，到现在还在发挥重要作用，从那以后，上海到现在都没有大规模建过冷库。

20世纪80年代中期，庄晓天被提拔为上海市委财贸委书记，后担任上海市副市长。在这期间，庄晓天做的第一件大事就是实现商业系统从计划经济向市场经济的过渡。

庄晓天告诉记者："当时整个商业系统的供应情况开始好转，国家也提出要从计划经济向市场经济过渡，当时考虑到稳定因素，我们的改革是循序渐进的，首先开放的是最容易市场化供应的东西，比如蔬菜、豆制品、干果等，这些副食品运起来方便，而且对生活影响不大，所以我们把副食品都放开了；然后，我们把肉禽蛋放开供应；第三步是放开粮食、布票和糖酒等重要物资。"

为了应对市场震荡，庄晓天还领导设计了价格双轨制，他告诉记者："当时我们是两种价格都执行，计划内的商品价格便宜，但高收入者也可以花多一点的价钱买自由市场的'黑市货'，经过3年时间，商品的计划价格和市场价格逐步接轨。"

因为庄晓天领导下的改革措施稳妥且效果显著，上海的改革经验在周边省份推广开来。

上海证券交易所的创建人

庄晓天在任期间，所推行的改革中，对中国经济影响最大的莫过于成立上海证券交易所。

1990年12月，上海证券交易所成立。庄晓天当时任上海市副市长，兼任证改办主任，证券市场是他分管的部门之一。

由于历史的原因，上海人的资本意识和理财观念启蒙较早。早在20世纪80年代，上海就有证券公开交易。1984年11月，中国第一个股份制公司——上海飞乐音响股份公司成立；1985年1月，上海延中实业有限公司成立，并全部以股票形式向社会筹资，这就是现在的方正科技(600601)。

"正因为证券市场的不断发育，普通民众的理财意识逐渐启蒙，所以成立证券交易所的时机也逐渐成熟，"庄晓天对1990年底上海证券交易所的成立至今记忆犹新，"当时我们开放证券市场后，涨跌停板的限制是0.5%和1.0%，所以股票天天涨停板。股民拼命要买股票，一开始，是几万人买股票，上海人、外地人都有，过了一段时间后，就是几十万人排队买股票，当时成为上海经济生活中的大热点。”

尽管股市活跃让庄晓天等分管领导十分欣喜，但当时电子交易还很少，所以股民要到交易所或营业部现场交易，股民排队成为当时的一大景观。庄晓天告诉记者：“那时候有人在凌晨一两点钟就起床排队买股票，我们当时很怕人多出事情，就想了个办法，就是通过发行认购证解决排队问题。认购证这个东西就是我们创造出来的，那时候我们没什么经验可以借鉴，可以说是摸着石头过河。”

事后证明，上海的认购证制度确实可以解决排队问题，而深圳的1992年“8·10”新股认购事件，证明了上海发行认购证的决策确实是防患于未然。1992年8月9日—11日，深圳以发售认股抽签表的方式发行5亿元新股。从8日起，有超过100万的当地及全国各地的准股民在全市302个发售网点前排起长龙，准备购买百元一张的抽签表。9日早晨开始发售时尚能维持一定的秩序，但后因一些网点组织工作出现问题，造成秩序混乱，并发生冲突。到8月10日傍晚，数千名没有买到抽签表的股民发生骚乱。

除了发行认购证之外，当时上海证券监管当局认为市场之所以出现一股难求的局面，主要是当时的证券交易只局限于8大股，所以迫在眉睫的就是发行新股。庄晓天告诉记者：“当时还没有成立证监会，所以公司上市还是我们上海这边自己搞，我们要求上海各个部门，比如商业系统、农业、机电等许多专业部门找一批企业，我们对企业的要求是资产质量比较好，利润不错，而且有发展前途，让各个部门自己审查，自己负责，这些企业就被我们推荐上市，半年时间内新上市企业达几十家，这样一下子增加了股票供给，股市马上就平衡下来，股民也趋于理性。”

A 股和 B 股的分类也始于庄晓天分管上海证券市场期间，当时考虑的正是境外投资者投资中国股市的金融安全问题，庄晓天说："境外投资者很有经验，当时我们就考虑到了金融安全问题，我们担心他们兴风作浪，把股市炒得很高然后逃走，所以把 A 股、B 股分开，他们可以投资 B 股。这个制度也是我们首创，我们搞了 B 股之后，深圳后面也搞了起来。"

金融市场新时代的开拓者

1993 年，年已 61 岁的庄晓天从上海市副市长的位置退下来。当时，上海正在筹建上海浦发银行，庄晓天成为浦发银行首任董事长。1995 年，上海银行开始筹建，庄晓天又兼任上海银行董事长。

庄晓天跟记者介绍了浦发银行创办前后的背景，他说："那时上海没有一家本地银行，1992 年时，上海作为长江流域经济龙头的地位日益显现，迫切需要金融支持，当时市委市政府领导向小平同志作了汇报，并向国务院有关部门打了报告，得到批准后，正好我作为副市长已到退休年龄，所以市委市政府决定让我去筹建这个银行。当时上海市计委的一个副主任任行长，我当董事长。我在浦发银行工作了 8 年，那时原始资本金是 10 亿元人民币。浦发银行 10 多年里发展迅速。根据 2007 年年报，浦发银行 2007 年的净利润就有近 55 亿元，总资产近万亿元。一开始，浦发银行是一个重点在长三角发展的区域性银行，到了 1995 年，我们在北京设立了分行，开始成为全国性商业银行，到现在，全国主要城市，浦发都有分行。"

除了筹建浦发银行外，冲破各种阻力让浦发银行上市，也让庄晓天记忆犹新。在向记者描述经过时，庄晓天谈道："1997 年香港回归时，我在香港参加一个会议，会议上很多记者采访我，他们问：

'浦发银行接下去有什么打算?'我说下一步打算让浦发银行上市,通过资本市场让浦发银行加快发展,壮大步伐。回到上海后,不少人跟我说,'你对媒体这么说不恰当,现在国家规定银行不能上市,你怎么在香港与记者说浦发下一步想上市呢?'当时我就反问,'既然企业可以向银行募集资金,可以在股市融资,我们银行为什么不能上市募集资金呢?"

经过一番准备后,1998 年底,庄晓天把上市事宜反映到中国人民银行(当时银监会还没成立)。"我们经过很长的一番波折后,到了 1999 年才实现上市。但你看看,我们打破禁令后,有多少银行跟在我们后面上市了?"庄晓天对浦发银行上市的创举颇为自豪。

当时,上海银行的筹建也是庄晓天负责,他告诉记者:"当时上海有很多信用社,共青团、街道等各个系统都有,属不同分管部门,财务状况也很不一样,市里让我去筹建上海银行(当时叫上海城市合作银行),就是希望能把它们捏到一起。当时各个信用社的待遇很好,要他们撤并阻力很大,但我做他们思想工作,我说现在你们是小舢板,集合起来才能组成航空母舰,大家要团结起来,要有合作精神。另外,我们也给这些信用社人员合理的待遇,最终重组比较成功。"

杭州湾跨海大桥的提议人

庄晓天,地道的宁波人,1932 年出生在宁波镇海。他创办了上海市宁波商会并任会长,而提议建设杭州湾大桥,很大程度上也是出于他的宁波情结。

20 世纪 80 年代中期,庄晓天在参观正在开发中的北仑港时,发现北仑港和国际著名的鹿特丹港及新加坡港相比,水更深、港更宽，外面还有金塘岛挡风，完全是世界一流的深水良港。但他同时也发现，当时宁波属于交通线末端，经济腹地受限，而上海港口饱和的势头已初显，于是开始萌发建立杭州湾通道的设想。

后来，庄晓天与宁波同乡、时任上海市副市长的倪天增（倪毕业于建筑工程专业）探讨，后者认为方案可行。之后，庄晓天又找来两院院士、著名桥梁专家、时任同济大学校长的李国豪交流，后者也认为在工程上这个方案可行。

于是，1993 年在宁波市领导召开的征求宁波籍人士对家乡建设意见的一次会议上，庄晓天大胆提出了建造跨海大桥的建议，得到宁波市领导的重视和全力支持。

1994 年，在庄晓天的主持下，由上海市宁波经促会（庄晓天时任会长）出面正式向市科委和市计委写了《关于建设杭州湾越湾通道工程的建议》，并抄报给上海、宁波两地政府，建议书中列举了建造杭州湾越湾通道工程的可能性和必要性，以及给沪甬两地带来的社会效应和经济效应的初步分析，当时建议报告对越湾通道提出了两个设想：一是造桥，二是建隧道。

谈及大桥建成后将对沪甬乃至长三角经济带来的促进作用时，庄晓天说："中国要建东北亚航运中心，日本的神户港、韩国的釜山港也都有这样的想法。作为竞争对手，上海港应该是作为一个整体出现的，整个长三角港群都应该包括在内，宁波港是重要组成部分，要真正形成这个航运中心，两座桥的作用很大，一座是到洋山的东海大桥，另一座就是到宁波的杭州湾大桥。两座桥建成后，在和上海港群的竞争中，都要建航运中心，目前世界十大港口中，上海是第三，宁波是第四，上海很快就是第一位了，两个港口产生合力后，那就更加不得了。杭州湾大桥搞起来后，对江苏、浙江和上海经济的促进作用肯定很大。运输成本降低了，时间成本也降低了。以石化工业为例，宁波石化工业很发达，杭州湾对岸的嘉兴也在规划石化工业，上海接壤嘉兴的那一带，即上海的石化工业集中地，都在这边。上海、嘉兴和宁波，届时就可以形成一条中国最大、世界少有的化工产业带了。”

庄晓天认为，杭州湾大桥对宁波和上海是双赢。“杭州湾大桥的最大作用就是加速宁波企业迁移到上海的步伐。”他告诉记者，“现在很多宁波企业把企业的重要部门，科研部门和销售部门，都放在了上海；宁波企业也常给上海企业做配套。比如汽车工业，许多汽车零配件业务转移到了宁波。而杭州湾大桥开通后，宁波和上海之间的联系更加紧密，越来越多的宁波企业会把总部和重要部门设在上海。”

除此之外，庄晓天认为，杭州湾大桥建成后，上海到长三角每个重要城市都可以实现 3 小时交通圈，在这样便捷的交通条件下，长三角城市群才有意义。

按照常人的想法，成就斐然的庄晓天完全可以过上比较悠闲的退休生活，但他还是闲不住，除了已创建的上海市宁波商会外，他还在筹建世界华人宁波商会。除此之外，庄晓天还在筹建民营金融机构，该机构已处于实质性操作阶段，正待有关部门批准。据庄晓天介绍，这家金融机构总部在上海浦东，以民间资本为主。

作为中国资深金融人士，庄晓天认为，目前中国金融格局已比较完善，但是在所有制结构上，还需更多的突破。庄晓天告诉记者：“目前的银行、证券、保险等金融机构，资本金来源主要是国有股和外资股，民营资本还处于弱势地位。中国真正意义上的民营金融机构还不多，在金融领域，我认为应该给民资以国民待遇。”

之所以持这种观点，庄晓天认为：“目前中国金融机构大量引进了外资，治理结构确实得到了改善，经过几年的金融改革，培养了大批的本土金融人才，所以我想，中国人完全可以管好自己的银行、保险公司。”

庄晓天还认为，其实外资并不一定意味着金融安全。他告诉记者：“现在金融产品创新很多，许多金融产品都酝酿着风险，比如次级贷。我觉得美国次级贷危机至少破灭了一个神话，那就是欧美老牌金融大鳄的危机控制能力就不一定很强。现在次级贷危机，花旗银行等老牌金融机构都出现了巨亏，所以我们对外资金融机构不该盲目崇拜，他们能做到的业绩，中国民间投资人、中国本土金融人才也能做到。”

（作者朱国栋，上海市财贸管理干部学院教授、商业经济系主持工作副主任）

走近方名山校长

方有林

一、印象方校长

我是入职后才认识方名山校长的，应该是在奉浦校区130报告厅召开的教职工大会上。那是2003年8月底秋季学期开学，学校办公、办学重心转移到奉浦校区后。

因为当时教职员工总量少，包括校领导在内的教职工几乎都在奉浦行政楼办公，常常能近距离地、随处看到方校长的身影，不止在行政楼，还可以在教室、食堂等几乎校园的每一个角落。

时常能从老教师们的口中听闻到方校长"传奇"的创业片段，以及为学校谋发展、为职工谋福利的点点滴滴。其时，我又亲历学校向教职工"借款"为完成奉浦校区基建的事，感佩于方校长"创业"的激情和智慧。特别是2004年学校升本成功，改名为上海商学院，全校师生欢欣鼓舞、奔走相告。回顾方校长来到学校短短8年，学校不仅完成了干部教育转制为国民教育，而且再接再厉跃上了本科教育的大台阶；校区建设实现了两次跨越：从租赁校区办学到自有的徐汇校区建成启用，再到选址奉浦新校区并全面建成。

我2005年担任法律行政系主任助理，开始有机会参加学校一年两次的中层干部大会，直接聆听方校长的工作报告，还能面对面地向他讨教。尤其是2007年上半年参与创办留学生部，有了更多近距离接触方校长的机缘，感悟方校长的那份执着和热情、那份信任和鼓励、那份担当和淡泊。

2009年下半年我调任党办和校办主持工作，直接在方校长手下工作，虽然只有短短的一年半，但是零距离接触，且多是学校大事，因此对方校长的了解更为直观、全面而立体。

2010年底方校长卸任校党委书记、校长退休，见面的机会就少了，只是在学校有重大活动时偶尔能见到他。

这些年，虽然曾经不止一次地动过写一写方校长的念头，但是由于自己的懒散，加之对他的了解还偏于零碎，迟迟未敢动笔。

二、成功"转制"

去年开始因为"伟大工程"党课《红色基因　商道使命》备课的机缘，加之今年躬逢校庆70周年之盛，倒逼笔者集中搜集、整理学校70年来的史料；更得益于开展"四史"教育的契机，将学校70年发展的人和事放在新中国史、改革开放史的宏阔背景下进行考察，开掘了"迎难而上，驰而不息"的上商精神，深化认识了以方名山校长为班长的校党政领导班子团结带领全校教职员工，抢抓机遇，百折不挠，干事创业的精、气、神。由此，也增进了对方名山校长个人的进一步了解，更深层次的认识。

其实，方名山校长之前一直担任校党委书记、主持工作的副校长，从2005年2月开始才真正担任校长。

他1996年10月调任我校，担任上海市财贸管理干部学院党委书记及中共上海市财贸党校主持工作副校长（校长由上级党组织党委书记任徽典、崔善江、甘忠泽先后兼任至2005年2月）。

此前，他长期在上海市商业系统从事经营管理实践和理论研究工作。曾任上海交电家电批发公司总经理;上海交电家电商业集团公司总经理;上海市第一商业局副局长;上海内外联综合商社(集团)董事长、党委书记,并兼任家乐福(中国)公司董事长;上海申宏公司董事长等职务。他还曾是上海连锁业发展的主要奠基人之一,联华超市公司主要创始人之一。

他 1996 年履新本校之时,上海市财贸管理干部学院面临重重困难。一是办学规模小、结构不合理。当时全校只有两个专业,成人在校生 380 多名;全校教职员工 80 多名,36 名专任教师,行政、后勤人员却有 50 多人。二是教学场所不落地。学校虽然早就落实了中山西路 2271 号地块的建设用地,但是因为资金原因已"晒"了十年,靠临时租借场地"打游击"办学。三是经费十分困难。其时财政拨款比较有限,不敷日常使用,连在职和退休职工医药费报销都成大问题,遑论新建校区、增加收入。四是教职工人心不稳。由于上述诸多原因,教职工堪忧前途、人心思动,不少职工纷纷跳槽、另谋出路,而且这种情况还在不断加剧。

要摆脱上述困境,等不来、靠不上、要不到,只有立足自身努力,从发展中找出路。方校长带领班子和全校干部不辞辛劳,通过深入反复调研,逐步认识到学校已完成管理干部、经济干部业务学习(包括学历教育)的历史使命,而国民教育的高校扩招已经在上海率先起步,通过充分酝酿讨论,逐步形成共识,班子最终拍板:首先,抢抓机遇,全面启动学校"转制","两条腿"走路,除干部教育外,走出"创办"全日制商业高等职业教育、通过市场获得办学资源的新路。其次,加快建造具有现代化标准的校舍硬件设施,为"转制"提供扎实的基础保障。

"转制"经历了三个阶段,三年迈了三大步。第一步,总结学校 1994 年以来,整合资源、积极申办上海市商业高等职业技术学校的得与失,尤其是制约高职教育正式起步的原因,进一步深化商业人力资源市场调研,为后续申办做更为扎实的基础工作。第二步,在市委、市府关心和市商委、市教委的支持下，1997 年以立信会计高等专科学校名义试招 120 名高职生，迈出了“转制”的实质性步伐。第三步，继续推进高职院校申办，联合上海市第一商业局职工大学、上海市粮食局职工大学、上海市供销社职工大学和上海商业学校，申办上海商业职业技术学院终获国家教委批准。1998 年 3 月 12 日本市第一所全日制独立设置的高职院校从此诞生。

三、“连锁经营”高职

校区建设几年上了几个台阶。首先，1997 年将徐汇新校区建设实质性推进。盘活铜仁路 195 号五亩多土地资源，通过招商、联建和转让等方式，加上银行贷款等多方筹资，基本解决了建设资金问题，为 1998 年末初步建成 14 层教学、办公楼奠定了基础。其次，1999 年 1 月占地 24 余亩的徐汇新校区全面投入使用。继续启动 7 层生活楼建设，1997 级、1998 级两届高职学生迁入，1999 级新生实现了在自有校区顺利报到、开学，从此结束了学校四处漂泊借校舍办学的历史。

分配制度改革、住房货币化等的内部改革也同时展开，教职工收入增加、家庭住房条件改善……

事实胜于雄辩，全校师生的信心大为振奋、精神面貌焕然一新。当成功的事实摆在全校教职工面前，各种消极思想也就烟消云散了。

尤其是徐汇新校区快速投入使用，办学硬件的改善，塑造和优化了学校形象，吸引广大家长的注意力，收获了高职考生的青睐。学校 1999 年秋招生 850 人，占到全市高职生招生数的 1/8；2000 年和 2001 年，学校紧紧抓住上海高职教育规模发展期的良好机遇，克服重重困难，两年内共招生 4 900 人。不仅秋季招，春季也招，不仅上海市内招，而且扩大到17个兄弟省市招生，短时间内在校生规模达到5 750名，占到全市高职院校招生数的1/7，名列全市第一。

短时间高职学生的快速增长，徐汇校区难以承受其重。学校发展中出现了新情况、新困难、新问题，怎么办？在创新中求化解。

方校长和班子成员一起迎难而上，瞄准了未来商业人才转型升级的巨大空间，顺应和对接老百姓上大学的强烈需求，不仅不减招，而且进一步增招，闯出了一条困难条件下快速发展高职教育的"创新"之路，早在1998年开始就"齐步走"：一边探索多院区"连锁"办高职，一边积极寻求新建校区。前者催生了"八个统一"的高职管理模式创新，后者加速了奉浦校区的建设步伐。

所谓"八个统一"的高职管理模式创新，是指既要借助"连锁"院区办学资源、又要保证培养质量的院区"统一"管理创新方式。针对与我校携手办高职的院区区域分散、专业多头设置和管理水平参差不齐的情况，制定和实行了对院区"八个统一"的管理制度，即招生、专业教学计划、教学大纲、教研活动、考试管理、教师资格审查、教学督导、学籍管理的"统一"，成功化解了徐汇校区办学硬件和全校师资有限这一制约办学规模扩张的瓶颈，为2003年起年招生规模稳定在3 000人以上奠定了坚实的基础，也从财力上进一步支持了奉浦校区的建设。

我入职本校担任高职《应用文写作》课程的前几年，作为一名教师亲历了其中的"三个统一"：统一教学大纲、统一教研活动、统一考试管理。

四、"创业"再出发

转制国民教育成功，徐汇新校区顺利建成，办学规模成功扩容，即使前述三者居其一，已经殊为不易。方校长和班子成员并未过多沉浸在这些喜悦之中，而是提出了要趁势而上、继续前行，按下了二次创业的启动键。

经过深入调研分析，方校长和班子清醒认识到上海是我国商贸业主要发源地之一，随着社会主义市场经济建设的深入，商贸业未来必将成为上海六大支柱性产业之一。上海市从1993年商业服务业从业人员只有90万人，发展到2003年的197万人，就可以初窥其势。而当时商业服务业从业人员中受过高等教育员工人数只有8%左右，远远低于其他产业。未来上海市商业服务业科技含量，也必将随着连锁经营管理、电子商务、物流配送等现代流通业的出现而迅速增加，第一线应用型技能专业人才需求缺口越来越大。未来市场化程度不断深入，必将带来人才需求的进一步拓展，这些都是商业高等教育难得的、巨大的发展机遇。

机不可失，时不再来。方校长带领党政领导班子，提出要乘胜追击，尽快在市郊选址、建设规模更大校区的思路和设想，得到全校教职工的广泛支持。经过半年多调查研究，几乎跑遍市郊，反复比较有价值的地块，终于在2001年下半年选择奉浦工业开发区征地324亩，建设12万平方米现代化新校区。

从2002年2月1日在奉浦校区工地尚未完全“七通一平”的困难条件下打下第一根桩起，针对奉浦校区建设这块难啃的硬骨头——资金缺、工期短、要求高、经验少，方校长和班子成员采取创新思维，公开招标、现场监理、深入一线等措施和办法，确保花小钱、办大事、办好事。

尤其是为了节省和控制基建费用，提出“五比”原则，即比质量、比价格、比付款方式、比交货期和比售后服务，处处精打细算，甚至一砖一石一草一木都货比三家，硬是把基建预算压下来。一期工程共五万多平方米的全部土建、装修工程等的投入仅为1.3亿元，其中教学和图文信息大楼每平方米土建和安装费用不到

1 800 元。经验收,全部达到国家规定标准。建设周期之短,建设费用之低,创出上海市高等院校校舍建设的奇迹。

2002 年 9 月,奉浦校区一期工程顺利竣工投入使用,迎来首批近 2 000 名新生入住、就读。

2003 年初开工二期工程,包括续建教学楼、学生公寓、图文信息中心辅楼,新建行政办公大楼等项目,建筑面积 5.5 万平方米。当年 9 月份竣工投入使用,又迎来 2 000 多名新生入住、就读。

奉浦校区建设之战,不仅是一个基建项目,更是一个大熔炉,锤炼出一支过硬的教职工队伍,凸显出了一种可贵的精神,就是抓住机遇而不丧失机遇,开拓进取而不因循守旧,艰苦奋斗而不贪图享受,勤俭办学而不大手大脚——可以归结为集蓬勃朝气、昂扬锐气和浩然正气于一体的“上商精神”。

我入职的 2003 年,全校报到的高职学生 3 150 名,分别在徐汇、奉浦两个校区,以及共和新路等六个高职办学院区就读,万人大学的办学规模初步形成;而且还有足够的办学空间,保证继续办好党校、成人教育学院,以及各类培训项目。

五、静悄悄“升本”

在抢抓机遇、外延扩张的同时,方校长和张振丰、冯伟国等班子成员一起,对内涵建设的人力、财力和精力投入,做到了“两手硬”。2003 年学校被列为上海市示范性高等职业技术院校,被评为上海市职业教育先进单位就是明证。还有,2005 年获得了 4 项市级教学成果奖、1 项国家级教学成果奖。

2003 年下学期人文社科系黄煜峰主任带领我们梳理本系示范性高职院校支撑材料的情景,仿佛就在昨天。当时身为普通老师的我,并不知晓方校长和校级班子主动加压,已经按下了学校

“升本”的启动键。

就内涵建设而言，当时新进教师首次签订劳动协议都是一年一签；每个学期对任课教师都十分重视，都有权重很高的学生评教并且排名，压力很大；年终考核都是动真格，不合格的教师立刻调离教师岗位……“有作为才有地位”在当时深入人心。

一年合同期满考核合格，我与学校签订了第二份劳动合同。2004 年 9 月，新学期开学不久就传来学校“升本”成功的大好消息，真是大快人心。

方校长来校后的 8 年，不仅学校上了两个新台阶：一是“转制”和“升本”，一是，徐汇、奉浦校区建成；而且学校收入效益增加了十倍多，国有资产增加了几十倍，教职工收入也翻了两番，社会影响力不断扩大。由此可见，方校长无愧于“资本运作”的高手！

六、内涵建设不松劲

对照本科建设的标准，方校长带领全校教职员工乘胜前进：一方面，放眼海湾大学城拓展本科办学空间；另一方面，紧锣密鼓地开展本科内涵建设。

尤其是本科内涵建设丝毫没有放松。一是加快组织申报、开招本科专业。我校 2005 年开招本科专业 6 个（英语、艺术设计、信息管理与信息系统、财务管理、电子商务和连锁经营管理），2006 年开招本科专业 5 个（国际经济与贸易、日语、计算机科学与技术、会计学和物流管理）。截至方校长退休时的 2010 年，全校本科招生专业已达 20 个。

学校 2005 年不仅首招 6 个四年制本科专业，同时首招 4 个两年制专升本专业。后者，为 2007 年我校申请增列成功学士学位授予单位准备了必要条件，财务管理、连锁经营管理、信息管理与信息系统、艺术设计 4 个本科专业，也成为本校首批授予学士学位的本科专业。

二是加快开展学科建设。先后成功申报上海市级重点学科——商品流通学，以及上海市教委重点学科——商务传播学。

三是夯实本科教学质量工程。本科招生录取分数连年走高，稳居全市本科高校的中上，外省市区生源的招生分数都在一本线上；2009 年又获市级教学成果奖（本科组）4 项；……这些都是可信的注脚。

四是建构本科校院两级管理体制。方校长和班子一起主动放权，学校管理体制从一级管理向校院两级管理过渡。2007 年，趁着常态的两年一换届，启动了全面的二级学院建设（只保留少量直属系）。笔者所在的法律行政系（含思想政治理论教研部、基础部、体育部、留学生部），分设法政学院（含思想政治理论教研部）和基础学院（含留学生部），我也于当年 6 月忝列为基础学院副院长。现在全校二级学院的基本架构，就成型于 2007 年。

七、姑 妄 点 评

综上所述，15 年来，方校长带领上商团队取得了多方面的骄人成就。究其原因，与方校长为首的团队同心同德、默契配合密不可分。

据笔者所知，与方校长一起担任过校级党政领导的先后有八位：曹晓兰、江才妹、张振丰、冯伟国、朱铮宸、陆一楪、吴延风、楼文高。笔者与后六位先后有过或少或多的接触，直接体悟到他们求同存异、通力合作的精神风貌。

毋庸置疑，方校长干事创业充满激情，面对困难富于创造，迎接挑战勇于担当。我们常常将事业成功的原因归结为“天时、地利、人和”，无疑是十分正确的。不过，改革开放这个“天时”，以及上海国际大都市这个“地利”都是共有的。“瞻前顾后”（纵向比较）之中，尤其是“左顾右盼”（横向比较）之余，我们或许更能领略“人和”之重要。我们都知道，一个具有凝聚力、充满活力的团队，必然少不了卓越的领导人。

2010 年 12 月，因为年龄的原因，方名山卸任校党委书记、校长职务，按照规定必须接受离任审计。笔者看到过离任审计报告内容，叹服于方名山校长为班长的班子的忠诚、干净和担当。

鸣谢：成文过程得到冯伟国、刘建民等先生的帮助，谨致谢忱！

（作者方有林，上海商学院教授、文法学院院长）

艰难的转身　华丽的升格

董惠良

我 1993 年 5 月进入现在的上海商学院，当时的校名是上海市财贸管理干部学院，也称上海市财贸党校，两块牌子、一套人马。学校自 1983 年复校后的十来年中为上海市的财政、税务、工商、银行、商业等财贸系统的党政机关、大中型企业、事业单位培养了一大批党政领导干部以及董事长、总经理、副总经理、财务总监、财务主管等高、中级管理人员。

2013 年 1 月我年满 60 周岁办理退休手续，承蒙学校领导信任，在二级学院院长岗位上又被学校聘任了 3 年，2016 年 1 月从院长岗位上退位后，又在教授岗位上被学校聘任了 2 年，2018 年 1 月聘任合同期满，正式向学校提出辞聘申请。前前后后为学校服务了 25 年，是我 49 年工作学习生涯中服务年限最长的单位。

在这 25 年里，我作为一名上海商学院的教职员工见证了学校在铜仁路 195 号的蜗居、在长宁区教育学院寄人篱下的困境、在上海市商业学校暂驻的无奈，以及冒险启用尚未完工的中山西路校区和奉浦大道新居等发展节点。这些发展节点可以归纳为学校发展的两个重要阶段。第一个阶段：艰难地完成由成人高校向全日制高校的转制，上海市财贸管理干部学院改名为上海商业职业技术学院；第二个阶段：圆满完成由高等职业技术学院向本科院校的升格，上海商业职业技术学院改名为上海商学院。

借这次学校建校 70 周年校庆的机会，我来回顾一下当年第一阶段转制过程的艰难。

当时参与转制的成人高校除了牵头学校上海市财贸管理干部学院以外，还有上海市第一商业局职工大学、上海市第二商业局职工大学、上海市粮食局职工大学、上海市供销合作总社职工大学等其他四所成人高校参与其中，被称为“一”加“四”。

为什么说这次转制过程是艰难的呢？因为天时、地利、人和完全不在学校这一边。

论地利，学校处于上无片瓦、下无立锥之地的困难状况，过着在长宁区教育学院寄人篱下的苦日子。

论人和，很多人都觉得转制成功的可能性不大。当时国家对成人高校向全日制高校的转制管控得十分严格，要转制必须得到国家教委认可和批准。从全国来看，成功实现转制的案例有，但不多。难度相当之大。转制的各项工作是在一种不可能成功的消极舆论和看笑话的氛围之中推进的。

论天时，当时的校领导班子中存在两种截然相反的意见。一种意见认为，为了学校未来的发展大局，为了让学校的教职员工有一个良好的发展空间，同时也是为了贯彻落实国家关于发展职业技术教育的精神，学校有必要进行转制。另一种意见认为既然转制难度那么大、成功的概率也不高，所以没有必要转制，以目前的学校状况和现有的办学条件把成人教育搞好就不错了。两种意见的交锋激烈，转制进程阻力重重。

但是，在当时的上海市教委、上海市财贸办的全力支持下，学校有识之士竭尽全力推进转制工作，在充分调研的基础上形成了切实可行的转制报告，归纳整理了各种不同类型的附件资料。国家教委指派的来校进行评审的各位专家，充分肯定了学校所做的各项转制准备工作，对提交的转制报告和各种附件资料给予了较高的评价。提交的评审报告得到了国家教委的认可，国家教委发文同意五所成人院校合并改制成立上海商业职业技术学院，转制成功！这是上海第一所除了当时已有的专科院校以外的属于专科层次的职业技术学院。

虽然成人高校转制为全日制高校是一次艰难的转身，但它在上海商学院发展的历史上具有里程碑的意义，其重要意义无论怎么评价都不为过。可以这样说，如果没有这次艰难的转制，就不会有第二阶段的上海商业职业技术学院到上海商学院的升格。

转制后的全日制高校为每位有志教职员工搭建了一个很好的平台。不论是原上海财贸管理干部学院的教职员工，还是转制后为了学校发展从全国各地引进的教职员工，都在这个新的平台上长袖善舞、获益良多。我也是受益者之一，从一名讲师逐步成长为副教授、教授，且在社会上有那么一点点小小的知名度。所取得的一切，都离不开学校的发展和给予，同样的道理，学校的发展与提升，也凝结了每一位教职员工的辛勤付出。

回顾这一段学校发展历程，是想告诉上海商学院的教职员工、特别是近年来新入职的以及年轻一代的教职员工：上海商学院的今天来之不易，我们大家要珍惜。希望上海商学院的每一位教职员工在深化学校的内涵建设中，贡献自己的一分力量，为上海商学院教学、科研水平的提升贡献自己的聪明才智。

最后，值此学校建校 70 周年纪念之际，衷心感谢学校给予的一切。

祝学校一帆风顺，在新的历史时期牢记以国际一流商学院为建设标杆的初心，砥砺奋进，迈出新步伐、跨上新台阶、更上一层楼。

（作者董惠良，上海商学院教授，财会学院原院长、党总支书记）

见证追梦路上的几件大事

刘建民

近期看到上海商学院70年校庆的一些征文，也打开了自己的记忆闸门。

我在上海商学院(财贸党校、财贸管理干部学院、商业职业技术学院，以下统称商学院)执教37年，借此回忆几件当年的大事，分享给大家。

一、徐汇、奉浦校区“横空出世”

除了20世纪80年代初的徐汇校区(当时还是虹桥乡的农田)征地、铜仁路195地块转让利益外，上海商学院自筹资金建设徐汇校区、奉浦校区两个校区，政府财政投入资金很少，这或许是我国公办高校中的一个特例，由此说“无中生有”亦不为过。

90年代初，我校财会系主任李海波调任立信高专校长，凡见商学院老同事来访都要招待叙旧。90年代中期，我到立信出版社公干巧遇李校长，应邀共进午餐。席间李校长戏言，立信10个月造一栋楼，马路对面的商学院一栋楼10年没有动工。

是啊！80年代初，两校同时征地，“事在人为”有空间啊！90年代初曾有外商签下合同，出资改造铜仁路195号地块。大楼建成后，外商得 40%，商业一局和财贸党校各得 30%；商学院搬出铜仁路借长宁区教育学院几间办公室、教室过渡。后来又到共和新路商业学校过渡。但外商资金迟迟不到，项目无法启动，商学院长期在外过渡，无法正常办学，人才流失不少。

有言道：大学者，非大楼也。但是，没有大楼（校区）是万万不行的。今天的上商人，尤其是经历过“评估”者，对此或许感触更深。公办高校历来由政府投资建设，没有财政资金投入，巧媳妇难为无米之炊。因此，有人戏说上海商学院是“国有的民办高校”，也许与此不无关系。

1996 年末，内外联集团董事长方名山调任财贸学院（党校）任党委书记、主持工作副院长。他到市商委协调，内外联下属市商建公司受让尚未开工的、商学院应得铜仁路项目 30%期权利益；市商建公司出资人民币 7 000 万元，代建商学院徐汇校区。由此加快商学院徐汇校区建设步伐。

徐汇校区 90 年代末建成，脚手架尚未全部拆除，方名山即着工装带领教职工清理建筑垃圾。终于有了“家的感觉”。据说，徐汇校区建成后，市场评估价 3 亿多。

当时我在电梯里遇见方校长，跟他开玩笑：大楼还没有竣工验收，如使用中发生事故，校长要坐牢的。方校长说：如果四平八稳，没有一点担当，再过十年大楼也造不起来。

徐汇校区启用不久，学校领导又推出自筹资金建设奉浦校区的方案。在学校教代会上征询意见，遭遇一片质疑、反对声。方名山、曹晓兰、冯伟国、张振丰等校长书记释疑、宣传商学院发展规划、愿景、前景，顶着各种压力，着力推进。

其中，一个最大压力是建设资金缺口。全校教职工群策群力，给予大力支持。学校工会搞了个集资协议，曾引发不同意见。讨论中，我提出集资协议或有些问题，建议改为教职工“借款”协议，“借款”范围仅限于商学院内部教职工。此举解决了奉浦校区建设部分资金短缺之燃眉之急。

据说，新建奉浦校区市场评估价10多个亿。有人说方名山是资本运作、增值高手。方校长也多次说，是借改革开放浪潮顺势而为。

二、六年实现两个跨越式发展

方名山校长多次在各种会议上提出“有作为，才有地位”，鼓励“想干事、会干事、能干成事、不出事”的干部脱颖而出。

校领导身体力行，亲力亲为，建成两个校区，为商学院六年实现两个跨越式发展，奠定了重要的物质基础。

党校（干校）时期，干部培训和成人学历教育班学生（学员），每年仅千人不到，常年在校人数还要少一些。

商学院1998年获批高职（大专）招生，很快达到每年招生3 000人规模。当时上海高考每年招生6万多。商学院和二工大两校各招生3 000人，合计6 000人，占全市招生人数1/10，对上海高等教育快速发展的贡献度可见一斑。

我校高职3届学生9 000多人，加上成人教育、干部培训达到万人规模，全部挤在徐汇校区一栋大楼里是不现实的。发展是硬道理，必须建成奉浦校区也是硬道理。

同时，为解决校舍、教师短缺与学生规模的矛盾，方校长将创办联华超市（连锁商业）的经验运用到高职办学，提出“连锁”办学理念、措施。与上海市商业学校、上海市商业会计学校等合作设置多个高职办学点，加上商学院两个校区，共有6个办学院区。由商学院制定办学标准，严格试卷命题和考试。各个教学点实行“八个统一”（教材、大纲、教学计划、进度、教研活动、试卷、考试、阅卷等统一）。

2002 年秋奉浦校区开始启用后，逐步成为上海商学院办学主要场所。

2004 年获得本科招生资格，实现了第二个跨越式发展。

三、工会“虚事实做”，凝聚人心和集体智慧

市财办宣传处长张振丰调任商学院党委副书记后，在联系、指导法政学院工作时常说：在资源短缺情况下，各级干部要学会十个手指弹钢琴，分别轻重缓急，“实事实做、实事虚做、虚事虚做、虚事实做”。

工会、职代会在很多单位形同虚设、可有可无。阴差阳错，我曾担任过商学院两届工会副主席（兼职），深感工会离不开校领导支持，也离不开与校长室的相互支持。如教代会讨论奉贤校区建设方案、教职工“借款”建设校园等重大事项时，通过工会、教代会与学校党政领导互动，就取得良好效果。

工会工作、思想政治工作并非完全是虚的、可有可无的，而是需要一定的形式、载体，与实质内容相适应。印象比较深的有几件事：

评选教代会优秀提案，增强提案影响力和教职工参与度。每年教代会收到提案 30 多个，公开展示一周，全校教职工投票，得票超 20% 为优秀提案。讨论方案时，有人担心提案内容、导向等问题。最后大家认为：相信“农民会种田”，不附加任何条件完全采用得票多者为优秀的办法。几年实践结果显示大多是关心学校发展、建设和完善工作方面的提案被选为优秀提案。

有一次有代表对校长工作报告投反对票，教职工中有些议论。教代会主席团、工会委员讨论后认为，高校教代会条例规定，教代

会听取校长的工作报告,有权提出意见和建议。该规定明确教代会对校长工作报告有建议权,而不是审议决定权(投票赞成或反对)。教代会须依法行使民主管理权力。

有一年制订教职工分房方案,教职工对处长和教授分值高低(条款)分歧很大。分管领导曹晓兰副校长多次召开座谈会,总体方案大家认同,但该条款意见仍争执不下。最终建议,应按照高校教代会条例规定执行,教代会对住房分配等有关福利事项有审议决定权。

工会、教代会主席团经讨论同意了该建议,在投票决定住房分配总体方案的同时另外对该条款设置 A、B 两套方案单独投票。按照得票多的 A 或者 B 方案确定为正式方案执行。结果各方都比较满意。这或许算得上一个小小的民主政治体验。

四、党校(干校)教师的甜酸苦辣

80 年代中期,法学教研室一位青年教师给物价局干部培训班上课。课前准备信心满满,两节课后休息与学员交流聊天,获悉有学员是华东政法早几年毕业的学长,失去了再上这个班讲台的勇气。这或许是"个案",但也说明党校与普通高校讲台差异性。当然因材施教,了解学生、了解学生岗位(环境)等道理,与普通高校是相通的。

刚入职财贸党校时,我任一个局长轮训班的联络员。一个月陪读,参与讨论、写简报、聊天。这时的岗位职责是联络员,不是辅导员、班主任,更不是老师。许多青年老师对此不屑一顾。今天看来,有得有失,这些工作有助于快速了解商业实际,普通高校教师或许是难以做到的。

我所在的经济理论教研室主任许心广教授,还把我介绍给市工商局办公室主任。该局有合同管理处，可以去学习、了解情况。

该办公室主任又推荐我参加上海市人大法工委为期三个月的合同法执行情况调查；参与上海政府行政法制工作会议和上海经济法研究会等办工作。由此，又认识了华东政法、复旦等参与调查的老师和市人大、市政府及法制办、工商局、物资局、商业一局、二局、供销社等单位领导。

上述单位及领导、老师，后来成了长期支持商学院法学专业学科建设的优质社会资源。

1984 年 9 月，中央党校法学教师师资进修班给上海 4 个名额。许心广老师获悉后征询我意见，为我争取了一个名额。

在中央党校学习三个月有几点感触颇深：一是与实务部门紧密联系。几乎所有课程中都有实务部门领导来介绍实际情况、举行对策研究讲座。每周还有大礼堂开放的中央各个部委主要领导的讲座。内容都与近期各项工作紧密相关。

二是政策集散地。许多中央文件出台前，都会在相关的干部培训班讲解、征询意见。

三是信息前沿。凭学员证可以进文件阅览室查阅各类文件、内参，不能带笔、纸，不许摘抄。

四是各省、市领导到北京开会一般会去中央党校看望学员。

五是法学师资班学习结束前向校办申请，要求见校长胡耀邦。校办转总书记胡耀邦后收到获准指示，同意在中南海怀仁堂接见法学班学员。校办讲了几条纪律：不提拍照要求，不带包，不做记录。到了怀仁堂后，秘书告知那天是胡耀邦生日，心情非常好，临时用小照相机拍了张集体照。胡耀邦还发表了三个小时讲话，当场发铅笔和纸记录，并要求学员带信给各个省、市领导。讲话主要精神体现在随后中央发的两个文件中：禁止党政机关经商、党政干部经商和国有企业不得滥发奖金。

上述点滴回忆，或许是上商人追梦路上曾经有过的几朵“浪花”。今天看来或许微不足道，而当年则关系到上海商学院和老师个人“何去何从”！记录了上商人的探索、付出！

今天的商学院与党校两块牌子（班子）已经分开。历史条件、环境、任务、要求都发生了变化。

祝上海商学院和老师们沿着更合适的发展路径实现快速、优质发展。

（作者刘建民，上海商学院教授，文法学院原院长、上海商学院工会副主席）

“手势清爽”的甘忠泽

王　岚

35 岁就成了副局级干部

甘忠泽是上海中学六六届初中毕业生。1965 年 15 岁时入团。他出生于一个普通的知识分子家庭，从小接受的是传统严谨的家教。

“文革”让他的大学梦破碎了。1968 年，他被分配到土产公司仓库当了一名工人。多年的基层劳动锻炼了他勤奋好胜的工作精神，也培养了他对普通群众的朴实感情，这对他以后当领导干部养成不尚空谈、多办实事的作风有着长远的影响。他 1974 年入党，1978 年高考恢复时，领导舍不得他这个“笔杆子”走，于是他就参加夜大学学习，1984 年毕业于上海财经学院商业经济专业。

1984 年，时值各级领导班子新老交替，需要一大批“四化”干部，为人低调、学识丰富的他被推上了公司党委书记的领导岗位。得知他要从政，父亲对他说：要做就好好做，多为老百姓办事！

他说自己运道好。从 1984 年起先后担任市公司、市供销合作社、市财贸党委、市工商局、市商委、市国资委和市建交委的领导工作。35 岁时就成了副局级干部，41 岁担任供销社党委书记。在繁忙工作之余，他不断学习，华东师范大学世界经济与国际关系研究生班、国家经委厂长经理培训班及中德研讨项目高级市场营销班、上海交通大学与加拿大不列颠大学高级企业经理培训班，中欧国际商学院 EMBA 都有他这个并不年轻的学生的身影。组织上也先后三次安排他到市委党校和中央党校培训，对他提高政治素养和领导能力帮助极大。

一有空就喜欢往"下"跑

甘忠泽说自己的成长离不开身边许多老同志的言传身教。时任供销合作社的书记是位老干部，常常军大衣一披对他说：走，下去看看。不打招呼直接到了基层社，不经意中能了解许多生动真实的情况。这个作风也被他带到了以后的工作岗位上，一有空就喜欢往下跑。有些干部说许多情况还是听甘书记说了才知道。主持供销社党委日常工作后，他和行政领导一起制定了深化改革的方案，并组织实施。通过改革，市供销社平稳退出了政府序列，真正由"官办"变成"民办"，从机关变成企业。

从政以后，他分管过衣食住行等行业，跨度之大在干部中是少有的，但他都很快适应了新环境新岗位。他做过企业，又管过企业。无论干哪行他都对自己提了"三个坚持"的要求：为政之本是坚持为民情怀；为政之基是坚持学习思考；为政之要是坚持求真务实。在长期的领导岗位上，他渐渐练成了一个"手势清爽"的领导干部。

在财贸党委工作时，社会上对零售行业的服务时有微词。做了大量调查工作后，他组织制定了行业服务标准：制定推行文明规范用语，开展教育培训、标兵示范和优质服务竞赛，并开展服务艺术研究。经过一系列措施的落实，上海商业窗口的服务质量有了明显提升，让各地顾客感受到上海人的热情和温度。

在供销合作社和市商委分管教育培训工作时，他曾制定过一系列“工程”和规划，如“万人学电脑、万人学外语、万人学商法、万人转岗培训”的培训工程；开设涉外商务、关贸总协定、资产经营、证券期货、物业管理等一些“短平快”的培训项目，培养了一批行业急需人才。

1997 年 3 月，他出任上海市工商局党组书记、局长。随着社会主义市场经济的进一步发展，工商行政管理部门的地位越来越重要，社会各方面对其要求也越来越高，要当好上海这座特大城市的工商局局长，不是一件容易的事。面对新的挑战，他深感责任重大。到任后，他一以贯之地运用“笨办法”，下基层摸情况。经过调查，他确定了“一手抓队伍，一手抓业务”的工作策略。为了提高工商干部的素质、能力和水平，他请法律专家来做顾问，开讲座、析案例，使广大干部认识到“执法要到位，首先是自身法治意识要到位”。同时，制定了一系列依法行政的制度规定和措施。通过一段时间的整顿，工商局的社会形象有了变化，逐步改变了朝南坐、门难进的现象。经常去工商局办事的人明显发现，现在窗口服务人员微笑服务、有问必答，效率大大提高。他常常对下属说：我们的本事不是摇头，而是点头；要为来办事的人着想，要多设路标少设路障。我们去基层单位检查，也是为了帮助解决问题，文明执法，依法论理，而不是去罚款。

1997 年，在相关部门密切配合下，他亲临现场坐镇指挥，拉开了“红盾行动”的帷幕，共查处各类经济违法违章案件 36 000 多件。而当年工商的行政诉讼败诉率低于全市平均水平 20 个百分点。

为了促进上海经济的发展，他先后主持制定了《进一步支持本市企业改制和拓展国内市场的若干意见》《发展私营经济和个体工商户的规定》等，其中《发展私营经济和个体工商户的规定》是上海历史上第一次，进一步改善了上海的营商环境。

为了更直接掌握来自群众的呼声和意见，他还直接批阅处理局信访室人民代表的来信，要求抓好落实和督办；他提议在市局设立"局长接待日"，直接接待上门投诉或咨询的群众……他对自己的要求是服务大局，促进经济，当开明局长。真抓实干，开拓进取，当务实局长。牢记宗旨，廉洁清正，当平民局长。

他第一个接受市人大常委会述职评议

1998 年 12 月，上海市第十一届人大常委会举行第七次会议，会上听取并评议了甘忠泽的述职报告。面对常委们的提问，他胸有成竹，一一解答。委员们在评议他的述职报告时认为：近年来社会各界对市工商局管理印象的逐步转变，是市工商局领导班子和整个队伍共同努力的结果，而甘忠泽起了较重要的作用。甘忠泽是上海第一个接受市人大常委会述职评议的政府组成人员，他的工作得到了肯定，工商执法人员的形象在群众中也大有改观。许多人认为：在"大盖帽"系列中，工商部门是一顶较好的"大盖帽"。

到市建交党委工作后，时值上海城市大建设，上千个重大工程同时热火朝天地开工建设，在塑造世界大都市的同时，也给市民带来出行不便、施工噪声等困扰。逢年过节，安全是压在他心上的一块石头，为了安心，他总要亲自到现场，"最怕夜里电话铃响"。通过现场调研，他总结推广了建设施工企业联合设计、公建配套单位和社区开展党建联建，发挥党组织作用，化解社会矛盾，保证重大工程顺利完成的经验。他本是"笔杆子"，总结出的五种联建模式写成论文后，获 2005 年市党建论文一等奖。

人生或长或短，无论精彩或是平常，关键是在这过程中，能否多做些有意义的事而不致虚度。自从走上领导岗位后，他总想运用手中的权力，多为老百姓办些好事，办些实事儿。他说：自己本是一个普通人，来自基层，是组织的悉心培养，给了自己机会。问他在领导岗位上印象最深是哪些事，他挺了挺腰说：在工商局五年比较有成就感。

甘忠泽现已退休。“文革”前，父亲经常带他去看戏、看画展。现在的他，重拾少年时的梦，读书写字画画，出门拎个布袋子，自由自在地融进人流里……我想，这就是做了几十年领导干部“手势清爽”的回报。

（作者王岚，上海党建文化研究中心记者）

学生公寓管理的十九载岁月

李烈峰

我从 1986 年进校至今 34 年,学校的变化和发展实在是太大、太快了。

1986 年我来到铜仁路 195 号报到,加入上海市财贸管理干部学院(中共上海市财贸党校)这个大家庭中。特别是,从 1998 年更名为上海商业职业技术学院,再到 2004 年更名为上海商学院,许多事情我都亲身经历过,有的还参与其中,如今一件件、一桩桩真是历历在目,犹如昨日。

我在校工作了 31 年时间,待过不少岗位,干的时间最长的是学生公寓管理岗位,一共 19 个年头。经历了共和新路、中山西路、奉浦三个校区,参与和见证了学生规模的快速壮大,学生层次的短时间升级。

上海市财贸管理干部学院时期,学生都是成人,参加学习的干部都叫学员。5 亩地的铜仁路校区,没有住宿的条件,也没有学生宿舍管理的岗位。租住在愚园路 864 号(长宁区教育学院)、镇宁路 405 弄 65 号(上海市社会主义学院)时,仍然没有学生宿舍管理的事。

学校有学生宿舍管理工作岗位始于 1997 年。当时以立信高专的名义招收了 120 名高职生,放在共和新路 1485 号(上海市商业学校)住宿。虽然学校校名仍然是上海市财贸管理干部学院,但是正在实行创办全日制高职的转制，开始有了学生宿舍管理工作。

我是1998年开始走上学生宿舍管理工作岗位的，当时的名称是宿管科。那时的学生宿舍是三十几位同学住在一起，没有网络、空调等设备。但这是学校的第一届高职学生，学校领导很重视，腾出了最好地方让学生们住宿。当时只有这样的住宿条件，其实每个学校的住宿条件都很紧张，跟现在不好比的。

1998年，喜事连连。先是学校批准为“上海商业职业技术学院”，开始增加了招生。年底中山西路校区建成了。

1999年9月，搬迁到了中山西路新校区学习和住宿，硬件条件大为改善，先是住教学楼9—11层以及14层，2000年才搬至后面的学生寝室。学生的住宿条件也好了很多，不过4个人一间宿舍，是到了奉浦校区的事情了。

当时的学生人数比较少(1997级120人，1998级320人，1999级850人)，学生也比较听话，女生比较多，又都是上海小囡，宿舍管理工作还比较好做。

后来2000年和2001年又扩大招生了，两年共计招生4 900人。不过不是所有的学生都在校本部徐汇校区，而是有相当一部分的学生分散在几个院区学习和住宿。

2002年奉浦校区建成，第一批新生一开学就入住奉浦校区新的宿舍。新校区学生公寓环境优美，绿树成荫，4人一间，有网络、浴室、空调、学习活动室等设备，使同学们感受到家的温暖。

奉浦校区更大了，入住公寓的学生慢慢多起来了，最多时有6 000多学生。学生不只是上海的，而是来自全国各地，情况也更加复杂了。学生公寓管理办公室，也随着管理的需要，逐步建立起来了。

2004年9月升本成功了，2005年开始招收本科生。以后，本科生在奉浦校区的人数一年比一年增加，高职学生一年一年减少。不过女生多、男生少的比例还是差不多。

从宿管科到学生公寓管理办公室，从学生宿舍到学生公寓，真的是一个飞跃，我亲眼看到了、亲身体验到了商学院一年一个样、几年大变样的跨越式发展。

在学生公寓管理工作中，我们在学工部的领导下，以学生为本，围绕服务、管理学生来开展工作，深入到学生公寓生活园区，与学生进行沟通。调研了解学生在生活园区想什么，需要什么，来构建和谐的学生公寓生活园区。

积极建设和谐校园，进一步加强和改进大学生思想政治教育工作，切实加强大学生生活园区思想政治教育工作和文化建设，得到校领导、学生处领导的关心指导，以及辅导员们的大力支持。

先后组织开展了多届“上海商学院公寓文化节”的活动。公寓文化节丰富多彩，征文大赛、DIY 制作、绘画、书法、象棋、牌类、羽毛球比赛等各类活动。

每年的公寓文化节，同学们积极参与，反映了同学们业余爱好，凝聚了同学们对生活的思考和憧憬，折射出同学们的专长，也都印证了同学们的进步和成长，充分展示了同学们多姿多彩的园区文化生活。公寓文化的建设作为商学院校园文化建设的重要组成部分，也形成了一道风景线。

在学生公寓管理工作岗位上，我一干就是 19 年，公寓管理、公寓文化节活动，给我留下了一段美好的回忆。我也会永远珍惜的！

（作者李烈峰，上海商学院公寓办原主任）

亲历转制和转型 感悟作为与地位

王红珊

在迎来上海商学院70年校庆的大喜日子里，回顾参与建设学校的点点滴滴，往事历历在目，时代变化了，发展是硬道理。

今天的上海商学院由曾经的上海财贸党校、财贸管理干部学院组成，伴随我国改革开放深入，发展而来的，若衔接更早的历程，可追溯到1950年建校的中央税务学校华东分校。

如此算来，2020年，今天的上海商学院适逢70年大庆，可以说70年悠悠校史，几乎与新中国共成长，并见证不同时期上海市财政、商业、民生发展的特色与步伐。

本文从笔者参与的始于20世纪90年代末的学校发展进程出发，追溯近二十多年学校的变迁，感悟时代洪流中的求真、求变，力图把握时代脉搏，展示学校求新求异、拼搏发展的生机与活力。

顺应教育改革，由职教体系向全日制学历教育转型

20世纪90年代中后期，当时的财贸管理干部学院已从铜仁路的市中心黄金位置置换，临时过渡在上海长宁区教育学院（愚

园路）。

1996 年方名山校长到校时，学校就在愚园路（长宁教育学院）过渡。过了一段时间，再到共和新路商业学校过渡（上海市机构改革，撤销了商业一局、二局，商业学校划归财贸党校管理）。当时曾有打算与商业学校合并，建新校区，但由于各种原因未成。

1998 年筹备高职招生，办学场地成当务之急。方名山到校后，到市商委协调。铜仁路地块的利益转让给商委下属商业建设公司，商业建设公司代出资金 7 000 万帮我们建中山西路大楼。

当时虽然处于借住过渡时期，校园又小，但聚集了一批致力于经济、财贸领域管理干部培训、与职后学历教学的专业教师干部，专业教师全部来自各大高校毕业的师生。由于教学主要是职后干部培训与职中学历教育，教师教学时间一般集中在周末和晚上，就是说教师经常要上晚课；尤其在冬季，上完课女老师夜归不便，老师们互相照顾，无怨无悔，保障了教学正常开展。

同时，由于教学对象是职中、职后成人，不同于全日制学校以职前学生为对象，职后对象的教学有自己的特点：一是学生水平不一、知识结构差别大，二是学生有一定的社会阅历，教学应用性更突出，要求教师根据学生不同职业岗位不同职业背景，调整教学方式方法，并选择不同的应用。

进入 21 世纪后，改革开放不断深入，教育改革也向纵深发展，高校扩招显现，而之前的职后教育需求减少。当时的方名山校长曾长期在商贸战线工作，具有敏锐的商业发展意识，因而开启了置地建新校舍，起步全日制学历教育方向，逐步从职后培训、成人教育走向职前全日制学历教育的进程。该过程顺应了教育改革发展方向，使职教体系向全日制学历教育转型。

规范全日制学历教学制度，提升教师专业能力

经过全体教职员工齐心协力，上海商学院由上海商委即现在的经信委所属委办学校划归上海市教委所属全日制地方高校。一个新兴的高校，硬件与软件都不能与老牌院校相比，新一轮的发展问题又摆在全体上海商学院人的面前。

商院人还未来得及沉浸于归队的喜悦，又马不停蹄地投入学校新一轮发展。这新一轮发展的核心是规范教学体系、提升教师技能、科学学科建设。其中教师专业能力的提升又是重中之重。

构建不同形式的教师队伍建设，锤炼师资力量。在步入全日制学历教学队伍后，学校不断学习其他高校成功教学经验，请进来派出去，逐步搭建科班专业的教师队伍，并开展各项规范化的教学管理活动。其中的措施有，引进其他高校资深教授、高学历毕业生，及时补充教学一线。

此外，适应上海国际化城市发展战略，对接上海市教委高校国际化师资建设，分期分批组织专业教师海外访学、访问，并组织假期教师培训提高。一面吸收每年新毕业的高学历年轻教师，一面组织提升在岗教师专业能力；开辟国际化教学领域，着手招收国际学生，输送本校学生参与国际交流。通过这些举措，全面开展全日制高校常规运作与管理，不断强化教师队伍，提高学生素养，用比一般学校更短的时间，使我校步入了规范化全日制高校行列。

定位应用型高校，依托行业优势
发展特色教学效果显著

与此同时，在完善规范化教学过程中，学校致力于体现应用性高校特色，对接社会需求，建设适应市场需求的人才培养模式、专业。如酒店管理专业的委托培养模式，不仅培养目标明确，课程设置衔接岗位，而且对接就业；又如法学专业，通过让学生以专业实习、毕业实习、模拟法庭等形式走出去参与专业实践，体验学习专业技能，还将法官、检察官、律师等法律职业人请入学校，举办专业讲座，开展职业技能学习与交流。

就法学专业而言，许多学生通过在校学习的同时，结合多种形式专业实践逐步走入法学大门。历年来，都有毕业生考上国内法律、法学硕士，入职律师行业，成为职业法律人才，更有部分学生申请考入海外大学法律硕士，甚至继续攻读法学博士学位。

仅笔者辅导的学生就有就读美国波士顿大学知识产权专业硕士、伊利诺伊州立大学商法专业硕士的。今年，又应学生要求推荐，学生申请后，已经获得英国曼彻斯特大学国际商法专业硕士的offer；在国内，华东政法大学、同济大学、上海政法大学、上海师范大学、华东师范大学、四川大学等都有上海商学院法学专业的毕业生。可以说，上海商学院经历高速发展后，正蓄势待发。

2017年，文法学院法学专业教学团队经申报、评审通过，荣获上海市教学成果二等奖，成为商学院教学不断发展的真实写照。

在学校快速发展过程中，每个商院人付出辛劳，送出一批批合格人才，实践着教书育人的理想，同时个人也伴随学校共同成长，体验不断发展的职业轨迹。通过国际交流、访问、访学，老师们体验了不同国家的学术环境、专业发展、教学模式，开阔了视野，提升

了专业素养,促进了专业发展。

身处不断发展进步环境下的职业,一定是充满生机、活力的职业,必将影响并带动该环境下的教师们进步和成长。随着教师职业生涯的深入,回望商学院快速发展历程,深感发展是硬道理的深刻寓意。

祝福上海商学院在发展中壮大,蒸蒸日上,再创辉煌。

(作者王红珊,上海商学院文法学院法学系副教授)

亲历商职院的三个第一

朱巍娟

"缘分"一词经常用于人与人的相遇，如果把上商比喻成人，那我跟她已经相遇相知 23 载。在庆祝她 70 岁生日之际，想聊聊与她之间发生的故事……

一、我与上商的第一个全日制学历班

1997 年 9 月，我刚入职，当时学校名称还是"上海市财贸管理干部学院"，学校正在谋划向全日制学历教育方向转型。因尚未获得独立招生资格，所以挂靠立信的招生计划，招收了学校历史上第一个面向高考应届毕业生的全日制专科学历班，国际贸易专业。

我一入职就接到了一个让我既兴奋又忐忑的任务——担任这个班级的班主任。"为什么是班主任？我是来上课的，我是英语老师。"我心里是这样想的，但也欣然接受。那年我虽然刚走出校门，面对与我年龄相仿的学生，有很多共同语言，我觉得应该能够轻松搞定。但现实经常会重重地打脸。

由于学校是第一次全日制办班，各方面的资源和管理经验都比较缺乏，加之这个班的招生挂靠立信，学生的问题和投诉满天飞，搞得我措手不及。回想当时担任班主任的我，其实并没有快速完成从学生到老师的转型，犯了很多错误，比如为了与学生共情，替学生说话，没有站在学校的角度考虑问题。但学校对我这个新人始终非常包容并给予我最大的支持和鼓励。从校长助理到教务处长，一些教育经验丰富的长者都为这个班级的管理献计献策，帮助我解决一个又一个难题。

那时学校的徐汇校区仍在建设中，教学和办公搬到了共和新路上海市商业学校的校园内，同学们非常不理解，我自己也产生了不少情绪，学校积极想办法，安排了更有经验、更熟悉共和新路校园情况的高国兴老师参与班级管理工作，给予我很多耐心的指导，为我的工作减轻了不少压力。

学校知道我是英语专业的，也喜欢教学，便鼓励我在课余时间为学生们强化英语学习，这使我能够通过自己的专业在学生面前树立威信，为班级管理奠定了坚实的基础。我与上商的第一个全日制学历班就是这样开始的。

如今盼望着70年校庆能再见到这批校友们，到那时回想起这些往事，历历在目，我一定会热泪盈眶吧……

二、我与上商的第一个中外合作项目

“我们还一起参与中澳合作项目协议的起草工作呢。”每次与董惠良教授聊天时，董老师总会提起我们与上商的第一个中外合作项目的事。

与澳大利亚TAFE北悉尼学院的中澳合作项目成功开启了我校专科教育的国际交流与合作。这个项目始于1998年，2019年送走了最后一届毕业生，历时20余年，我很荣幸成为了该项目的一员，并从项目协议起草时担任英语版本的翻译，到成为项目课程专任教师，到项目协调人，再到项目负责人，我一路见证和参与了这个项目教育教学和管理的全过程。

早在1998年，为实现全日制专科教育的弯道超车，全面提升我校教育质量和教学水平，学校就已经把中外合作办学提上了重要的议事日程。

与澳大利亚TAFE北悉尼学院的中澳合作项目顺利地于1999年开始了第一届招生，包含中澳高级会计和中澳国际商务-管理两个专业，共计96名学生。项目由冯伟国副校长亲自指导，董惠良教授和李德荣教授分别负责高级会计和管理专业的培养方案引进、教学组织、项目运营等各项事务。

到2005年，该项目已发展到涵盖中澳高级会计、中澳国际商务-管理、中澳国际商务-营销、中澳国际商务-旅游管理、中澳国际商务-物流管理、中澳国际商务—电子商务等6个专业。

该项目的开展给我校高职教学以及本科层次的教学带来了先进的教学理念和宝贵的经验。该项目培养了一批能用中英双语开展专业教学的一线教师，通过对国外引进课程的消化吸收，先后开设专业选修课以及面向全校的公共选修课，对提升学生综合能力以及我校应用型本科的发展都有着重要的意义。

我校教师凭借在中澳旅游专业的教学经验及所获得的教学资源获得了首个上海市全英语示范课程的立项。凭借在中澳合作项目中先进的管理模式和经验，我校一度成为全国众多高职院校争相学习模仿的对象，并获批了全国高职高专教师培训基地。

2009年11月，为迎接学校60周年校庆同时也是中澳合作项目办学10周年，我以项目负责人的身份组织了一场隆重的庆典，庆典授予冯伟国副校长项目特别杰出贡献奖；授予董惠良、李德荣等多位教授杰出贡献奖。澳大利亚驻沪商贸领事Luisa Rust女士，TAFE北悉尼学院校长Kevin Harris先生等外方重要人士参加了庆典并签订了新一轮的项目合作协议。项目至今虽已经画上了一个圆满的句号，但我想该项目20余年的办学经验一定会对我校今后的中外合作办学产生积极的意义和深远的影响。

三、我与上商的第一届"青椒"赛

我是怀揣着"上讲台,做教师"的梦想来到上商的,一直到现在对于教学的热情始终有增无减。

第一次上讲台应该是到学校来试讲的那天吧。不过那天的情形已经记不太清晰了。只记得到人事处报到时,范明耀老师说,在我们这一批青年教师(当时一共有6位大学刚毕业的年轻老师同时加盟学校)来之前,学校已经有很多年没有引进年轻教师了。所以,对新引进的年轻教师非常重视,从思想、生活、日常工作到教学能力提升等各方面,我都深深感受到了来自身边同事和资深前辈教师的关心和关爱。

2002年6月,我参加了学校第一届青年教师课堂教学竞赛并获奖。这次获奖给予我极大的鼓舞,让我确信自己的职业选择是明智的,并要一直坚定不移地走下去。

2002年12月,由学校教务处和商务外语系组织了一场为华东师范大学高校教师培训中心的专家及其师资培训班全体学员开展的英语教学观摩活动,由我来主讲。冯伟国副校长、学校督导组陈强璋教授以及各院区英语教研室负责人等50余人观摩了这次公开课。公开课获得了成功和好评,我深知这离不开学校各个层面对于我在教学方面的指导和激励,特别是商务英语系的主任李德荣教授和姜荷梅老师。

开课前,李老师对我的授课方案、课件等课堂资料都一一进行指导和修改,姜老师叮嘱我在课堂上的肢体语言和语速。在前辈们的细心呵护下,才有了我的成绩和成长。多年的教学实践让我懂得,除了对于教学的一腔热情,一个好教师还需要不断创新教学方法和教学内容来适应不同学习对象的学习需求，更需要不断更新自身知识结构才能更好地驾驭课堂。上商的第一届“青椒赛”于我而言是我职业生涯的重要事件，也更坚定了我做一名教师的理想和信心。

结　　语

最近迷上了穿越剧，主人公回到过去的时空，想要挽回已经发生的一切，殊不知正是由于他的穿越，过去不再是那个过去，未来也随之改变。听起来有点语无伦次，但我从中悟出了一个道理，世界真的会因为我的存在而变得不同。同理可证，在过去的 23 年里，可爱的上商也会因为我的参与而变得不同吧，这使我感到骄傲和自豪。但更重要的是，我也因为上商而成长和蜕变。

从一名班主任，到上讲台做教师，到负责中外合作项目，再到一名中层管理者，在上商这个舞台上，我被赋予了很多的机会和成长的空间，得到了太多的关爱和支持。

在上商 70 年庆生之际，想借此感谢所有给予我支持和帮助的上商人。我与上商已结下了不解之缘，我们之间的缘分未完待续……

（作者朱巍娟，上海商学院商务信息学院党总支书记）

在商学院，我遇见了更好的自己

杨宏敏

我曾在另一篇回忆性文章中写道：上海商学院是我生命中的第三个精神驿站。的确，商学院之思想自由，精神独立，尊重知识、尊重人才的精神光芒，至今仍照耀和温暖着我。

一、喜 结 善 缘

1997 年我编导的《那红艳艳的草莓》获市党员电教专题片一等奖，我作为唯一的业余编导上东方电视台接受了曹可凡的采访，上海几大电视台实况报道了颁奖典礼。担任此片拍摄、剪辑的是商学院（当时为上海商业职业技术学院）电教中心的叶宏佐老师。这次合作与获奖成了我跨入商学院的契机。

聊天时叶老师说到上海市财贸党校正在转向全日制大学：上海商业职业技术学院，需要大量的教学人才……他说了一个特别新鲜的词“朝阳产业”，这四个字在当时对于一个厌倦了公司舒适悠闲、重复单调的工作，感受到生命萎缩、渴望改变的我来说，眼前立即幻现了一幅云蒸霞蔚、红日东升的景象。归去来兮！我觉得应该回学校干回我的老本行了！

二、感受温暖

1999 年 1 月，在我离开教育岗位 14 年后，重新走进了学校，嗅到了我喜欢和熟悉的气息。那时商学院要引进一位教师，校领导或人事部门都没有特权，学校的操作特别简单却又充满了智慧：既然是语文组要引进语文老师，那么就交给专业的语文老师来裁决，由新进老师上一堂公开课，全体老师同意就行！于是我认识了时任基础教学部语文教研室主任的徐小满老师。

小满老师是一位尊重才学、正直热情、和蔼可亲的人，尽管我与她共事仅一年，但她一直是我心目中值得尊敬的长者。多年后，我担任语文教研室主任却不敢有一丝懈怠，我知道，小满老师定在不远处默默关注我，我不能辜负了她。

那天小满老师拿了一本徐中玉先生编的《大学语文》，让我选择公开课上什么内容，何时上，一切由我定。翻开教材我看到了余秋雨的《都江堰》，虽没看过这篇散文，但出于对秋雨先生《文化苦旅》之喜爱，迷恋他把厚重的文化历史，用一种生动淋漓、赏心悦目的文字和镜头感呈现出来的语言能力，我几乎没看其他篇目就决定了选用《都江堰》。

冬日的上海多少有点阴冷，那天却竟还出了点薄阳。上课的教室不大，尤其是黑板不大，听课共 4 人，三位语文教师，一位校人事干部。一节课 45 分钟，对我本不成问题，曾在曹娥中学、嘉定一中都承担过公开课，大多是接待外省外校老师的教研活动。问题是正式的公开课有学生参与，可以互动，教时为两节课，一篇短文正好上完。而模拟公开课没有学生，只一节课，且又是一篇长文。如何让听课的老师理解接受我的教学意图，如何安排教学时间成了重点。小满老师建议，先让我把授课计划向大家作一介绍，然后讲解课文前半部分一二两节。这是一个非常关键的点拨，具有删繁就简、四两拨千斤的作用。

记得那天我以秋雨先生《文化苦旅》的自序进入课文："……我发现自己特别想去的地方，总是古代文化和文人留下较深脚印的所在……"渐渐沉浸在秋雨先生描绘的情境之中……

这是一种怎样的享受啊！教室四壁只回响着我一个人的声音，此刻，我可不必顾忌别人的感受，不必在乎别人的看法，不必迎合任何人的观点，只讲自己喜欢的作家作品，只说自己想说的话，这小小的讲台成了我压抑许久、终究自由放飞思想的天地……何等的畅快，何等的愉悦！

"作者为什么花那么多笔墨写水？把水写成最强悍的？目的何在？"我自问自答："越写出水的强悍、壮观，越能体现出收复它的工程伟大、激动人心，这强悍的生命被收复了，而且用它为民造福，这个人是谁呢？引出了下面历史人物李冰。"……停了几秒钟教室里响起了掌声，我的公开课结束了。

我与当时在座的老师素昧平生，互不相识，甚至还不知道他们中几位的名字，但他们无丝毫门第之见，官衙之习，陋见之囿，不问出处，不问背景，只认知识才学，觉得我能上课，会上课，结果就全数赞成通过！

世纪之交 1999 年 2 月，我正式成为商学院教师，直到 2018 年 5 月我正式退休。

三、生 命 绽 放

9 年间，商学院自由、尊重、平等、民主、透明的氛围和精神内核，激发了我潜在的能力和生命价值，挑战、挖掘、突破自我，完成了我生命中诸多的第一次。

第一次创作《上海商职学院之歌》歌词。这任务学校交给基础教学部，基础部交给了语文组，语文组就交给了我。在大学时我虽创作过短篇小说，写过文学评论、散文，但从没写过歌词。我知道一首校歌代表了学校的精神和文化，一般都是请名人写就，顺便就有了光环效应。而我只是一个没有任何背景的新进教师！平时遇事不善推诿的我，此时也想不出更好的推脱理由，就想还是先完成任务吧，是非功过任由他人评说，哪怕最终不用也没关系。结果歌词交到学校，学校没做任何修改，请上师大搞音乐的管老师配了曲，在校园中唱响起来，真的就成为校歌了！

曾在奉浦校园大礼堂看到校合唱团在排演《上海商职学院之歌》，也记得曾把那张歌纸收藏了，但最终还是没能找到。因没留下底稿，写此文时问方有林院长是否能帮我找找歌词，他说试试，不料很快就给我发来了！真是惊喜，尤其欣慰，它已作为一段历史，一个历史细节进入了学校档案。

第一次参加考试院三校生语文高考命题。2001 年冬天，基础教学部领导屠家惠老师问我是否有空去上海考试院参加一个座谈会，恰巧那天没课就答应了，实在说，当时我还没搞清考试院是干什么的。座谈会上大家发言谈语文教育的现状，我也发了言。席旁一位女老师和气地询问我从教后的经历，我心里颇觉奇怪，散会时问她是哪所学校的，她说就是这里考试院的。几天后，我接到上海考试院的通知，让我参加 2002 年三校生高考命题。

天哪，当时我连什么是三校生，这是个怎样的群体，学什么语文教材，历年考些什么都一概不知呢！但屠家惠老师认为这些都不是问题，支持我去参加命题。于是我花了一个寒假的时间，仔细看了三校生用的语文教材，研究了历年三校生高考语文试卷，总算弄明白了一些问题。

4 月，考试院的聘书、命题通知、保密守则一一收到。5 月 8 日，我们被用车送到松江大学城的外语学院小洋楼（当时刚建好），开始了为期 10 天全封闭式的高考命题。考试院命题老师由三个层次组合：中专职校、高中、大学，我应该是第三层次的代表。记得这一年的作文题用了“马和铃虫”一个富有哲理意义的童话故事，那是我从女儿的童话故事书中找来的。我一直觉得比起后来应考的应用文，这类内涵丰富的故事更能考出学生的思想水平、分析能力和语言表达能力，我以为思想才是作文的第一要素，而非形式。

在以后很长的一段时间里，我多次参加商学院自主招考语文命题和征题工作，直至退休后的十年，一直做着与三校生有关的语文高考辅导。许多年后，我常会想起那个下午的座谈会，感觉人生真是有许多的偶然。

第一次为商学院《招生简章》撰稿校长寄语。2005 年 3 月，招生办陈敏主任找到我，邀我拟写校长寄语。当时我吓了一跳，我怎么可能替代校长写寄语？我不可能有校长的高度、姿态、语气，怎么写得出来！但最终拗不过她，只能忐忑不安地接受了。

时任校长是德高望重的方名山，虽没与方校长有过面对面直接交流，但他建立商职院的政绩有目共睹令人敬仰。当我真正进入写作时，忽然意识到，校长寄语其实就是学校寄语，也就是我们每一位教师的寄语，校长只是代表了学校和教师，想明白了这一点我轻松多了。当 15 年后的今天，再次翻开这校长寄语时，依然觉得那不仅是校长对学生的厚望期待，更是每一个商院人对自己的厚望期待：

“商学院是商业精英、优秀人才的摇篮。一个优秀人才应以国家富强和人民幸福为己任，追求真理、勇于创新，视野开阔、胸怀宽广，善于用中华文明的优秀传统和世界文明的先进成果来丰富自己，我希望你们通过不懈的努力成为这样的优秀人才。”

“‘山不在高，有仙则名；水不在深，有龙则灵。’我相信，商学院将由于你们的到来而‘名’——闻名于海内，由于你们的存在而

'灵'——灵秀于商界。"

四、精彩纷呈

还有不少第一次：

第一次做留学生部工作。2007年在时任法政系刘建民主任和副主任方有林老师的带领下，法政系成立了留学生部，以暑期汉语研修班形式开始招收韩国、美国留学生，进行对外汉语教学，实现了商学院专升本后留学生教育零的突破。

刘主任一旦把任务交给我们，就放心地由我们去创造发挥，从不横加干涉，他只看结果。我与方有林老师两人分工合作，默契配合。从教学计划制订，组织老师授课，招募学生志愿者，策划各类活动，安排宿舍、用餐，全面开展留学生部工作，真正体会到外事无小事的内涵，经受了一番磨炼。

第一次担任教材主编、副主编。依稀记得考试院命题后没多久，接到一个陌生的电话，主旨是建议由我出面组织编写三校生语文高复教材，我当时很愕然。而打电话的就是早已在中职语文教学具有威望的乔刚老师，他的果敢执着给我留下了第一印象。乔刚老师到商学院任教务处长后，在学科建设方面有自己独特的思考和实践，尤其是对大学语文自编教材的重视，在他创导下，我们语文教研室积极组织编写教材。乔老师对合作伙伴始终抱着欣赏的姿态，给予有效建议和足够信任，在这样美好的合作关系中，我主持和参与编写出版了《三校生语文高复》《经济应用文写作》《大学语文》等教材。

第一次承担商学院重点课程(经济应用文写作)、参与市教委精品课程(大学语文)建设。我们语文教研室实力最强的时期是华师大洪本健教授和上师大沈锡伦教授来商学院时，高山景行，两位教授都有自己多年研究的学术成就,在不同的领域具有学术价值和享有地位,但却并不小看课程建设,洪本健教授还担纲大学语文市级精品课程。两位教授积极参与教研室讨论,身体力行,关心支持有关课程建设的所有工作,使我们团队两门课程建设十分顺利通过学校和市教委的审核验收。

第一次为首届本科毕业生典礼拟写家长邀请函。2007 年商学院终于有第一届本科毕业生了,当分院领导交给我写学校首届本科毕业生典礼家长邀请函时,说那是冯伟国校长在学院中层干部会议上点名杨宏敏写——这,我相信。冯校长在我眼里是一个敢于讲真话,有时坦直到不顾情面的人,有不少教师怕他看不惯他,我恰因他敢讲真话始终充满激情而敬佩他。与冯校长当面说话记得起来的唯有一次,那是商学院自主招考命题时,他对我说:你应该去弄一个扫描仪,以后就方便了。后来我真去弄了一个,确实方便了很多工作。一位理学教授、校长要为学校第一批本科毕业生典礼发家长邀请函,浓郁的人文情怀值得仰视敬重,我没有理由不好好写啊!

还有:第一次申报本科对外汉语、文秘专业;第一次开设"中外经典影视赏析"选修课程;第一次创办首届"系列人文讲座",邀请社会名流进入商学院……

最后我想说,商学院拓展了我生命的境界,在商学院,我遇见了一个更好的自己!

感谢商学院,感谢曾经共事的同仁们,感谢度过的美好时光!

(作者杨宏敏,上海商学院副教授,文法学院中文教研室原主任,现任《商业企业》杂志副主编)

体育为媒的十九载情缘

丁秀娟

一、初为体育教师

很多同事和上商的缘分始于工作，我则结缘于正式工作之前。

2001年，那时学校还叫上海商业职业技术学院，彼时的我还是华东师大一名在读研究生。当时因为上商学校师资紧缺，受大学同学顾湘丽的邀请，我进入上商做了一名外聘教师。就这样，我来到徐汇校区上课，提前结缘于上商。

这毕竟是我的第一份工作，我非常珍惜。在体育教研室主任徐丽娜老师和其他同事的帮助下，我很快由学生角色转变为教师角色。渐渐地，我喜欢上了教师这个角色，喜欢和学生们在一起，喜欢和同事们在一起。

一年的外聘教师工作，让我爱上了这个学校，爱上了这里的环境。研究生毕业之际，时任基础部(人文社科系)主任居家惠老师找我谈话，问我是否愿意留校工作，我毫不犹豫答应了。

二、学做班主任

2002年是我研究生毕业后第一年正式工作。同年，新校区在奉浦正式建成了。记得当时我和很多同事一起乘车到新校区，帮忙清理校园里的杂物。

看着宽敞的校园，崭新的教学、行政大楼，稀稀疏疏的苗木，想到即将在新校区开始的工作，内心充满了兴奋、期待和憧憬。

当时作为一名年轻教师，我知道要多做一些事情，才能给自己多一些历练。

那时的体育教研室（体育部）尚未独立设置，与二级学院一起管理。所属的二级学院先后有：人文社科系（基础部）——法律行政系（基础部、体育部）——基础学院（体育部）——文法学院（基础部、体育部）。

学院的专业也进行过多次调整：最早曾经有商务行政管理、办公自动化专业，后来增加了社会工作、公共关系、法律事务、涉外秘书等专业。

记得人文社科系的党支部书记是赵莉莉老师（赵老师工作认真、细致，生活中像一位大姐姐一样，非常关心我们年轻教师），主任是黄煜峰教授（黄老师的专业是应用心理学，他和蔼可亲，总是面带微笑，能把复杂的问题讲得通俗易懂）。

当年，在主任办公室，赵书记问我是否愿意当班主任。想到一群和我年龄差不多大的学生，我有些顾虑和担心：能不能胜任班主任工作？能不能"管住"这些学生？……黄主任则在一边鼓励我：年轻有年轻的优势，可以和学生的心拉得很近，更容易管理好班级。看着系领导对我的期待和信任，我答应了，担任了2002级商务行政管理班的班主任。

班主任的工作是琐碎的、复杂的，好在我年轻，有时间，有精力，当然，经验肯定是欠缺的。每当遇到问题，我都会向老教师们请教。在系领导和同事们的帮助下，我的班主任工作得以顺利开展。

班主任期间发生的一件事情，至今记忆犹新。记得那是2002年秋天的一个晚上，班长给我打电话，说班里一名男同学因失恋离校"出走了"。我十分担心，于是，从市区叫了辆出租车冲向奉贤，并紧急打电话向赵书记汇报。经过一个多小时的找寻，终于找到了他。

在赵书记的指导下，我给他做了很长时间的思想工作，看他想通了，答应不会做傻事了，我悬着的一颗心才落地。通过这件事情，我明白了对大学生进行心理健康教育是多么重要啊！

三、任教社会体育专业

工作还在继续，一切都在有条不紊地进行着。处于快速发展上升期的学校，扩大了专业招生。

2006年学校招收社会体育专业学生，这对一直从事公共体育教学的我们来说，倍感压力，但在院系领导的指导下，我们群策群力，进行了前期筹备工作：研讨社会体育专业开课的相关事宜，向兄弟院校取经，结合学校实际情况制订教学大纲、教学计划，选择合适的教材，购买教具……

经过前期充分准备工作，社会体育专业课程如期开展。荣敦国老师主讲"体育社会学"，虞玉华老师主讲"运动解剖学"，我教的是"体育保健学"……几乎每位体育教师都承担了专业课教学。学生们都能遵守校纪校规，在学校多项体育活动中发挥了吃苦耐劳、模范带头作用，顺利完成了学业。

后来由于种种原因，社会体育专业只招收了三届。多年的体育专业课教学，虽然饱含了备课的辛苦，但更充实了我们体育教师的理论和实践的知识。

在上商 70 周年校庆之际，回顾学校走过的风风雨雨，我们也在追忆流逝的岁月。

展望未来。将来会怎么样？答案肯定是：虽然我会变老，但是学校会变得更好！

（作者丁秀娟，上海商学院体育健康学院副教授）

《上海商学院报》诞生记

成惠明

学校建立以来，特别是兴办高职教育以来，从上到下都觉得好像少了什么东西似的，这样东西就是一张报纸，一份能沟通上下、鼓舞士气的校报。

学校党政领导早就意识到这个问题，每年年终都要把办一张校报作为来年要做的一件事情列入计划之中。但时过三年，由于找不到合适的人来具体操办这件事，计划仍停留在纸面上。

笔者是在与上海商业职业技术学院党委副书记张振丰的一次见面会上获知以上信息的，在2002年初的这次见面会上，张副书记详细介绍学院的发展历程和今后良好的发展前景；并表示，他十分希望与欢迎我来学校工作，他十分看重我曾经具体创办过几份报纸和目前在《上海商报》担任副总编辑的经历，而组织这次见面活动的正是《上海商报》原总编、当时的上海工商杂志总编孙宏康。

《上海商报》与我们学院原来都在铜仁路195号同一个院子里办报办学的，彼此都知根知底，大家相处都不错。对这所学院我也去采访过几次，有些老师和领导原来都在上海商业系统工作过，相互都熟悉。所以当这位领导提出邀请我过去时，我被他的真诚深深打动了。特别是他提到院党委已把办一份院报作为加强学院党的建设的重要内容，由于尚未找到合适的人来做这件事，已等了三年，想想真对不起广大学子，其焦虑之情溢于言表。

我当时答应好好考虑一下他的热情邀请，尽快给予答复。

对新闻工作我接触得比较早，1971 年在部队当兵时就加入了营通讯报道组，先后参加了师级和军级两次新闻业务培训。在新闻实践中，由于成绩突出，特别是在解放军报和中央一级媒体显著位置上都有新闻作品，受到部队嘉奖。退伍回沪后，一直担任上海一些主要报纸的通讯员。

1986 年在机电一局办公室工作时，受局党委委派，开始筹建一份面向全局 30 多万职工的《上海机械报》，当年下半年，报纸正式创刊，当时的上海市委书记江泽民为《上海机械报》题写了报名。通过创办《上海机械报》，我学到了不少办报所涉及的有关人、财、物，以及有关报纸定位、办报方针和公关、广告、发行等方面的知识。

在办报实践中，又积累了不少办报经验和教训。后来，又创办过几份其他报纸。

考虑到创办校报问题，我认为根据学院的条件，有些事情是不用考虑的，比如资金投入、办报场地等；有些是各个大学共通的，只要到相关大学走访一下就可以学习借鉴的。关键问题是根据学校的实际，制定适合本校特点的办报指导思想和办报方针。

在人员上，学院由于是新办的，没有足够的资金，因此不可能有足够多的编制内的办报人员，只能从社会上招聘一些退休人员。总起来说，这所学院是新办的高职院校，办学经验是不足的，但办学人员的干劲是充足的；学院不是很富裕的，仍需要艰苦创业，办报也需要发扬这种精神。

这些问题我反复思量过，同时我还征求我的好友老蒋和顾仲恩同志的意见，共同研究了办校报可能遇到的种种问题，其间还到一些大学了解了办校报的有关情况。

2002 年 5 月，我把我愿来学院工作的决定电告了这位学院领导。

7月正式报到，不久学校开始放暑假。

我向学院提供了办报的可行性报告，提出报纸名称为《上海商学院报》，暂时为每月一期，半年后过渡为每半月一期。我提议的办报人员老蒋和顾仲恩也于7月应聘到岗。

半个多月后，经学校党委研究决定，同意我起草的办报可行性报告，要求我以院办副主任的身份抓紧工作，并指定副校长冯伟国为报纸总编辑，我任报纸副总编，具体负责办报工作，争取9月开学后，在学院看到新的院报。

天有不测风云。就在我们抓紧筹备工作时，老前辈老蒋同志突发心肌梗塞告别了人世。老蒋为校报的诞生提供了许多很好的意见和建议，尽管他来校时间不长，但学院还是送去了慰问金，我们都出席了他的葬礼。

根据可行性报告，我们安排的报纸头版为要闻版，主要报道学校，包括学院与党校的中心工作。第二版为综合新闻版，主要报道各个院系、各个部门有全局意义的做法和工作开展情况。第三版为校园生活，主要报道生动活泼的校园生活场景。第四版为商苑副刊，主要刊登学生撰写的随笔、散文、诗歌等。

暑假很快就过去了，新学期开学不久，我们就准备好了新创刊的《上海商学院报》，按报纸出版规定，经严格的审阅签字后，清样正式付印。

2002年9月16日，一份份尚飘着油墨香味的《上海商学院报》在中山西路校区、奉浦校区和其他校区间传送着，老师们和广大学子们争相阅读。有教师说，有了商学院报，我校更像一所大学了。

我们的报纸采用学校校名的简称，这既符合常理和报纸的有关规定，冥冥之中又为将来的进一步发展埋下了伏笔。几年后，我校真的成为上海商学院了。有人开玩笑：学校从校门到信封，通讯录到名片都改印了，唯一没改印的就是《上海商学院报》中的“上海商学院”这几个字。

报纸受到了欢迎，第二年改出半月报，以后又逐步增加。办报人员陆续增加了好几名，其中有杨剑豪老师负责三四版的编辑工作，他原来是《长宁时报》工作，担任报社编委、主任记者，退休后在商学院工作了将近 10 年。接老杨班的是王毅刚老师，原来是《静安时报》摄影记者，上海摄影家协会会员。在《上海商学院报》工作时间最长的是顾仲恩老师了，他在我们校报工作了将近 16 年，他原是上海二轻局《上海轻工报》的总编。是我们报纸一二版的编辑，还常以“士闻”的笔名写了不少的言论。

大力发展学生记者队伍，发挥好学生记者办报生力军的作用，是校报生存和发展的可靠保证。我们校报是较早启用学生记者队伍的。第一支队伍成立于 2003 年 11 月，带头人叫钱艳涵，是位很有才华又十分果断泼辣的女孩。一次学校邀请了一个香港艺术代表团来校参观，时间安排很紧凑，她紧跟着采访，客人用餐时她还在采访对方的领队，终于写出很好的报道。她的强悍带出了一支好的队伍，也为将来的发展积累了经验。

记者团每年改选一次，由校团委负责管理，我的笔记簿上，历届团长的名字历历在目：第一届，钱艳涵；第二届，徐俊；第三届，刘琍雅。以后依次是何文婕、张蕾、姜轶丽、计怡、李莺、沈立……

感谢你们，我们优秀的学生记者们！

祝上海商学院日益兴旺！祝《上海商学院报》越办越好！

（作者成惠明，《上海商学院报》原副总编辑，《上海商报》副总编辑）

奉浦最初的那一抹阳光

乔　刚

2002 年 9 月下旬，接到组织调令，我赴上海商业职业技术学院教务处任副处长。新单位要人要得很急，组织手续都没有办全，就经过谈话直接上岗了，具体职责是分管奉贤校区的教学管理工作。

那时正是学校初创阶段，奉贤校区刚刚启用，只有一个年级新生在那上课。整个校区给人的感觉特别静谧和空灵。

有人说，看一所学校的文化，只要去看校园里的树木。正如当年上海淮海路沿街满是梧桐树，充满了历史人文气息，而在 1990 年代一旦被砍伐殆尽，只剩下商业铜钱味道一样。当年奉贤校区的树木差不多都是植来的中等身材模样，树冠尚未长成，枝叶稀疏，尽让阳光倾泻覆地，走到哪都是阳光沐浴。因此当时的奉贤校区可以说是教育氛围尚未健全，高校文化尚在孕育之中，但是新生的院校，新启用的校区，新入学的学子，到处都洋溢着新生的力量，到处都充满着蓬勃的生机。

与我搭档的是秦汉忠副处长，他分管教务。他比我早到学校几年，所以当时他就是我的启蒙老师了。为了靠近管理，他的办公室设在教学楼的一楼，我常常去那聊天。秦老师带我熟悉校园校舍，给我介绍班级和老师的情况，两人十分投缘，对他的尊重自然一直保持到现在乃至永远。很多次，我看到他处理突发事件举重若轻，得心应手。当时最常见的突发事件莫过于教学设备出故障了。由于是新启用的校区，所有采购来的设备都是第一次启用，扩音麦克风得有健全的线路支持，还得有技术保障人员维护和指导。俗话说“八个瓶七个盖”难以周全，而当时的情形则堪用“十个瓶两个盖”来形容，亦即技术人员短缺。由此引发了教师的不满。老师自然有不满的理由，因为这影响了教学进度，也连带损害了教师的形象。但是老师把气撒到了秦老师身上。秦老师亲和力强，一概是蔼然处事，一次次“化险为夷”，有几次他还直接到班级里直面老师的不满，宽慰学生的情绪。秦老师堪称宽厚的长者。

新校区还真有不少新鲜事。“新千年”时已进入信息技术时代，手机、电脑较为普遍了。但是上下课的铃声常常出故障，我和秦老师就做手摇铃员。当时办公室没有配置电脑，学生的出勤情况、教学教务巡查情况都是手写一笔一画记录的。班车少，又朝七晚四定时发车，所以一旦老师有急事不能按时到岗连个替代的人都没有，毕竟当时各系部领导都在中山西路校区办公。所以能代课的代课，不能代课的需作紧急处理，都需要我们在现场使出浑身解数去应对。

人手少，凝聚力则超强。偌大校区千把人一撒，不在聚集时间内几乎见不到什么人。人影少，相对事儿也少。因此也有闲暇细细观赏新校区。

在高校中，奉贤校区可谓袖珍：除去西南一片运动场地和东南一排排学生宿舍楼，主校区部分主要有 5 栋建筑构成。从北门进，迎面是图文信息楼，两端对称排列着 2 栋 U 字形教学楼，其中西端的教学楼往北由“过街通道”连接着行政楼。还有一栋楼就是教学楼以东的餐饮楼了。大概是赶工期，也可能是前期资金投入不足的缘故，整个建筑布局和色彩不讲风格、不讲特色追求，但倒是工工整整，简洁实用。规划设计者其实在这“螺蛳壳”中也具有匠心构建一些“道场”。

诸如那一条粼粼水流，上面停泊着几条小船；那一条荫蔽的大道，为去食堂用餐的师生遮阳（而今已有晨读的琅琅书声了，也有学生戏称是恋爱角）。灵动的水波赋予学校精魂，浓荫的绿色赋予学校扎根生长的希望。

校区最有象征性的景观无疑是矗立在大门迎面的"世纪之光"雕塑了。个中寓意不言自明，但好事者还会纠缠于细节争论不休：是教育的科学之光？是学子的理想之光？是新千年学校之光？抑或兼而有之？其实，这些都不重要，"光"者，指向未来的希望。犹如追梦者，有梦是事之端，关键是圆梦的追求和步伐节奏。"光"是创建者的梦想，我来校时的上海商业职业技术学院，两年后成功升本为上海商学院，这只是一个里程碑，当年的创建者、参与创建者都陆续退休了。

今天的学校从干部到群众还记得当年的人和事，我以为一所高校创建的初衷会代代传承下去的。这也是社会主义祖国高校共有的"不忘初衷，牢记使命"的一个发展规律。

而今观赏"世纪之光"照片，往事联翩，但印象最深、震撼最强的还是晚霞下的"世纪之光"，好似有双手捧着寰宇，星辰灿烂于掌中。那一抹阳光点亮星辰，点亮捧星人；那一抹阳光是创建者的心灵之光，也是我们生生不息、代代传承的心灵之光。

（作者乔刚，上海商学院教授、高等技术学院原院长）

琐忆“营改增”子课题研究

董惠良

“营改增”，是“营业税改征增值税”的简称。我接受了“营改增”子课题《生产性服务业劳务税制研究》，时间是2010年10月。

为使上海率先形成服务经济为主导的产业结构，破解服务业发展中的税制瓶颈，加快经济转型升级，上海市委于2009年成立了“促进服务经济加快发展的税收制度和税收政策研究”课题组，对服务业的税制问题开展研究，寻求政策突破。

该课题由一个主课题四个子课题组成，主课题的牵头单位是上海财经大学，四个子课题的主题和牵头单位分别是：金融行业“营改增”，主持单位上海交通大学；航运业“营改增”，主持单位上海海事大学；生产性服务业“营改增”，主持单位上海市经济和信息化委员会；现代商贸“营改增”，主持单位上海市商务委。

严格说来，我校是在该项目进行到中途时才参与其中的。子课题“生产性服务业营改增”最初由市经信委委托给某重点大学。但是，该大学提供的研究报告过于高大上、过于理论化，实用性不强，未被采用。

市经信委为此十分着急，找到时任上海商学院高等技术学院院长的乔刚老师。乔老师表示我们完全可以接下这个任务，这与我校办学定位、服务社会经济发展的方向是一致的。乔老师向市经信委有关领导推荐了我具体担纲这个课题负责人的工作。

市经信委有关领导同意后，乔老师立刻打电话给我，建议我承担此课题，我说没问题，于是乔老师代表学校从市经信委接手了这个课题。

就此，我校直接介入了营改增子课题《生产性服务业劳务税制研究》。课题组由我具体负责调查研究和撰写方案，其他主要成员还有于成（市经信委生产性服务业处处长，主要负责联系和协调有关调研事项，参与讨论和论证可行性）。

我校介入了该项目以后，先走访了市税务局与此课题相关的部分处室，其中一个处室的领导带有一点责怪的口气说，其他课题组都完成得差不多了，就你们这个课题组还不见东西。由此，我才感觉到事情的紧迫性，压力骤然增加。市经信委主管生产性服务业的领导也很担忧。

我校介入此课题以后，先开展三方面的基础性工作：

一是，与市委研究室、市经信委的相关人员，实地调研了铁通、拜耳、宝钢、华谊等单位。

二是，设计了《企业税收情况调查问卷》的调查表，对宝钢工程技术集团公司、上海宝钢工业检测公司、上海工程化学设计院有限公司、上海华谊天原化工物流有限公司、上海电气输配电试验中心有限公司、泛亚汽车技术中心有限公司、安吉汽车物流有限公司等典型企业进行了数据采集。

三是，研究了市经信委提供的一些企业的情况反映和情况报告。

经过近两个月的努力，在了解了情况、摸清了事实、掌握了数据、洞察了关键以后着手撰写成果报告，形成了初步的研究成果。

2010年末，市委研究室组织召开了一次课题汇报通气会，出席会议的有：国家税务总局相关部门领导和市委研究室、市财政局、市税务局等部门的相关领导。市经信委生产性服务业处的领导也出席了会议。

在会上各课题负责人汇报了课题进展情况和取得的课题成

果,《生产性服务业劳务税制研究》子课题的进展和取得成果由我代表学校作了汇报。

我汇报的思路大致是:在对生产性服务业概念及特点进行分析的基础上,结合实地调研的企业所反映的情况,归纳了我国现行流转税(主要指增值税和营业税)体制与生产性服务业发展的矛盾,即"三多"(多重征税、多税并存、多地申报)、"二缺"(缺少衔接、缺少优惠)、"一占"(占用资金),并通过典型案例给予了论证。在此基础上提出了全面实行增值税,完整增值税抵扣链,加强抵扣环节的衔接等改革方案,并从低税率、税收返还等角度对方案实施可能产生的问题提出了相应的解决路径。

汇报的效果很好,得到了市委课题组和国家税务总局的肯定,市经信委的领导也很高兴。为此,经信委特意给我校送了一封感谢信,信中说:"董惠良教授参与了其中生产性服务业子课题的研究和撰稿工作。在时间紧、任务重的情况下,不辞辛苦,加班加点,对生产性服务业涉及的税收制度作了深入研究,形成的课题报告得到了市委课题组和国家税务总局的称赞,为顺利完成课题任务发挥了积极作用。"

国家税务总局最终采纳了上海市的研究成果,决定在2012年1月1日由上海率先实施"营改增"试点,拉开了我国营业税改征增值税的改革大幕。

上海率先试点"营改增"的行业可以归纳为"六加一"。"六"指六个现代服务业(即生产性服务业),"一"指交通运输业。金融行业营改增和现代商贸营改增未被纳入试点范围。2011年12月30日人民网以题为《国家税制政策出台 凝聚上海商学院研究智慧》对此事作了报道。

"营改增"在上海市试点半年之时,为了帮助政府了解上海试点"营改增"的实施效果,我又与生产性服务业促进会合作承接了市政府发展研究中心的决策咨询项目"营业税改征增值税实施细

上海市经济和信息化委员会

感谢信

上海商学院：

为使上海率先形成服务经济为主导的产业结构，破解服务业发展中的税制瓶颈，加快经济转型升级，上海市委成立了“促进服务经济加快发展的税收制度和税收政策研究”课题组，对服务业的税制问题开展研究，寻求政策突破。在你单位的大力支持下，董惠良教授参与了其中生产性服务业子课题的研究和撰稿工作。在时间紧、任务重的情况下，不辞辛劳、加班加点，对生产性服务业涉及的税收制度作了深入研究，形成的课题报告成果得到了市委课题组和国家税务总局的称赞，为顺利完成课题任务发挥了积极的作用。

特对你单位和董惠良教授对该课题的贡献表示衷心感谢！

上海市经济和信息化委员会

2010 年 2 月 21 日

上海市经信委的感谢信

则的理论效应及评估”，对上海“营改增”实施半年的情况进行了分析与研究。总结了实施中取得的成果，分析了实施中出现的问题，对下一步的营改增改革提出了相应的建议。

随后我国的“营改增”推进过程大致如下：

自 2012 年从 8 月 1 日起，将“营改增”分批扩大至北京、天津、江苏、浙江、安徽、福建、湖北、广东 8 省市及宁波、厦门、深圳 3 个计划单列市进行试点。

自 2013 年 4 月 10 日，国务院总理李克强主持召开国务院第四次常务会议，决定进一步扩大“营改增”试点。主要内容：(1) 从今年 8 月 1 日起，在全国范围推开交通运输业和部分现代服务业营改增试点；(2) 将广播影视作品的制作、播映、发行纳入试点；(3) 择机将铁路运输和邮电通讯等行业纳入营改增；(4) 力争“十二五”期间全面完成营改增改革。

自 2014 年 1 月 1 日起，在全国范围内开展铁路运输和邮政业“营改增”试点。

自 2014 年 6 月 1 日起，将电信业纳入营业税改征增值税试点范围。

自 2016 年 5 月 1 日起，在全国范围内全面推开营业税改征增值税试点，营业税退出了历史舞台。

至于“营改增”试点改革研究成果入选上海改革开放 40 项标志性首创案例，则是 2018 年底的事了。

董惠良教授授课中

（作者董惠良，上海商学院教授，财会金融学院原院长、党总支书记）

半百走进上商　归来仍是少年

吕继红

日月轮转永不断，情真意挚长相伴。

无论身在天涯与海角，你的校训永铭心间："厚德博学"不忘心中理想，"经世济民"学子志在四方。

值此上海商学院校庆 70 周年之际，心潮起伏，感慨多多。我到商学院工作，不像许多教职工献出青春芳华，而是在我醇熟老骥之年与上商相遇。

我平时喜欢臧克家的诗，他说"老牛亦解韶光贵，不待扬鞭自奋蹄"。我想以不服老的精神，乐观奔向人生后半程。在 53 岁这年，我对复旦大学前党委书记钱冬生说："书记，我不想过后面平静的日子，我想再出去蹦跶一下。"书记温和地说："如果身体可以，这也是好事，把复旦优良传统发扬光大。"

这时上海财经大学发来调令希望我去，上海商学院正好要扩建新的专业，也向我发出了邀请。我想，商学院也许更像一张白纸，可以画出更多、更美的图画。最后，在爱人和儿子苦口婆心夜谈、多次阻挠下，在许多同事不解的眼神中，我冲出了"阻挠"，在壮年尾巴之际离开了复旦大学。

离开复旦，有锥心之痛，她曾经哺育了我，读书、留校工作，三十多年给了我无数的滋养和荣誉。

最终，我还是选择了商学院，被引进到了上海商学院。2004

年来到商学院筹备新闻与传播学院。商学院领导方名山校长、张振丰副书记、冯伟国副校长、朱铮宸副校长等给予我热情的欢迎和各方面的支持。

商学院比我原来想象的还要艰苦得多。当年还是高职院校,正在准备冲刺本科,而且当时的上级主管单位还不是市教委,商学院的办学经费下拨还没有理顺,获得的办学经费可能相当于其他市属院校的一半左右,因此办学经费相当缺乏,经费缺口需要商学院“自谋出路”。

2004 年 3 月我初来筹办新闻学院(系),当时五角场附近又没有班车,很多老师上班需乘 55 路公共汽车到外滩,然后再乘车到中山西路转班车到奉浦校区。听老师们说,早上 4 点左右起床,经过 7 个区,才能到达学校。有的老师过这样的“日子”已经好几年了。

俗话说,要致富,先通路。我认为,商学院要引进人才,要先通校车。交通方便了,才能更好地吸引人才、留住人才。这个想法得到校领导支持,学校在经费困难的情况下,五角场在 2005 年 9 月开学时间有了班车,每天 06:15 分开车,路经杨浦至浦东达奉贤校区,区间停三四个点,星期二满车人,平时也不少。这大大方便了教职员工上下班,从此大家可以晚起床一会儿,在床上多睡一个多小时了,有更多的精力投入到工作之中去。

2004 年 9 月商学院进入了本科院校行列,全校师生更是团结一致,心往一处想,劲往一处使,全校拧成一股绳。为了保证学校的整体规模稳定(办学经费的重要来源),同时面对高职专业的结构优化调整、本科专业申报并入主流的双重任务,扩建(高职)专业、招收师资人才成为当年办学的重要工作。

我是 2005 年 6 月正式入职上海商学院的。那段时间学校一天一个样,一年大变样。

当时冯伟国副校长分管教学,朱铮宸副校长分管科研和联系新闻传播系(学院),他俩当年对新闻传播系直接指导与领导。我一开始担任了系主任,后来系又扩充为二级学院,我担任新闻与传播学院院长。

2005—2006 年,上海商学院在建设和发展上有许多开拓,其中有一个重要举措,是创办了新闻与传播二级学院,商学院引进了几乎一整套新闻与传播课程,用以培养互联网新时代社会急需的新闻与信息传播人才。同时,又结合商学院本身原有的特点和优势,充分发挥差异竞争,形成比较优势。经过数年的办学实践证明,这一重要举措是必要的,也是成功的。

商学院怎么引进新闻与传播学科?这是一个全新的问题,为此,校、院两级领导和众多教师进行了艰苦的探索,千方百计、群策群力,展开了一系列扎实而有序的工作。

当时的思路是抓住三个性:一是应用性,二是商业性,三是开放性。应用性:在课程设置方面突出运用、务实,对应社会需求,把目标定位经济新闻和商务信息传播人才,体现强烈的专业指向。商业性:重点帮助学生把新闻与传播理论的知识运用到经济和商业领域,开设相应课程,逐步聚焦商务传播这个核心概念,进而申报具有个性特色的“商务传播学”重点学科。开放性:我们是在一片空地上起家的,教师、资料、经费都严重缺乏,怎么办?我们只有借力校内各系,其他高校研究机构,企业和媒体。请进来,走出去,多路人马汇集一个目标,合作开课、合作研究、合办研讨会、合作指导学生毕业论文,谱写了一支又一支开放性教学和科研的交响乐曲。

配合新闻与传播教学,科研也应时而上,顺势而行。2006 年 1 月,成立了经济与新闻研究所,这是一个跨学校、跨学科、跨行业、开放式的科研所,汇聚了多方面的专家、学者,重点攻克“商务传播”这一重大而迫切的课题。

2006 年底,我校根据上海经济转型和媒介企业发展之需,以商务传播、企业文化和财经媒体为特色方向，为培养有良好商务沟通和传播能力的复合型人才，已经初步建立起了一个较完整的本科教育体系。与此同时，决定申报“商务传播学”学科，互动互助发展。

学校将这项光荣而艰巨的任务交给了我，由我写出初稿。我记得，那年寒假，衣不解带，食不知味，连写了七天，将初稿拿出。然后，又经过复旦大学李良荣、周胜林教授，苏州大学王志明教授等一一修正、润色，终于定稿上报，过五关、斩六将，最终通过多次面试，我校申报的“商务传播学”于 2007 年 10 月 26 日，被市教委批准为上海市重点学科之一。这是对传播学教学与研究思路、视野和领域大有启迪的一个重要举措。我院研究所所长、复旦大学周胜林教授撰写了《商务传播一个值得开拓的研究领域》，在浙江省新闻工作者协会和浙江日报主办的《新闻实践》杂志（全国新闻核心刊物）正式发表。后又经扩充、改写成《初论商务传播学》在《上海商学院学报》上发表。由此，首先在全国吹响了研究“商务传播学”的号角。

“商务传播学”这一新学科的建设和发展，经历了十分艰难、曲折的探索和努力。校、院两级领导和众多教师千方百计，群策群力，展开了一系列紧张而有序的研究。商务传播学集全校之力，校内外很多专业老师参加了学科建设和研究，其中校内的有吴晓伟、刘建民、方有林、章晓兰等一批老师参与，写出了有质量的著作和论文，也获得省部级科研项目和奖项，对学科建设作出了很大贡献。

为了使商务传播学的研究更广泛深入地开展下去，本校新闻学院和经济与新闻研究所的负责人多次登门拜访《上海商业》杂志社，与该刊总编辑、副总编辑协商，在《上海商业》杂志上专门开辟“商务传播”研究专栏。在这个专栏里，发表了 20 多篇论文，部分学生和教师都参加了这些论文的撰写，是将商务传播的理论研究推向业界所作的积极尝试。

在此基础上，商学院开出了"商务传播概论"课程，并编辑出了相应的教材，这在全国当属首创。

在教学、科研的10年左右艰苦探索实践中，商学院新闻传播教师队伍迅速成长。许多年轻的硕士、博士，独立开课，承担科研课题，参加各种学术研讨会，成为教学科研的主力军。有多名教师还赴美国进修深造1年左右，迅速提高了自己的知识水平和学术素养。

在新闻与传播学院办学史上，还有一项非常重要的办学探索。那就是，当年朱国宏教授来商学院履新校长，为积极探索校企合作培养适应社会需求人才的新模式，与东方财富信息股份有限公司合作办学，打造具有商务特色的传媒学科，培养商科特别是财经类传媒与管理的人才。不仅签订了合作协议，而且充实和加强了管理力量，东方财富信息股份有限公司总裁其实任院长，时任本校休闲与旅游学院院长张建华任常务副院长，我转任学院党总支书记，兼副院长。

这是一段艰苦而又愉快的探索。有经验，也有需改进的地方，但是可圈可点。这些年，东方财富传媒与管理学院引进了一批博士(后)才俊，加强了师资队伍建设，不少教师们获得丰富的科研等方面的成果，有的完成了国外访问学者的任务，有的拿到社科项目，有的获得全国和上海市本科重点课程建设项目。在学校就业办的指导关心下，院每年毕业生就业率在97%—98%左右。毕业班班主任郝玉梅同志，还多次被评为就业工作先进个人，我院还多次被评为就业先进集体。

这些成绩是教职员工们付出的艰苦努力的结晶，他们流汗也流泪，有苦更有甜。这里有自立和奋斗，它改变着我们每一个人的人生，也伴随着学院每一步的成长。

"商务传播"学科的建设和发展，得到校领导的关心与支持。

方名山校长、冯伟国副校长在全校大会上点名表扬并多次鼓励，他们支持和帮助在学术期刊《上海商业》《上海商学院学报》上特设了专栏。联系我们学院的朱铮宸副校长，以及后来分管科研的楼文高副校长，他们都亲自抓科研，关心学科和项目建设的每一个细节和步骤。朱国宏校长来校后，也非常关心学科建设，多次开会指导学科建设方向，解决学科建设中面临的困难和问题。

同时，学科建设还得到了校外专家的鼎力支持和关心。复旦大学教授李良荣（时任教育部新闻传播学术指导委员会主任）、慎海雄（时任新华社上海分社社长，现任中宣部副部长、中央广播电视总台台长）、周胜林（享受国务院终身津贴，资深教授）、张骏德（复旦大学资深教授、博导）、黄瑚（时任复旦大学新闻学院常务副院长、教授、上海新闻与传播学术指导委员会主任）、程士安（复旦大学广告系系主任、博导）、其实（东方财富网总裁，后任东财学院院长），以及上海电视台首席记者王一鸣，新民晚报记者尹学尧、陈继超，全国广告学会会长、厦门大学广告学院系主任、上海师大广告学院院长，这些专家经常来校授课，或撰写学术文章，或讲述国内外最新的发展动态。

2013 年我们学科完成了结题。这里，充满了校领导的关怀与教师们的艰辛努力。

2008 年 7 月，根据学校发展，本科设立新专业。我们学院准备设立广告专业和传播专业。来自浙江大学广告系李雯老师，也有过企业工作的经历，申报的初稿由她执笔，经过几天的辛劳初稿写毕，我们拜访复旦大学广告系系主任程士安与李良荣两位教授，他们认真审读了申报材料，作了仔细修改。记得李良荣教授亲自在初稿上一页一页修正。看了他修改的大段文字，真是十分感动。

那天去市教委答辩、评审新专业，我怀揣广告和传播专业两个专业的申报材料来到了市教委。复旦的老师张骏德教授也代表上海建桥学院申报传播专业，他当时兼任该校传播学院院长。我当时想退一步，今天专家不可能同时批几个传播学专业，于是当机立断决定我们先申报广告学专业，这符合在商言商的要求，明年再申报传播学专业吧。结果，我校的广告学专业顺利地批了下来。

2009 年首招本科生，广告学专业越办越强，先后引进了好几位青年才俊，不断增强了专业建设和发展的师资力量。这些年，他们在学科和专业发展方面都做出了很多的成绩。这些进步，离不开联系我们东财学院的贺瑛副校长，以及分管教学工作的陈剑锋副校长的悉心关心和指导。

去年，根据学校的统一部署，东方财富传媒与管理学院与文法学院合并成立了新的文法学院（基础部），开始了新的建设和发展征程，相信新文法学院会将专业建设得更加有特色，将师资队伍建设抓得更实，将学生培养得更具竞争力，开创更加辉煌、灿烂的明天。

虽然，在商学院工作很辛苦，早出晚归，可谓披星戴月十多年，但是，十分开心。自己有时调侃，这些年把复旦三十多年的苦全吃了。如今，两鬓风霜、眼角皱纹，但这是岁月的记录、时间赠予的勋章。孔子曰："乐而忘忧，不知老之将至。"陶渊明曰："纵浪大化中，不喜亦不惧。"真的，即使岁月无情，我依然保持乐观心态。

正合了自己心里的话：历经岁月沧桑，归来仍是少年笑。

愿上海商学院千锤百炼，承载厚重的梦想，砥砺前行，风雨华章。愿你的明天星光灿烂，抒写更壮丽的篇章。

我这老骥那年遇见你，真好！

"厚德博学、经世济民"，今生永相伴，今生永相伴！

（作者吕继红，上海商学院教授，新闻与传播学院原院长、东方财富传媒与管理学院原党总支书记）

首批外国留学生来校的前前后后

方有林

我校迎来第一批外国留学生，是“升本”后的第三年。2007年暑期，14名韩国留学生来校短期游学。我有幸参与了前前后后诸多过程。此次借回忆亲身经历，共襄上海商学院校庆70华诞盛举。

我来校任教的2003年，虽然高职生已稳定于近万规模，但学校尚未根本摆脱靠学费收入（当时本市高职教育暂未落实生均经费拨款）支撑办学的窘境。专业数量、规模和质量决定着上海商学院发展的规模和质量，新设或更新专业依然是系（部）生存和发展的头号工程。

2004年开始主政法律行政系（基础教学部）的刘建民主任，带领老师迎难而上，投入到调研、设计、论证和申办包括对外汉语专业在内面向和拓展市场的系列新专业工作之中。我正在上海师范大学攻读博士学位，与对外汉语学院的师生接触频繁，当年全球首家孔子学院在韩国首尔正式设立，于是我提出了申办对外汉语专业的动议，刘建民主任指示我牵头调研和申报。

调研显示，外国人学汉语的热情持续走高，外国留学生来我国学习正在成为热潮，上海尤甚。外国留学生教育，一般分为两大类：语言生和专业生。前者，主要来学习汉语言和文化，学习语言或短期进修、体验占大部分，攻读汉语言文学专业的较少。后者，是来学习某一个具体的非汉语专业（一般有 HSK 的合格成绩），所占比例较低。语言生占绝大多数，而且经济效益和社会效益俱佳，推动各高校独立设置相关的二级教学单位就是显例。当时，本市的本科高校大多设立了国际（文化）交流学院，或国际教育学院。

2004 年 9 月学校“升本”成功，跨过了开展外国留学生教育的第一道门槛，为申报对外汉语本科专业增添了砝码。2005 年夏冯伟国副校长带队出访韩国，考察间隙刘主任与冯副校长探讨了对外汉语专业申报、开展留学生教育等工作，得到认可。回国后，即向方名山校长为首的校长室汇报，获得学校肯定，更坚定了我们的信心。在论证和申报对外汉语本科专业的同时，我们更密切关注外国留学生教育的动态。2006 年初，法律行政系向学校提交了对外汉语本科专业的申报文件，并参加了校内答辩和论证。

2007 年伊始学校接受外国留学生工作驶上快车道。向市教委提交了《上海商学院关于申报接受外国留学生资格的请示》；校长办公会议原则同意设立留学生部、启动留学生工作；授权法政系筹办留学生部，开展前期工作，进行市场开拓；陈强璋同志担任留学生部顾问。

4 月 19 日市教委批复“同意上海商学院招收外国留学生”。4 月 19 日学校下文建立上海商学院留学生部（筹），设在法律行政系（基础教学部）内，三块牌子，一个机构。

与此同时，法政系也迈开了筹办和开拓市场的扎实步子。刘建民、杨宏敏两位老师年初就走访了韩国南海省上海办事处，对方提出暑期韩国大学生到上海的韩资企业实习，希望到商学院住宿的意向。我方认为单纯住宿名不正言不顺，来学习汉语（住宿）才“名正言顺”。大家都认可这个思路，并且由此形成了一个“三赢”的暑期项目方案（韩国学生学习汉语了解中国、到韩资企业实习、商学院国际化“零”的突破)。后来南海大学与我校签订了合作协议,学生暑假来我校游学三周,连续三年,此后还拓展了双方互派学生学习专业的长期项目,这是后话。招生的落实,只是走出了万里长征的第一步。真是事非经过不知难呀!如合作协议签订后,韩方急着在暑假前把“学费”转到上海商学院银行账户,但当时学校还没有可以接受国外资金的银行账户,财务处特事特办、几经周折,最后总算解决了这一燃眉之急。

麻雀虽小,五脏俱全。外国留学生来校游学时间虽短,但是头绪繁杂,涉及招生、教务、总务、后勤、保安、公关策划等诸多方面的不同环节。我们都是缺乏管理经验的普通老师,确实是赶鸭子上架。当时没有退路,就从零开始学起、做起,所有环节都冲锋在前,不懂就到处询问,每个角色都积极地去摸索,争取将这所“袖珍学校”运行起来。全面制订了具体而细致的方案,提前落实了教学场地、课程、师资和教材等,根据预算落实住宿、餐饮、参观、体验、交通和安全……首批来校学生 16 人(实到 14 名),来校游学三周(7 月 23 日—8 月 10 日),住、餐在商苑大饭店,教学在徐汇校区 14、15 楼。

2007 年 7 月 23 日揭开了我校外国留学生教育的新篇章。当天上午在中山西路 15 楼多媒体教室举行了隆重而简朴的开班仪式,冯伟国副校长亲临致辞,热烈欢迎韩国南海大学的 14 名学生和带队老师朴兑钟教授,并鼓励留学生部继续做好教学和接待等各方面的工作。

我们精心制作了课程表和作息时间表。三周的教学和文化体验包括:会话、听力、阅读、学打太极拳、学唱中国歌、参观企业、去中国学生家做客、考试、中外学生交流/联欢等。游学期间,韩国南海大学校长亲临上海看望学生,并深入课堂鼓励该校学生好好学习。

任课老师艾琳(会话)、杨飞艳(听力)、贺民(阅读)、王玉花(音乐)、龚武斌(太极拳)教授的课程,得到韩国同学的好评。

韩国学生还参观了本市的两家企业:上海复旦微电子股份有限公司(复旦创业科技园区)和上海海烟物流公司(长宁区北新泾)。

为了保证日常教学和生活平稳有序,我们挑选了2006级韩语专科专业的18名同学担任志愿者,分5个小组轮流陪同学习或出行,负责点名、督促正常作息等。其中赵海松、钱珏、包中蕙、李钰珍、施美倩等5位同学的家庭,还接待了韩国同学分组"去中国学生家做客"的体验项目。为了保证体验项目的质量,我们确定"三个一"的要求:做一种中国点心、烧一个中国菜、学一句上海话。为此,专门给上海学生家长写了一封言辞恳切的"致家长的信",说明情况,表达感谢。

我校首批外国留学生来校学习取得圆满成功,得到了韩国南海大学师生的交口称赞。8月10日上午,庄严而隆重的结业典礼在中山西路15楼多媒体教室举办。校领导冯伟国、陈强璋为韩国同学逐一颁发了结业证书,为优秀学员颁发了奖状和奖品,还与留学生们合影留念。由于韩语系学生志愿者踏实而不计报酬的全程参与和服务,表现上乘,韩国带队老师不仅高度赞誉,而且在结业典礼上承诺为其中的两位志愿者提供奖学金到韩国南海大学学习一个学期。

首批外国留学生来校学习的接待成功,还帮助我们形成了本校留学生教育的基本流程:周一到周五上午安排听力、会话、阅读等汉语言课程为主,下午安排学唱中国歌、学打太极拳、中国书法(画)、现场参观之类的文化课为主;有严格的点名和作息制度,以及学习评优表彰制度;第一天有欢迎仪式,最后一天安排结业仪式;我校学生志愿者和留学生结对,日常协助老师顺利完成教学活动,遴选多个上海学生家庭协助接待留学生体验中国(上海)饮食文化等。

留学生部第一次试运行成功，从教学计划制定，组织老师授课，招募学生志愿者，策划各类活动，安排宿舍、用餐等，克服了零经验的困难，硬是趟出了一条具有“商学院特色”的留学生教育之路。其中有校领导方名山、冯伟国、陈强璋等的悉心指导，也有我校韩语系师生的鼎力支持，特别是张延镐、娄君老师担任翻译等沟通工作的默默付出，全校职能部门、各个院系的协力支持……而且后来这些都成为传统，有了良好的传承。

2007 年下半年，学校机构调整，设立二级学院，留学生部与基础学院合署管理，院长曲文波教授兼任留学生部主任，我继续忝列留学生部副主任。2008 年招收了我校第一名韩国籍的学位生；2008 年暑假接待了韩国南海大学、美国贝尔维尤学院的游学团组；2009 年我校的外国留学生教育规模已列本市新建本科高校前茅，上海市教委信息通报上专门刊载了这则信息……2009 年下半年，留学生部与外国语学院合署管理。如今我校外国留学生教育早已步入正轨并取得长足进步，而且包括外国留学生教育在内“双向留学”已开始支撑学校的“国际化”特色，成为办学的三大特色之一。

作为经历者，我有义务做好历史的过程记录，我的追忆文字，让更多的人对我校外国留学生教育初创期有更具体的认识，此其一。我校外国留学生教育的成功，归功于全校上下，从校领导到二级单位领导，从老师到学生的全力开创，是全校师生共同努力的成果，不是也不可能是哪一两位参与老师的功劳，此其二。我更多地感叹于商学院群策群力、善作善成的那么一股子劲。这种精神面貌，这种工作作风，是商学院一茬又一茬师生筚路蓝缕，实现跨越式发展的真实写照和鲜活缩影。

我校外国留学生教育至今已经 14 个年头了，不少师生员工都参与其中，并且贡献了智慧和汗水。祈愿这些文字作为引玉之砖，激活同仁们追忆曾经的筚路蓝缕，讲出、讲好更多精彩的上商故事。

鸣谢：刘建民教授、杨宏敏副教授、陈强璋教务长对本文成稿过程中提供的切实帮助。

（作者方有林，上海商学院教授，文法学院院长）

十八年的坚守

王胜桥

2020 年 5 月 18 日，是个美好又吉祥的日子，即将迎来上海商学院建校 70 周年。我校 70 年的发展历程，是几代上商人艰苦创业、不懈追求、创新发展的 70 年。这 70 年来，学校为上海、为国家和社会培养了大量的英才。特别是自改革开放以来，更是我校不断探索、深化改革、开拓创新、加快发展的时期，上商的发展取得了长足的进步和骄人的成绩。

我们简单看三个数字就足以说明：

校园面积，从早期铜仁路校区 5 亩地不到的一处旧仓库，到 20 世纪 90 年代中山西路校区的不到 30 亩地，再到现在奉浦校区的 300 多亩的美丽主校园。

学生人数，从最初的百十来名学员，发展到今天的一万多名本专科在校生和学员。毕业生遍布全国各地，以及世界各国。

教职工人数，从原先的百多人到现在的 800 多人，既有国内知名的专家、学者或教授，也有毕业于国内外名校的博士群体，还有来自海外名校的“海外名师”，更有一支来自国内大中型企业、行业的高管组成的兼职教师团队。

可以看到，这 70 年我校的发展是一路艰辛，又是一路高歌，更是一路辉煌。

学校发展的同时，也积极创造和拓展了我们每个教职员工的发展的空间。就我个人而言，这种体验更为深切：

2003 年，我从浙江大学博士毕业来到上海，当时我手上共拿有 8 张单位 offer，包括有复旦大学等高校和其他事业单位，经过慎重选择，我最终来到了当时还叫作上海商业职业技术学院的“上商”。

其中还有个典故，当时高校还没扩招，毕业博士还不多，上海各单位都引才心切，记得有一家单位领导（单位名称就不说了），在我来沪到单位求职面谈时，还专门派他的司机到火车站接送我（当时上海南站还没建成，杭州来上海的火车都在锦江乐园停站），并动用人脉关系帮我解决个人顾虑的问题。后来最终没去这家单位，但对这位领导一直心存内疚和感激。

我当时手中拿的 8 个 offer 里，上商算是最没有名气的一个了。但我不后悔，因为我觉得，学校虽然起点低，但发展潜力非常大。从 2003 年到今天，可以说在上商我度过了人生最重要的年华，今年是我在上商工作的第 18 年头了，“教书育人”，对上商的情怀也日益剧增。其间有多次跳槽发展的机会，包括一次出任兰州市市长助理，还有一次去一家上市公司担任集团高级副总裁，但最终我与上商一直未分离。

这 18 年来，在上级党委和学校领导的关怀下，我从一名讲师逐步成长为一名教授、二级学院院长，并先后获得“上海高校优秀青年教师”“滨海贤人领军人才”“宝钢优秀教师奖”等荣誉称号。

我个人在上商的发展不算是一个特例，在上商，其实有不少像我一样的教师，在伴随学校的快速发展中成长起来。

回首往事，我们无怨无悔。

我们无悔，是因为我们选择了教师这个教书育人的光荣职业；我们无悔，是因为我们选择了上商这个光荣的集体，选择了这片热土。

昨天，老一辈上商人在这片热土上艰苦奋斗，勤劳创业，凭着对教育事业的忠诚、奋发图强的勇气和无私奉献的精神，奠定了我们院校发展的基石。

今天，我们现职上商人凭着对这片热土的挚爱，秉承“厚德博学、经世济民”的校训和敢于拼搏、锐意进取的斗志，为加快学校的发展、提高人才培养的质量奉献着我们的力量。

我们知道，70 年校庆对我们来说，是站在一个新的平台上展望未来，在新形势下，我们将以更饱满的精神状态和满腔的工作热情迎接新的挑战，在继承中求发展，在改革中图创新，携手共建绿色的人文发展空间，精心打造人性化的和谐校园，用我们的努力去开创上海商学院更加灿烂的美好明天！

（作者王胜桥，上海商学院教授、工商管理学院院长）

情系园林　缘定上商

郗金标

在一次景观设计师国家职业资格鉴定考试中，我有幸结识了我校园林专业学科带头人张建华教授，并因此荣幸地成为上海商学院的一分子。我因园林和上海商学院结缘，从此开启了我人生事业的最后一段旅程。

我是2009年入职上海商学院的，现在算来已有12个年头了。时光荏苒，日月如梭。12年的时间弹指一挥间，但这却是我人生事业中很长的一段时光，给我留下了终生挥不去、抹不开的美好回忆。12年来我亲眼见证了学校校园景观的变化和环境的变迁，原本低矮、稀疏的香樟树业已长成高大挺拔、枝叶茂密的参天大树，日夜改善着校园环境，为师生遮风挡雨，提供绿荫庇护；美丽的天鹅湖畔不时传来琅琅读书声，留下了一对对友爱的身影和一串串青春的脚印；春天时节，樱花、玉兰、黄馨竞相开放，真可谓百花齐放春满园；春夏之际，美丽的紫藤长廊串串花朵美丽芬芳，图书馆侧，栀子花开，沁人心脾；金秋时节，桂花飘香，令人心旷神怡；进入寒冬，且不说那四季常青，日夜尽职责的环境守护者香樟，更有那清新鲜黄的蜡梅，欺雪傲霜、凌寒独自开的梅花，常常让我想起王安石的诗句“墙角数枝梅，凌寒独自开，遥知不是雪，为有暗香来”，窃喜自己似乎好像大概也许知道几句古诗词了。饭前课后，周末时光，各种各样的学生社团你方唱罢我登场，尽情表现他们的创意和才华，尽显青春活力，校园文化日益浓郁。

十年树木百年树人。如果说建校初期种植的那一株株小树现在都已长成参天大树，忠实记录着我们每一位的汗水心血，和我们共同沐浴着阳光雨露，同我们一起见证着学校的发展壮大，那么，学生的每一张灿烂的笑脸，每一次亲切的问候，课堂上一个个羞涩的、胆怯的，有时甚或带有挑战性的、漠然的回答则组合成了我们的喜怒哀乐，坚实地支撑起我们的每一次进步和学校的不断发展壮大，毕业生的每一次成功、进步的消息更令我们激动、感动和自豪，真正应验了一句话：今天学生以学校为荣，明天学校因学生而自豪。

我校园林专业筹建于 2000 年，是在冯伟国副校长主持下，由庄菊明老师、杨谊青老师、曹晓兰老师、周玲玲老师、李巾棠老师和潘家俊处长等几位老师筹划、张罗申报的，当时，杨谊青老师、曹晓兰老师、周玲玲老师和李巾棠老师代表学校与园林局商谈，到日本实地考察、洽谈合作事宜，做了大量的工作，付出了巨大努力，奠定了园林专业成立的坚实基础，后来，农学学科背景的张建华教授任职上海商学院，促使了市教委顺利批复。2001 年园林专业与日本伊东学院合作，设置了中日合作现代花艺设计和中日合作现代造园设计两个高职专业，并首次招生。2007 年，基于社会对园林人才的需要，依据学校大商科学科布局，由专科升为园林本科并开始招生。

前人栽树后人乘凉，吃水不忘挖井人。冯伟国副校长、庄菊明老师、杨谊青老师、曹晓兰老师、周玲玲老师、李巾棠老师、潘家俊处长和张建华院长等各位老师为园林专业的成立和发展所付出的努力，作出的贡献必将伴随学校的发展世代传扬，让我们园林人永记他们。

我 2009 年入职上海商学院时，园林专业本科教育才刚刚起步，当时还没有本科毕业生。经过 10 余年的发展，园林专业已有毕业生9届，先后有2名同学拿到了宝钢优秀学生奖，3名同学拿到校长奖学金，多名同学拿到了国家奖学金，约计百人次在各种设计竞赛中荣获奖项，参加上海国际花展5次，2次拿到铂金奖，1次拿到银奖，编辑《市长内参》总计220余期，不完全统计，学生在各类期刊上发表研究论文200余篇，考研和出国深造者近80名，博士在读3名。毕业生中自主创业者数十名，众多毕业生已经成为单位骨干，在园林、景观设计行业发挥着举足轻重的作用。正是因为这些毕业生的优秀表现，吸引力上海上房园艺、奥丁工程设计有限公司、森肯园林、华东建筑设计集团市政设计院等众多著名公司主动联系我们，希望我们能不断给他们推荐优秀毕业生和实习生。正是这些毕业生的卓越表现帮我们在竞争激烈的行业发展中打下了一片天，为专业赢得了荣誉，为专业发展创造了机会，为学校树立了良好的社会形象。他们是我们的骄傲，他们是我们的自豪，他们是我们的成就感所在，他们的身上闪耀着学校发展的光辉，预示着学校美好的未来。我们要感谢他们，因为，只有卓越的学生，才能成就著名的大学，也只有著名的大学才能培养出更多卓越的学生。

写到这里，我不禁感叹，人生短短几十年，能在人生事业的最后阶段落脚上商，在这里梳理、优化自己的学业机构，体会人才培养的喜悦，体验作为一名教师的光荣与自豪，这是我的缘分，更是我的运气。因此，我首先要感谢我人生中的一位贵人——张建华教授。张教授幽默风趣，文采飞扬，对我不仅有知遇之恩，更是作为园林专业的创始人和带头人，为园林的后续发展打下了坚实的基础；其次我要感谢园林专业的所有老师和同事，他们亲如姐妹兄弟，十多年如一日包容和谅解我的种种错误，兢兢业业，无私奉献，为专业发展，为学校发展无负韶华；再之，我要感谢学校所有同事和领导，从他们身上我感受到了关爱、支持和友善；最后我要感谢上商，我是上商人，上商是我家。

紧随共和国 70 年华诞，迎来上商 70 年校庆，多么好的预兆！70 年的风雨，已见彩虹，70 年的发展，硕果累累。预祝并坚信，上海商学院必将长成参天大树，上商的明天更美好！

（作者郗金标，上海商学院教授，园林系主任）

我所认识的上海商学院

方有林

上海商学院，这个校名我是 2004 年 9 月才听说的。其时，我任职的上海商业职业技术学院“升本”成功，更名为上海商学院。

上海滩当时围绕这个校名曾有过一场“更名风波”。听说我校更名“上海商学院”，曾引起上海财经大学一批老教授上书市政府，“捍卫”他们的老校名上海商学院。后来了解到，上海财经大学的前身是“国立上海商学院”，1950 年更名为“上海财政经济学院”发展至今。至于上海财大 2015 年 11 月决定复建“国立上海商学院”老校门于武东路校区，众多校友积极捐建、2016 年落成诞生为新的上财文化地标，是不是这场更名风波的余绪，这是后话，不得而知。

当时想，这些老教授好像有点小题大做，改个校名与他们何干。至少在我的心目中，也算不上是什么重点大学。高考填报志愿，一般也不一定是大多数学生和家长的首选。记得高中毕业的 1985 年，我同班有一位女同学考上了上海财大，我们同学也不全认为她有多牛。当年同学中考上国内重点大学的不在少数，她的分数又不是最高的。

20 世纪初全国推行高校合并、更名，本市也有多所高校易名。其时全国高校扩招提速，原来高校的容量太小，已经不适应发展的需要，伴随着建设城郊校区扩容招生，高校更名如火如荼，改名“大学”的被认为是上选。

时任校长方名山曾说，我校更名最有含金量。理由是，从原10个字的“上海商业职业技术学院”改为5个字的“上海商学院”。他解释说，校名越短越值钱。当时一想，此言不虚，四个字的高校在我国最有名。升格为本科层次，校名五个字又好读、好记，心里美滋滋的，毕竟校名改成四个字不太可能。若是上过高职生课，同时又上本科生课的，比较后产生的幸福感和获得感会更为强烈。

我做博士论文时，不经意间了解到国立上海商学院的发端。当时我正在做“吕叔湘语文教育思想研究”的博士学位论文，查阅资料时旁及吕叔湘就读的国立东南大学校史，知晓了国立上海商学院的前身是“东南大学分设上海商科大学”。由此及彼，上海商科大学自1917年办学以来的三十多年历史轮廓渐愈明朗：“南京高师商业专修科”(1917)—“东南大学分设上海商科大学”(1920)—“第四中山大学和江苏大学商学院”(1927)—“中央大学商学院”(1928)—“国立上海商学院”(1932—1950)。

2010年本校60周年校庆，因当时筹办比较仓促，校庆纪念册所载创校以来的信息比较简略，粗略获知1950年中央税务学校华东分校创办以来60年的情况，留存的还是一些概念，缺乏丰富的校史细节支撑，感受和冲击十分有限。当时，对于学校20世纪的50多年历史，基本上还停留在茫然不知阶段。虽然60年的办学历程并不算短，但是似乎能体悟到应有的沧桑和自豪还比较寡淡。

后来，有幸看到《上海财经大学90年》纪念册，丰富了自己对新中国建立前上海商学院发展历程的细节认识。感佩上海商科大学始于1920年筚路蓝缕于上海办学的远见卓识，以及抗战时西迁办学的颠沛流离。而且，顾准、孙冶方、马寅初、潘序伦等著名人士，都是该校的杰出教师校友。当时畅想，自己能忝列于上海商学院这所高校的教师校友之中，自豪感顿时油然而生，当然也愈感肩上的担子更重了——自己要配得上，至少应该想办法缩短一些与这些杰出校友之间的差距，不要太拖后腿，不要让后人笑话自己太不努力。

由此，我对上海财大老教授在“更名风波”中匪夷所思的表现多了一份理解和敬佩——爱校、荣校，这就是楷模！国立上海商学院名重一时，名师云集，难怪老教授们要不遗余力地“捍卫”。同时，又一次深化了我对一流高校的具体认知，不完全是综合性的，还有单科性的。

当时闪现出一个奇思怪想，从“上海商学院”这个一致的校名出发，我校的发展路径可以有这样一种“选择”，应该上溯到1917年的“南京高师商业专修科”。就近期而言，可以增强师生的自豪感和荣誉感，激发出更多的正能量为上海商学院的发展贡献智慧和力量；就远期而言，这不失为上海商学院发展的一个未来愿景，似无大不可。就积极方面而言，至少“法上得中”吧。

当时这样“蹭”的念头，绝对是被鄙视的。

不过，对于“蹭”的质疑声音，我看到《南京大学百年史》一书记载的事实有了些许“宽慰”。如今的南京大学和东南大学，都将1902年的“南京高师”作为自己的滥觞，不仅没有因此拉低层次而“双输”，而是共同成就了两所全国重点大学——南京大学、东南大学“双赢”(均为211、985高校、双一流高校)。尤其是东南大学“复校”，在2012年东南大学校庆110周年庆祝大会电视直播中，我看到现场的嘉宾中就有史料上说到的东南大学首任校长郭秉文的后人。

我想，上溯校史，若将这种“蹭”作为学校建设和发展的契机，以此将学校建设的悬格定得高一点，通过几代人的不懈努力，最终“双赢”，最少可以不断致力于缩短两校之间的差距，为“上海商学院”增光添彩，共同来擦亮这块金字招牌。好像也是利大于弊，都是国有资产，也是一种保值增值嘛！

而且，最终无论是九九归一汇成一校，还是两校长期独立发展，都可以各展其长，“双赢”也许成就了上海这座国际大都市“商学院”特色的两所全国一流名校、世界一流名校？

前任校长朱国宏履新上海商学院后启动“迎评促建”，为本科合格评估颇费思量，努力研究校史，梳理办学理念，明确办学定位，其中在秉承国立上海商学院优良传统方面，有两个标志性成果：一是逐步明确“以商立校，应用为本”的办学理念，一是变更校训为“厚德博学，经世济民”。

我校办学理念的明确，经历了“以商立校”到“以商立校，应用为本”的优化，后者当然与本市倡导高校分类管理之时的俱进有关。校训“厚德博学，经世济民”，似与国立上海商学院校友马寅初的题词“经济匡时”不无关联。

回想近些年来，本人介绍“上海商学院”这一话题的尴尬。有时，为了强调本科院校，极力淡化高职痕迹，但是对方往往反响平平。也难怪，当下的二本院校，在中国高等教育快速迭代的宏阔版图中，要让人留下深刻印象，何其难也。心里不爽之余，有时甚至还要面对“民办”“高职”的质疑，郁闷！

向外国人介绍学校时，不自觉地将上述思维带进去，更增纠结。参与招收外国留学生或出访，介绍学校时的表述啰唆、忐忑心理，背后是内心的不自信。而且，语言絮叨、不得要领，就越想多说，结果事与愿违，恶性循环。

如何走出这个怪圈？这个问题一直萦绕脑海，很久很久。慢慢地，随着时间的推移，校史信息的积累，高校分类评价的出台，等等，答案似乎渐渐地清晰起来了。

事实上，上海商学院，以国际大都市命名的一所商学院，在西方发达国家人们的心目中早就是一所名校、一所牛校。他们的思维模型中，以国际大都市冠名的商学院与名校、牛校是可以画等号的。他们刮目相看，甚至“膜拜”（外国人交往词典中，适当的夸张表现不仅尊重对方，还收冠于绅士教养的美誉），唯恐失礼。而且，从发展的眼光来看，从“接轨”的趋势去分析，稍微超前、积极面向未来的西方思维，也具借鉴的意义和价值。

结合国立上海商学院的校史，尤其是名师云集的显例，我在课堂有时向学生们“宣讲”，以激发学生爱校的自信，奋进的决心。同学们的笑声告诉我，上海商学院在国人心中的名校地位名不副实，还有沾不到光的懊恼和无奈。考察 100 多年的上海高校发展史，本市目前某著名高校，当时还不如上海商科大学。用世俗眼光看，前者是民办的，后者是国立的呀。或许，当时该校的学生也心存郁闷和纠结，但是他们没有等、靠、要，而是奋起努力，一代又一代学人接力不辍，不断地将自己的校友送上更高的平台，通过 100 多年的不懈拼搏，今天不仅成为上海知名的高校、全国知名的高校，也快速跻身世界知名高校的行列。

上海商学院今天还不够知名，这是事实(危)，也是机会(机)。我们可以有两种选择：一种是坐享其成，一种是奋发图强。

前者的眼光也许是鄙夷的，因为不能沾到上海商学院的半点光，反而因此“拉低”了自己的身份。后者则不同，相信用自力更生的态度，通过师生员工若干代人的不懈坚持和刻苦努力，让后来者沾上海商学院的光，让后来者以成为上海商学院人而傲娇！

100 年太久，只争朝夕。

如今，高校未来的发展方向愈益明朗：一是名校与综合性大学画等号，显然简单化了高校评价体系；二是，高校排名区别综合实力排名和专业实力排名之分。有时，高校和专业发展还常常需要找一个“对标学校”，对于我们，那又何必舍近求远呢?!

是否可以从激发师生擦亮“上海商学院”这块金字招牌的荣誉感和使命感入手和出发，引导教职员工既仰望星空，又脚踏实地；既不断追求自己的终身发展(与学校的发展同向同行)，又建功立业。这应该是“三赢”的好事：

——我们今天在上商的每个人用辛勤和智慧，积极创造条件让进入“上海商学院”的后来者“沾光”；

——我们努力争取让具有“上海商学院”情结的校友减少郁闷，乃至不再郁闷，最终结成“守护”的共同体；

——我们要撸起袖子加油干，让走近“上海商学院”的外国人士在不远的将来点赞上商的名实相符。

由此，我们的选择应该是埋头苦干，跑好我们手中的这一棒，不要让后来者骂我们“偷懒”。

要这样想，也要这样做。模仿“你怎样，中国就怎样”，我坚信，“你怎样，上海商学院就怎样”。那就从我做起吧！

在喜迎上海商学院校庆前夕，写下上述“畅想”文字，共襄校庆70华诞，祝福美好未来。

（作者方有林，上海商学院教授，文法学院院长）

十六载的温馨片段

袁美琴

读着几代上商人为庆祝校庆七十周年撰写的一篇篇情感真挚、回忆满满的文章，自己也不禁思绪万千，想起了自己与上海商学院相识、相知、相伴的十六年。十六年虽说只是七十个春秋里的一小段，然而短暂时光里的点点滴滴却镌刻在心上，汇成最难忘的光阴故事，栉风沐雨，永不磨灭。

“美丽的梦和美丽的诗一样，都是可遇而不可求的，常常在最没能料到的时刻里出现，我喜欢那样的梦……胸怀中满溢着幸福。”

就像席慕蓉诗里所写，与上海商学院的初相遇就是一场美丽的梦，一首美丽的诗。

那是2003年秋高气爽的一天，我们夫妇两人来到时为上海商业职业技术学院面试，接待我们的秦汉忠老师待人亲切温和，办公室里不相熟的老师也都面带笑容，点头示意，让舟车劳顿一个晚上的我们顿时感到贴心温暖。副校长张振丰更是告诉我们不要在外面住宾馆了，住在奉浦校区的教师招待所，看看新校区，已经建设得很不错了。秦汉忠老师不辞劳苦把我们带到奉浦校区，安排住进招待所。

第二天在奉浦校区行政楼我们与外语系和国贸系两位系主任见了面，外语系主任李德荣老师肯定和鼓励我们来沪来校发展，国贸系主任王锡麟老师除了工作上提供帮助，还推荐我们择地买房，学校人事处在我们还没入职的情况下就出具了收入证明，使得我们以优惠利率贷款买到了如今居住的房子。这一切让我们对即将工作的地方有了更多美好憧憬，让我们感受到来自学校的第一波浓浓的人文关怀。

2004 年 7 月我们正式入职，学校正式升本，更名为上海商学院，那时候网上盛传全国高校校名改得最有价值的就是上海商学院，从上海商业职业技术学院到上海商学院，少了五个字，剩下的却是字字都有含金量。在上海商学院唯美的帷幔中，大家潜心培养着我们的专科生，同时为迎接本科生的到来认真做着全方位的准备。2005 年欣喜中我们迎来第一批本科生，国贸专业的第一批本科生则是 2006 年入校。

在学校七十年的历史中，我没能参与她的过往，可却有幸从上海商学院开始跟她共风雨、同成长，见证她一次次华丽转身。

热爱、投入、努力一直是我秉持的工作态度，而领导同事给予我的诸多帮助和支持是我完成好每项工作的保障，虽所在系/学院历经更名、领导几次更换，然而大家和谐共处、携手相助的传统从未改变，每一个个体所取得的成绩和获得的荣誉乃至奖励，无一不是身边领导和同事们关怀、帮助和支持的结果，这种根植于上海商学院的人文素养、人文精神和人文关怀成就了个人的发展，更是学校从一个胜利走向另一个胜利的基石。而于我，最关键的是成就了我与上海商学院初相遇的美好，让我胸中常常满溢着幸福。

诗经有云："投之以木瓜，报之以琼瑶。匪报也，永以为好也。"知恩感恩是中华民族的传统美德，我满怀感激之情在妩媚的天鹅湖畔送走一批又一批学生，其间经历了学校成功申报一个个新专业，学科和专业结构日趋合理，在校学生规模一天天壮大，人才引进力度不断加大，师资力量不断加强。

初相遇的美好自然令人难忘，而让这美好延续下去的则是相知相伴。

2010 年起，学校跨入发展新阶段，我与上商的相知也在新气象中开启。作为普通老师，在自己的岗位上尽心尽力从不懈怠，学校则竭尽所能让教师心中充盈成就感、获得感和幸福感。学校知道我不是个完美的教师，我也知道学校还有缺陷，可我们依旧同呼吸、共命运，心手相连。这就是相知，就是以心换心，就是知恩图报，就是：你知我的不足，不离；我知你的不美，不弃。

学校在大力发展中对二级学院不断做出进一步调整，优化、整合专业，我经历了国贸系变为经济学院，经济学院变为流通经济学院，流通经济学院与会计学院合并为财经学院，也经历了财经学院的拆分，更见证了商务经济学院的诞生，见证了她与学校同频共振，步调一致共谋发展。

每一次的调整，学校的管理政策都进一步优化，改革措施层层推出：提升教学质量，加大科研投入力度，学术氛围愈加浓郁，对外交流不断深入推进，招收留学生数量剧增，教师中外访学机会大大增加。在商务经济学院的平台上，我见证了学校各方面取得的喜人成绩，高峰高原项目落户上商，双一流专业获批，等等等等，每一项成绩都值得上商人为之骄傲。

身为上商一分子，用心做好每项工作是本分，学院、学校却给予肯定、授予荣誉。可我深知，不是自己有多优秀，而是这个集体有多和谐、多出色，这个集体深厚的人文积淀才孕育出繁花似锦。也正是在这样的氛围中，我才能心无旁骛置身工作，才能在学校浩荡的发展洪流中，心怀感恩，激流勇进。

这世上没有一个人是一座孤岛，与人、与事、与工作单位，只有相互配合，彼此珍惜，路才会越走越宽，心才会越贴越近，心心相印一定是基于相知，相知才愿意相伴。

如果说相知是懂得、是理解的话，那么相伴就意味着相互欣赏、相互包容、相互搀扶。十六年的时光倏忽而去，与上商相伴前行的岁月里我已经看到了上商一次又一次的跨越，一次又一次的突飞猛进。与上商相伴的未来岁月中，我更加渴望见证她的钟灵毓秀，风华绝代。

衣食奔波共恩爱，涓涓岁月酿真情。风雨路遥同珍重，不负尘缘不负卿。

愿上商一路向暖！未来一定可期，上商一定值得！

（作者袁美琴，上海商学院商务经济学院副教授）

共处一室的美好回忆

苏海容

2003 年初夏，怀揣着成为一名老师的梦想，我来到了上海商学院（那时候还叫上海商业职业技术学院）。在徐汇校区，我第一次见到了数学教研室主任姚力民老师。姚老师是一位风趣幽默的长者，在我初到学校的那几年，他给了我很多指导和帮助。也因为有姚老师和费伟劲老师，数学教研室的工作氛围始终像一家人一样亲切和睦，每个老师都有很强的归属感。

十七年前的人文社科系（基础部）有语文、数学、体育、马列四个教研室。我们办公室在奉贤校区行政楼 210 室，偌大一个办公室被划分成了两块区域：一块属于数学教研室，一块属于语文教研室。两个教研室形式上是“划江而治”，但双方经常越过“楚河汉界”去“挑起事端”。那时候，语文教研室也有几位年纪与姚老师相仿的老师，其中最擅长冷幽默的是沈锡伦老师。姚老师和沈老师在一起时就像两个老顽童，两人总是唇枪舌剑、互相抬杠，坐在办公室里总能感觉到双方太极大战咏春的“精妙对决”，甚至有好事者经常前来 210 室“探班”……现在，每每回忆起当年的点滴趣事，就特别容易心生怀念和感动。

当然，语文和数学教研室也有“为了共同的利益”走到一起的时候。平时，我们会把废纸都收集在一个大纸箱里，等纸箱装满便卖给收废品的人。卖得的几十块钱两个教研室均分，然后指派专人(那人多半是我)采购冷饮和零食供大家享用。有时,在“巨大的利益”面前,难免又有好事者挑起事端,撺掇两个教研室的老师斤斤计较起来,谁贡献的废纸更多一些就该多分一点钱。一阵吵吵嚷嚷之后,欢声笑语就又充满了整个办公室……

由于数学教研室早期的女教师不多,我和语文教研室的几位女老师经常一起上下班、去食堂吃饭。语文教研室可是一个藏龙卧虎之地,比如杨宏敏老师,她可是做过导演的,让我特别佩服。还有高晓梅老师,高老师歌唱得特别好,说话干脆利落、背挺得笔直、走路带风,一看就属于爱憎分明的人。从她们身上,我学到了很多东西。我还特别怀念那些年由系里组织的年度集体出游,大家一起摘杨梅、一起看油菜花、一起爬山,结下了深厚的革命友谊。

人文社科系(基础部)后来陆续更名为法律行政系(基础部)、文法学院(基础部、体育部),合进来一些专业,又把一些部门独立了出去,但在这整个过程中,语文和数学教研室却始终在一起,不离不弃。直到 2018 年初,我们办公室从行政楼二楼搬到了六楼,语文和数学教研室虽然还在同一楼层,却不在同一个办公室了,中间隔了好几间办公室。虽然不像以前那样随时见面,但两个教研室的老师还是会经常串串门,彼此仍然感到十分亲切。而在姚老师和沈老师相继退休后,费伟劲老师和李强老师接过了他们互相抬杠的衣钵,继续上演着两个教研室之间的“星际争霸”与“复仇者联盟”……

我在商学院的这十七年间得到过许多老师的帮助,温馨、友爱的办公室氛围让我觉得教书育人工作是一件非常快乐的事情,我喜欢在这样单纯友爱的环境里做自己喜爱的工作。还有十几年我自己也要退休了,在以后的日子里,我还将把这份对教师职业的热爱继续下去,也会努力把温馨友爱的办公室文化传承下去。

写下这些文字的时候,我脑海里不断浮现出每一位老师的名字。他们有的已经退休多年,在家含饴弄孙;有的调去了别的学校教书，还有的老师英年早逝，让人倍感伤怀。在2020年的当下，我很怀念他们。

纸短情长，伏惟珍重。

（作者苏海容，上海商学院数学教研室主任）

走近商业教育的心路

王进庄

都说做学术是对自我人生道路的思考和选择，选择某个学科或题目，是对自己如何完成生命过程的解答。

当我在做硕士毕业论文时，同年级，一个早已结婚生子、大部分时光消磨在家务和育儿之中的女同学选择“女性主义文学”为题目，而另一个自出生以来就以城市为唯一栖息地的男同学选择做“农村题材小说”题目，这个时候，我就对这个道理有点明白了。

1988 年，我第一次来到上海，淮海路上走也走不动的人群，上海动物园上空呜呜轰鸣的飞机，自然博物馆进门处的大恐龙化石，还有大世界的哈哈镜，连同黄浦江略带点臭味的水腥气，都给了少年的我极深的印象。

在此后的若干年，“上海”作为一个地域和文化概念，开始进入了我的视野。在革命史中，上海被看成是资产阶级的腐化堕落之地和革命的策源地；在 1990 年以来的上海怀旧热中，上海被视为是一个国际化的文化空间；在当代语境中，上海被当作改革开放的前沿，中国城市化道路的方向。在电影、电视、杂志、文学中，上海一次次作为背景而被消费。一些情节老套的男女恋爱、商场争斗、家族变迁的故事主体发展其实与上海没有什么关系，但似乎只有发生在上海才有品位。曾经有一段时间，我对上海的“三大亨”很感兴趣，差点走向黑帮研究。

当我2004年真正来到上海长期生活时，现代的都市商业景观又在短时间内引起我的震撼，相比1988年的印象，我这一次被上海数不清的高架折服，心里感叹着雨伞在上海的毫无用处，下了雨，躲在高架下便是，何况，上海本来就少雨，我那年9月初来上海，一把雨伞被压在箱底，直到11月底才拿了出来。

但不久，这些现代的、非自然的都市景观似乎引不起我的兴致和联想了。李欧梵先生曾经描述他1948年第一次来上海遭遇都市现代性时的惊慌失措，而他1981年故地重游时，却发现这个城市比他当年想象的小得多，而且毫无灯火通明的气象，而外滩更是一片幽暗世界。他的这种感觉，可能和白先勇的看法相似。

吾生也晚，无缘再见上海从前的模样，但凭着多年来积累的上海情结，我的不满足情绪在学术研究的想象重构中得到释放——我选择了“旧派文人的都市书写”为我的研究课题，在大量的民国期刊和书籍中重建上海想象。我发现，旧派文人和旧派文学从都市空间的营造和都市理性的发现的角度开创了书写上海的新范式，他们笔下的上海已经是一个充满新异的都市景观和消费文化魅力的都市。

2007年，当我的生命轨迹游走到上海商学院时，我又一次感受到了“上海”“都市”“商业”对我的召唤。

上海以“商”为底色，有资料表明，上海市民并没有因被动投入非传统生活方式的运行轨道而产生一种焦虑、缺失之感，反而借助西方输入的消费方式、娱乐方式、科学技术、市政管理等渠道更全面地放纵欲望，达到世俗的欢愉。但都市“是一种心理状态，是各种礼俗和传统构成的整体，是这些礼俗中所包涵，并随传统而流传的那些统一思想和感情所构成的整体。换言之，都市绝非简单的物质现象，绝非简单的人工构筑物”，物质是如何被接纳、流布、适应、改造和反观的过程和生活观念的更新、变革本身就是一种文化现象。

研究海派商业文化是如何构建上海的文化特色，构建一种充满着“欢情”氛围的新的日常消费空间以及在新的都市空间里娱乐、时尚、交际、投机、公共交通等现代观念的形成和流行，不就是我持续努力的方向吗？不管今后我的学术路向游走到哪里，“都市”“商业”对我的刺激、震撼始终在发挥着影响。

当然，都市商业文明也不是没有负面的经验。众所周知，商业以逐利为本性，中国商业一直被价值观的问题所困扰。中国古代商业和商人地位低下，尽管有司马迁、刘晏、王安石等所倡导的经济理论、价值取向对视经商为“末业”“重农抑商”等中国传统观念的变革产生了深远的影响，但义与利的关系作为价值观的核心问题，依旧没有解决。

承认逐利、追求欲望的权力并不等于承认可以用物质化、技术化的手段解决一切问题。如何针对中国社会、传统、时代与国情，思考着自身对社会的使命，进而确定所讲授的课程对我校学生培养的地位、作用、作为，也是我作为老师要考虑的一个问题。其实，“义”也是“利”，“义”不过是受惠范围稍大的利。倡“义”贬“利”，无非是忧心人类家园的恶化，以“义”来保证个人和群体的安乐。强化商业从业者的道德修养和文化品格，使逐利变得君子化、绅士化，而非极端化、自私化，倡导把“利”转化为关爱社会和全体人类的“义”，这种变“以义为本”为“以义为用”的思想，可以避免高校成为一个产出自私的个人逐利主义者的机构，从而把我校培养的学生变成为构建整个和谐的社会市场的一个组成部分。

我所授课程为通识类、人文类课程，不属于功利性、实用性知识，操作性差，属于一种“无用之用”，属于一种强化商业从业者的道德修养和文化品格的课程。这类课程的核心在于两个字——熏陶，学术的熏陶和人格的熏陶兼而有之。这种熏陶不是抽象的，它往往体现在具体的日常交往、治学和教学工作中；这种熏陶又是无形的，它超越了知识传授，也许会影响学生的心灵一辈子。

有一年，一位小刘同学在给我的邮件中写道：

王老师：您好！说句实话，我特别佩服您，给我的感觉是您好像是什么都懂，分析一个个作家时什么都知道，并且总能讲出您自己个人的一些看法，我真的很佩服。我对您的感觉就是说：您应该对人生的看法比较深刻吧！

我不是上海人，就因为知道您也是从外地来上海打拼天下的，所以我有一些问题想要请教一下您。我现在感觉自己很累，我似乎在现在的班上特别不合群，我感觉我和上海人之间的隔阂太大……

我不知道该怎么办，我不喜欢女生一大堆聚在一起谈论一些很俗的话题，议论这个议论那个，可是我这样一来，感觉就好像是跟班上的其他人搞独立似的，我到底应不应该去过多的关心这些问题呢？如果老师有时间，可不可以帮帮我？

我在邮件里这么回复她：

你说的这个问题太难了，我一下子不知道怎么回答。总的说来，我觉得你说的这个问题里包含了两种情况：一种是大学和中学的区别。一般说来，大学的人际关系肯定比中学复杂得多。即便是你在本省的大学里读书，同学都是本省的，你也会觉得在人与人的交流上要费更多的心思。

另一种是上海与其他地方地域文化的差别。我的想法是：第一，把一切人际上的困扰都看作是学习、历练的过程，历史是重复的，你在以后的工作、生活中，肯定会碰到类型大致相同的矛盾，你大学积累的方法就可以派上用场了，现在千万不要为了一时的困扰而苦恼；第二，怎么样与人沟通是门学问，你可以系统地看看这方面的书；第三，上海总体的文化还是包容性比较强，所谓海纳百川，你既然到上海来了，宜抱开放心态，可多体味上海文化中比较好的东西，也不必过分强调自己异乡人的色彩，以免故步自封；第四，我不知道你说的很俗的话题指的是什么？就我的理解，俗的东西也可以谈，比如说美食（其实对世俗生活的热爱也是推动文明的动力，当然不能止于俗），在没深交时或氛围不适合时，也不妨谈点俗的东西，既有趣味，又可拉近彼此距离。

虽然时间过去好几年了，但对我而言，仍记忆犹新，这样与学生的交流就是我做老师的成功之处，这就是我领悟到的两个字——熏陶。

二程之师周敦颐所著《通书》有言，“师道立则善人多”，把老师视为天下大治的根源。老师首要任务就是“传道”，把老师视为实现中国梦的筑路人。作为老师，德为其本，爱为其魂，本立则道生，学术精神自在其中。

我希望通过我的努力，些许懂得如何尊重学生、爱护学生、培育学生，使学生了解社会与自己、中国与世界、传统与现代，培养学生热爱生活、服务社会、崇敬理性的品行，获得宽容、奉献、尊重、诚信的精神，那我的都市商业人生将更加丰富。

（作者王进庄，上海商学院中文教研室副教授，文法学院党总支第三支部书记）

上商“青椒”成长侧记

邹光勇

我记得来到上海商学院的第一天，那是 2007 年的夏季，新闻系的李志强老师和科研处的赵鸿飞老师帮助我将行李从校车上往下搬，当时的酒店管理专业还在国贸系。

进校不久，张建华院长组建生态旅游学院，他特意找新走上教师岗位的我谈过一次话，大意就是将来我们是以本科教育为主，希望我不要只局限于专科视野。

我印象中就这样开始了将来的工作，我的直接上司是姜红主任。那个时候，我除了教学工作，还兼职一年辅导员，吃住在学校，宿管科老李和我们是忘年交。不过说实话，我从复旦大学毕业过来，是有很多不习惯的地方。在学科带头人姜红的领导下，我们那时候什么事都做，学生技师考试、拜访企业、参与教改课题、制订专业教学计划、申报新专业等，每个老师都很忙碌。

我来学校第一学期教的课程就有：餐饮服务管理、酒店经营战略和旅游专业英语，跨度极大。不过在我们学校，年轻老师最大的压力恐怕并非教学与科研本身。

我当时印象最深的一件事是酒店管理高地项目结题报告的撰写，教学副校长冯伟国教授、教务长陈强璋教授、陈敏教务处长等都非常重视，每两周开一次会。会议讨论时本来计划是由张建华院长来写的，但他把我推到了前面，在外语学院黄亚军老师等人的鼓励下，我顶住压力咬紧牙关接了下来。

这一次的记忆特别深刻，因为当时写作忙得完全忘记了小年，也根本没有过大年一说，连续一个多月时间，除了一起开会收到改进意见之外，就是天天在家里写、写、写，那时的累和家人的不理解不是一句话能形容的，我父亲当时质问我“你怎么比国家领导人还忙”，那时我理发和去开会的路上都会睡着。当然冯伟国副校长、陈强璋教务长等领导的言传身教也无形中对我有很大影响，这是意外收获。

我与时任院长的张建华教授最多的交集主要是两件事：第一件是2009年作为执行负责人与同事们共同制定了《吉林桦甸市旅游发展总体规划》，那是我校第一个旅游总体规划。做事的过程当然是很开心的，很有成就感，但也很累，毕竟那个时候我们学校的旅游和酒店专业在本科层次并没有什么知名度。这个项目的主要参与老师有瞿宙、侯新冬、孙雪飞等。

第二件事是我作为合作负责人和执行负责人在2011年与诸多同事成功完成了上海市旅游局的决策咨询项目《上海市A级景区旅游休闲设施规划导则》，那是我们学校第一次拿到上海市旅游局的项目，结项成果获得了很高的评价。那个项目为上海市旅游局A级景区休闲设施标准的一系列项目做了一个框架设计，因而成为后来我们拿到一系列标准建设的基础。这两个项目得助于张建华教授的个人影响力，以及查爱苹、张凯旋等同事的共同努力，还有旅游管理09级大多数同学的参与和扎实调研，同时也给了我个人展示才华和学习的机会。

从我个人而言，也有两件事值得一记。一件是指导学生参加全国营销技能大赛，学生一开始报的是2010年的学校创新课题，找我做指导老师，但申报并未成功。当时陈垂兴老师获知全国商业协会有营销技能大赛与会展大赛，他引荐给了我，于是学生们继而决定参加这个比赛。学院对此比较重视，姜红老师、徐薛艳老师，还有辅导员匡永一等老师都参与了指导，学生们最终拿到了全国一等奖，这是学院的学生第一次拿全国比赛大奖，在学校层面也很少见。楼校长有一次和我们见面说很感谢我们，但同时对我们表示抱歉，说学校还未有任何奖励性措施，以后学校要完善比赛奖励制度。

另外一件事就是我和赵丽丽老师等人一起创建的酒管学术圆桌论坛，那时候也基本算是开学校之先河。我们引进了学术大咖，讨论最新研究成果，连续举办了10多期，2016—2017年是顶峰时期，我想这对老师们的影响是有的。这个圆桌论坛给了我很多思考，积累了不少成熟经验。

2012年我获得了上海市教委人才工程项目去喜达屋总部挂职1年，2013年我一边工作一边在上海财经大学国际商学院完成我的博士学业，2016年我评上副教授，同时接手专业的ACBSP国际认证工作，2018年正式获聘副教授，2019年协助申报专业硕士点。一路走来，在专业的发展道路上转眼就是13个年头，生态旅游学院也调整为旅游食品学院，并更名为现在的酒店管理学院了。

回顾往事是有必要的，这既是一份经历，也是一份思考，更是一份责任和担当。校长朱国宏上任不久召见过我一次，他当时希望我今后能读一个博士，做好自己的研究，我感恩校长的当年教诲。已过不惑之年的我，除了旅游经济与企业战略研究领域的关注之外，教学方面我的课程已渐渐聚焦于“旅游经济学”“旅游酒店研究方法”“酒店经济运行理论与实践”“旅游学概论”方面，我希望今后自己能将更多的研究心得与教学融合，将更多精力投在学生的培养上，包括好好写几本教材。

人应时怀感恩之心。在上商70周年之际，我感谢上商给了我一个安身立命之所，感谢上商的诸多大咖给予了我帮助！如今的上商，学科实力越来越强大，这给了年轻人很宽广的平台，希望每位青年教师在上海商学院的舞台上都能活出自己的精彩，也祝愿上海商学院的学子们都能在老师们的带领下砥砺前行、学有所成！

（作者邹光勇，上海商学院酒店管理学院副教授）

我在上海商学院四年的美好回忆

洪本健

2004 年上海商业职业技术学院升格为上海商学院之际，我和本市的一些教师从各高校商调而来，荣幸地成为商学院的一员。当时韩国启明大学邀我为客座教授，在该校中文系任教一年。跟商学院人事处的领导报告此事时，获得了十分通达的理解和支持。

2005 年暑假我回到国内，秋季开学，乘校车进入迥异于喧闹市区的奉贤校区，见到全新的大楼、宽敞的体育场、清洁的林荫道，还有市区难得见到的一大片清澈的池水，立即受到明媚景色的感染和朝气蓬勃氛围的熏陶。

根据校部原先的安排，我应到图书馆工作，但我已经有过二十多年行政管理和教学科研双肩挑的经历，就是想脱身出来投入最喜欢的语文教学中去。感谢校领导善解人意的重新安排，我来到了基础学院的语文教研室从事语文教学工作。

在奉浦行政楼 210 室，一个很大的房间里，数学教研室和语文教研室各据两边，相处十分和谐。语文、数学两位老教师每每远隔七八米，互相调侃，令人忍俊不禁。两个教研室都承担着全校基础课的教学，任务颇为繁重。

记得当时多上大课，有时三个班在一个大教室，老师像开讲座似的，但照常提问。有的坐在后排的同学，高高举手回答，大大方方地阐述己见，闪耀着思想的火花，这是我最高兴看到的场面。至今还有同学和我保持着微信联系，每逢佳节都送来亲切的问候，让我体会到选择教师职业的幸福。

语文教研室重视教学的探讨，积极开展教改活动，启发学生动脑、动手、动口。针对某个主题，由两三人一组，收集文字与图片资料，一起酝酿商量，做成课件，上课时投射在讲台后的屏幕上，由一位同学在旁边宣讲，大家全神贯注地听着，最后由老师总结并对优秀的课件与演讲给予鼓励，收到了不错的效果。

平时老师们批改许多作业，到了期末考试时，先是监考，后是阅卷，特别是上大班，考卷一大堆，要忙一阵，但看到有不少好成绩时，得到的是喜悦和安慰。

基础学院的老师，也有放松活跃的时刻。一是参加运动会，各系老师穿着各自统一的运动装做广播操，还担当裁判，和学生打成一片。教师间还进行羽毛球等项比赛，体育馆中尽是欢声笑语。二是外出旅游，由基础学院领导和工会同志策划，我们到历史名城扬州参观，品尝美食；还到浙江安吉看竹林，沿着潺潺的溪流在山间漫步。

当然，最难忘的还是2009年的暑假，基础学院得到方名山校长、分管科研的朱铮宸副校长和科研处的大力支持，在中山西路校区举办了欧阳修国际学术研讨会（会议代表住宿在附近饭店）。

会议的策划和举办者，现在已是教授而当年还是青年教师的李强出了大力，教研室的不少老师也放弃暑假的休息倾力相助。会议收到近四十篇的论文，到会的外国学者有日本九州大学的东英寿教授，东海大学的小林义广教授，韩国启明大学的诸海星教授、黄一权副教授，国内有香港中文大学的王煜教授，宋代文学学会会长、复旦大学王水照首席教授，韩愈研究会会长、河南社科院张清华研究员，秦观研究会会长、上海社科院徐培均研究员，宋代文学学会副会长、暨南大学邓乔彬教授，中国古代散文学会副会长、武汉大学熊礼汇教授等。中国社科院、北京师范大学、南京大学、华东师范大学、吉林大学等诸多高校和研究机构也有学者出席,多为教授、博导。本校也有方有林、李强、赵鸿飞等老师递交了论文并出席了研讨会。

开幕式上校领导方名山首先致辞,欢迎海内外专家学者们莅临我校,祝学术盛会圆满成功。接着,复旦大学王水照先生作了大会主题发言,他对欧阳修著作版本非常重视,对被日本称为国宝的天理本南宋《欧阳文忠公文集》给予高度的肯定,认为以此作为主要参校本出版《欧阳修诗文集校笺》是合适的。

在两天的研讨中,学者们就欧阳修的生平和思想、文学理论、诗词文的创作成就和艺术风格等,展开了热烈的讨论。他们对上海商学院举办这一学术盛会表示衷心的感谢。会务组的老师和同学们所付出了辛劳,获得与会者的好评。

上海社科院的徐培均先生已是高龄,我校负责会务的两位女同学不放心,散会后本想一直陪送徐先生到家,徐先生不肯,后送到车站,看着徐先生上车才离开。徐先生给我讲起此事,对她们赞不绝口,说上海商学院的学生真好。

我在商学院工作期间,在校科研处的指导和支持下,申报并获得关于欧阳修研究的上海教委重点科研项目基金的资助,研究按照计划获得进展,项目的结项验收顺利通过。成果分别为上海古籍出版社出版的专著《欧阳修和他的散文世界》以及发表在《新宋学》《学术研究》《福州大学学报》《国学学刊》等学术刊物上的论文。

我感激上海商学院的领导和同事们对我教学和科研的热心帮助,祝愿学院不断发展壮大,取得越来越大的成绩。

(作者洪本健,上海商学院文法学院中文教研室教师)

聊将锦瑟记流年

赵鸿飞

苏东坡有一首诗《和子由渑池怀旧》写道："人生到处知何似，应似飞鸿踏雪泥。泥上偶然留指爪，鸿飞那复计东西。"大约写于宋仁宗嘉祐六年，此时距"乌台诗案"尚有18年，诗人借此来表达对人生来去无定的怅惘和往事旧迹的深情眷念，流露出对未来不确定性的深深隐忧。

才高绝世如苏东坡者，尚且对自身命运难以掌控，那些芸芸众生、升斗小民恐怕就更不知道人生航船驶向何方了。

我2005年才到上海商学院，学校对待老师人尽其才，并未因此而薄待我。到学校后的第一个岗位是重要的管理位置，钱虽少而常有，"权"不大但管用，"谈笑有鸿儒，往来无白丁"，有案牍之劳形，无丝竹之悦耳。每天主要的内容是开会、填表、做计划、评审项目、审批报销，等等。没有星期天，没有节假日，召之即来挥之即去，痛并快乐着。苦撑四年后，忽然觉得，商学院那么大，我想"出去"看看，于是终于找到了一个转岗的机会。

如果说，第一个岗位是包办婚姻，是万般幽怨中被媒婆和娶亲的大汉扭着胳膊、按着脖项硬塞进洞房的话，那么这一次转岗可是自由恋爱，自己看中的如意郎君，自己找的婆家。

于是，我欢天喜地地来到了文法学院（基础部）下属的中文教研室，顿时觉得天地一时间开阔起来，天是那么的蓝，草是那么的绿，路上碰到的男男女女，无分老幼，统统成了俊男靓女，树杈上那只天天聒噪不已的乌鸦，它的啼叫竟然也如音乐般美妙动听。悟已往之不谏，知来者之可追。实迷途其未远，觉今是而昨非。呜呼，上苍，谢谢你的眷顾。

作为始终恪守从一而终信念的汉语言文学的修习者，自谓对中文系的情感是忠贞不渝、不离不弃的，虽然中途暌违数年，但一直诗书在手，车上、枕上、厕上，须臾不离。而今，终于要站在大学的讲坛上传道、授业、解惑，聚天下英才而教之，想一想就会从睡梦中笑出声来。

于是乎，课堂上的我口若悬河，沉醉于诗经楚辞和唐诗宋词的缤纷世界中，跟古今中外的才子佳人们一道沐浴爱河，徜徉在爱恨情仇中历尽生离死别的煎熬，与往圣先贤们在另一个时空中品尝哲思隽语的深邃精妙，每一次都忘记了下课的时间，任由学生在座中发出种种奇怪的响动来抗议而浑然不觉。

当我每次声嘶力竭、汗透衣背地从讲台下来，拖着疲惫的脚步回到办公室的时候，犹如一个日出而作日落而息的农夫，心满意足地期待着自己汗水浇灌出的秋天，一定是不负韶华、硕果累累的丰收季，由此而迷失于自我营造的美丽梦幻中沾沾自喜。知我者谓我心忧，不知我者谓我何求？

某晚，清风徐来，月明星稀，恍兮惚兮之中，觉得灵肉分离，不觉中如入幻境。但见一处所在楼宇齐整，气象峥嵘，回廊两侧职员司、课堂司、教案司、督训司、职衔司等一字排开。依稀看见课堂上一位半老不少的教员，上课说得有些累了，便从讲台上下来到学生中走走，让学生自己看看书，自己也得便喘口气偷点懒。嚯嚯，几十号、上百号人的阶梯式大教室真是令人大开眼界啊！

有的同学在目不转睛地刷微信，没有因为不务正业而有略微的羞涩；有的在看视频，还戴着耳机，真的是两耳不闻窗外事，心无旁骛啊；有的在看英语写单词，有的在做高等数学的作业，有的在读刘慈欣或东野圭吾的小说……

如果这些还不足，那么，当你看到几位美丽的女生全神贯注地在十字绣的绣布上飞针走线、描龙画凤的时候，当你看到般配的小情侣大秀恩爱、男同学枕在女朋友的腿上甜蜜小憩的时候，当你听见人高马大的壮小伙曲肱而卧、鼾声如雷的时候，当你看到期末考试已经开考二十分钟还有人因为找不到考场而急得像热锅上的蚂蚁团团乱转的时候，当你在考试已经结束一周以后还接到学生打听考试时间和地点的电话的时候……瞬间就有了一种怀疑人生的感觉，恨不得自挂东南枝。

好吧，深呼吸，45°角远眺蓝天30秒，然后揉揉自己的小心脏，努力让自己呼吸平稳，喘气均匀，不超过15次/分钟，心跳的频率不超过80次/分钟，说话的音量控制在40—50分贝区间，介于情侣和正常人之间说话。因为咱是为人师表，咱得和颜悦色，润物无声，动之以情，晓之以理，纵谈人生理想，畅想美好未来。“我自横刀向天笑，去留肝胆两昆仑。”“出门一笑大江横，我辈岂是蓬蒿人?”

神魂摇荡，移步换景，出了课堂司，不觉来到督训司。但见人影憧憧，隐隐约约，齐聚一堂，每个人手里一大沓文案，手不停挥，逐一在文案上标出等第，最后由一位神色庄严、高深莫测的皤然长者诠选签章，是为定谳。

信马由缰，徘徊流连，忽然间来到了职衔司。进得门来，但见数十个卷橱，满登登盛放着简册簿书，皆用封条封着，封条上写着各地学校的名字。于是便找见自己的学校来看，那卷册按照高级、中级、初级序列，依次排列，刚欲打开高级名册，忽闻闹铃声大作，睁眼一看，不知东方之既白，霎然一梦已成昨！Sigh，真是“世界好物不坚牢，彩云易散琉璃碎”哦。

噫吁嚱，危乎高哉！在这个进取的时代，从教多年，也没练成名师名学者，锦心绣口，一张嘴就口吐莲花，语出惊人，由此也没能吸引我的学生对学业全力以赴，愧对教职之业。

我想用勤劳敬业，来弥补。所以，我殚精竭虑，劳心费力，梦中我都怕上班路上堵车迟到、酿成教学事故而急得大汗淋漓；我怕加错学生的考试分数而一遍遍反复验算；怕没有按时提交教学文件而焦虑失眠；怕课上说错话而一次次反复试讲……蜀道之难，难于上青天，我已尽我所能。

偷向妆台揽镜照，阿飞远不是妍人啊。虽则如此，当初转岗之际镜子里的自己，纵然不敢说是眉清目秀，貌如潘安，说是五官端正大致不乖于事实吧，面相整体的布局趋势还是奔着黄金分割的比例去的，至少那时的满头乌发还是货真价实的，偶有一两茎异端跑来捣乱，立即以掩耳不及盗铃之势，痛下杀手，斩草除根，绝不手软。而今，已是满面沧桑，须发皆霜的老朽了，残余的几丝黑发，也是势单力薄，溃不成军，在光阴老去之际回忆曾经貌似的荣光。

有一天又梦见自己举止迟缓，步履蹒跚，印堂发暗，二目呆滞，只有双眉间的眼珠间或一轮，还显示着是一个活物。在川流不息、人烟辐辏的公共交通空间里，甫一登车，总有涵养极佳的青年男女纷纷让座，体现着尊老爱幼的传统美德代有传人。此时此刻，一股暖流瞬间贯通任督二脉，通体舒泰。人生若此，夫复何求？

纵然世界以痛吻我，亦必以温柔待之。我爱上商。

（作者赵鸿飞，上海商学院文法学院中文教研室系主任）

七年之仰

李志刚

2020年5月18日，上海商学院将喜迎70年华诞，我自己也在这里度过了整整七年的工作和生活，想想这些感慨颇多。

七年前春寒料峭，在人事处邵小平处长的安排下，我从遥远的东北长春赶到春暖花开的奉贤校区，与朱国宏校长进行了一场改变我未来人生方向的长谈。

上海商学院有一个极具吸引力的校名，就像是我之前工作13年的吉林大学商学院。商科是我的最爱，商学院就是我不二的选择。

记得当时我问朱校长的一个最主要的问题，就是想听朱校长讲一讲上商的愿景、使命和未来学校的发展目标。很显然，在复旦大学和长宁区委宣传部颇有建树的朱校长一席话打动了我，我满怀信心与期望地在2013年5月正式入职上商。

七年之不痒，我与上商渐入佳境。

熟知上商70年发展历程后，我一直认为上商像极了我这样一个从外地闯荡上海滩的异乡小子。一穷二白的起点，时时刻刻需要自己努力的明天。

可以这样说，上商今天所拥有的一切资源和成就，都是70年来一代又一代上商人努力拼搏的结果。

这个小子，没有大的靠山、缺乏关怀备至的主管，在少人问津，甚或冷眼冷语中执着前行,硬是变成了阿拉“上海宁”,变成了一个万人规模的小有成就和声誉的商科大学!

我一直偏执地认为,这70年以来,上商最大的贡献就是为上海增加了一所“计划外”的商科大学!我是上商人,我骄傲!

70年发展,成就斐然。

我觉得,是适时总结一下我们的上商精神的时候了,让我们新入职的上商人和每年满怀对未来憧憬的新生们,都来感染并传承上商在70年发展历程中的拼搏奋斗精神。

这应该是我们上商校园文化不可或缺的组成部分,这应该是我们上商教职工和上商学子们价值观的核心内容。所有过往,皆为序章,所有将来,拼搏奋斗,皆是可期!祝福上商,70岁生日快乐!

祝福拼搏奋斗的上商人,明天会更好!

(作者李志刚,上海商学院财务金融学院常务副院长)

只有香如故

胡绍文

上海商学院70校庆之际，看到许多老同事的征文，也勾起了我辽远的回忆。“浮云一别后，流水十年间”，许多熟悉的面容蓦然浮现在眼前。其间有一位慈祥的长者，他就是我们语文教研室的沈锡伦教授。

博士毕业那年，我去上海商学院应聘。有一位年龄较大的老师用英语向我提问，那纯正地道的口音让我暗暗惊叹。当他问及：“你能用双语上语言学概论课吗？”我非常震惊，面对这道难题，我怯怯地回答：“我现在还不能。如果给我时间准备，我可以试一下。”那位老师咧嘴一笑，镜片后一双含笑的眼睛闪着和善的光芒。进入商学院，我才知道那位老师是我们语文组的同事，从上海师大引进的沈锡伦教授。我不由得感慨：世界真小！在师大读研时，就听到过沈老师的大名，拜读过他的大作《中国传统文化和语言》。那时沈老师好像在国外任教，一直无缘听他的课，不想多年后竟在商学院见到了。

沈老师和我的专业背景都是汉语史，又是上师大和复旦双重校友（沈老师本科毕业于复旦大学），自然有几分亲切感。熟悉起来后，我们课余也会聊聊天。当时商学院刚刚升本，学生有高职、本科不同的层次，我们教研室的课程也是眼花缭乱：我上过现当代文学、应用文写作、大学语文、中国文化史等，却没有语言学的相关课程，更别说双语课了。一次讲张爱玲小说，一番搜肠刮肚之后，口干舌燥、汗流满面的我站在讲台上，内心涌起无尽的惆怅。沈老师的课程也是五花八门的。他时常和我谈起在上师大的时光，上古代汉语、用双语上语言学概论，还有时间的宽松、出卷的自由，每每勾起我无限的神往。有时，他也会拿一些专业问题来考考我，语音的，词汇的，语法的。我的答案让他满意时，他胖胖的脸上便会浮现出会心的微笑；我答得牵强时，那镜片后是带着几分得意的笑。从那和善的笑容里，我看到了老先生对专业的执着与热爱。

奉贤校区路途遥远，我们的排课比较集中。一天站下来，渐感力不从心。沈老师年过六旬，炎炎夏日，常常看到下课后的老先生，微驼的背部都汗湿了。他低着头，步履蹒跚地走回办公室，然后静静地坐在那里，从来不曾听他叫过一声累。彼时语文教研室积极参与校园文化建设，在繁忙的教学之余，沈老师的身影也常常出现在学生活动的评委席上，也不曾听他有过一句抱怨。

沈老师和隔壁数学教研室的姚力民老师，是非常有趣的一对。哪天碰巧他们都在，办公室里必然是笑语声声。“老沈！”伴随着底气十足的一声吆喝，姚老师踱步过来，沈老师抬起头来，以一声洪亮的“老姚”作为响应，两人开始互相打趣，你一言我一语，针尖对麦芒，逗得我们哈哈大笑。沈老师嗓音洪亮，偶尔和家人打电话时，却是极其温和的轻言细语。他的儿子和我们年龄相仿，我也常常听他说起，儿子出国旅游了，回来吃饭了，要过生日了……

带着对专业的向往——沈老师无形中加强了我的这种向往，合同期满后，我调动到上海师大。当我把消息告诉沈老师时，他也为我高兴。

后来，有一次在桂林路的公交车上，正好看见沈老师，骑着一辆黑色的二八式自行车，在马路对面慢慢地蹬着，看起来轻松惬意。

离开商学院一年后，2011 年秋天，同事张侃老师沉重地告诉我：沈老师查出了癌症。我非常震惊，急忙问到了地址，赶去看他。沈老师正在等待下一次化疗，外表看不出什么变化。我们聊了很多，追溯病因，他说年轻时在新疆待了十年，生活非常艰苦，吃过不少发霉的食物。他很乐观地告诉我：化疗虽然很花钱很难受，但是医生说效果不错、病灶已经缩小了。而后的一年，我们通过几次电话，起先还是很乐观的消息，到后来他却卧床不起了。2012 年冬季，我和陈五云师、余颖师妹一起去看他。一年不见，沈老师瘦削了许多，微胖的方脸变得又瘦又长，他躺在床上，声音依然响亮。见到我们，他很开心地聊了很久，还关心地谈到我的专业归属。回来的路上，暮色沉沉，陈老师忧虑地说："老沈情况不太好。"我只觉得阵阵寒意穿透心田。一个月不到，余颖师妹打来电话，沉痛地告诉我：沈老师过世了，丧事已经办完，没有惊动任何人。放下电话，冬日的斜阳里，窗外曾经繁花满枝的蜡梅已经悄然枯萎，星星点点黄色的花瓣飘落了一地。朔风凛冽中，暗香如故。

沈老师这一辈学者的人生，打上了时代的烙印。听陈五云师讲：沈老师是复旦中文系 67 届毕业生，毕业后分配到新疆成为"农垦战士"，待了整整十年。恢复研究生招生时，沈老师考取了史存直先生的研究生，而后进入上海古籍出版社。但他兴趣不在做编辑，后经张斌先生保荐调到上师大汉语组。其实他的兴趣是做语法，教古汉语是他不情愿的。只是当时没有编制，就充当了"革命螺丝钉"，拧在哪里就在哪里发挥作用了。后来上海商学院升本，借调过去干到 65 岁退休，还延聘了一年，直至生病。

白云苍狗，白驹过隙，沈老师带着自己的故事静静地离开了。窗外的蜡梅依然凌寒盛开，流年似水，花开花落，只有香如故。

（作者胡绍文，上海商学院中文教研室原教师，现上海师范大学人文学院副教授）

无悔一纸约定

杜姗姗

在我二十几岁的年纪,我遇到了你。

那时的我,刚脱下深邃蓝和冷静黑的学位服,带着激情好奇和热血,携着你的手,坚定地走过这些年。十几年来,我与你的情缘,从未间断。我对你的热爱,化作努力向上的斗志,而你对我的关爱,既让我们互相成全,又让你成为了更多人的追求和选择。

我热爱的你——上海商学院。在上商,是我迄今为止人生当中待得最长的一个时期,上商也必将成为我后半生永远的情人。

此时我与你相逢 17 年,正值你 70 华诞,于是,便有了这封我写给你的情书。

此时屋外,绿的叶红的花正盛。

70 年前,1950 年,你是创校之初的中央税务学校华东分校。22 年前,1998 年,你是转制国民教育的上海商业职业技术学院。

16 年前,2004 年,你是跻身全日制本科高校的上海商学院。

2003 年,是我与你相识相遇的时候,你正在为"升本"努力蓄积能量。经过一个学期的试用,我有幸成为火苗中的一点光,和你一起拥有了"上海商学院"这个崭新的名称。2004 年研究生毕业的我正式和上商签订了那一纸约定,自此我们在各自最好的年纪,携手走上了一条共同奋斗的路。

那时，我还留着齐耳短发，喜欢穿白球鞋和牛仔裤。去食堂排队打饭，食堂阿姨会大声热情地问："同学你吃点啥？"

第一年我除了担任大学英语的授课外，还担任了班主任工作。至今还记忆犹新，有天夜里，我去女生寝室和同学们一起聊天谈人生时，寝室虚掩的门被推开。一个搞推销的同学站在门口，看了看一屋子的人，偏偏冲着我晃着手中的袜子问：同学，买袜子吗？我佯装无事般，挥一挥手说："不要！"大家一起笑得前仰后合、师生不分的样子，仿佛如昨。

欢声笑语中，渐渐地，我们总是要走向成熟。

我从当年一枚青葱的小讲师，和学生们一起不断成长，一步一步走到现在，成为一名时而严肃时而诙谐的副教授。

同时，担任学校知联会理事，尽力为上商党外知识分子服务，坚决拥护中国共产党的领导和统一战线，继续为学校的进一步发展奉献一己之力。

今日，在众多高校中，选择上商的学子越来越多，上商接纳的名校博士、海归学者等新鲜血液也越来越多。

上海商学院，"以商立校，应用为本"，借助地处长三角一体化发展的契机，依托上海"五个中心"建设的强大引擎，以培养专业知识扎实，具有社会责任、实践能力、创业精神和国际视野的创新性复合型商科人才为己任，上商已然成为世人心目中愈益耀眼的璀璨明珠。

70，对人生而言，似乎已近古稀；而就事业而言，其实还刚刚起步。高职教育才22年(刚过弱冠)；本科教育才16年，上商还是一个健壮的翩翩少年。

"雄关漫道真如铁，而今迈步从头越。"上商正处于蓬勃发展、一如春之意盎然之际，这既是正当斗志昂扬的时候，又能从容处事、与时俱进，所谓遵从规矩而又敢破敢立之时。

看这流年似水，岁月如磐。尚在上商的我，和业已离开但心中永远有上商的你，携手砥砺前行续华章。我们心中的上商，依然魅力无限。

我们爱得深沉，拥有着期待，这一封情书又怎能写尽？

（作者杜姗姗，上海商学院商务英语学院副教授，上海商学院知联会理事）

我和商学院的七个片段

席宇斌

早在2004年读大学的时候，我就知道了上海商学院的大名。那时候，正值许多高校升格、更名之际，我偶然在BBS里面看到一个帖子，得知上海商业职业技术学院升格更名为上海商学院，当时评论区有一句话我记忆深刻：这是让所有专科学校最羡慕的更名。

再后来读研、读博。2013年3月，我在“高校job”网站上看到了上海商学院旅游和酒店管理专业的招聘信息。说实话，我也只是抱着试一试、广撒网的心态，给留的那个邮箱“jianghong007@126.com”发了一封求职邮件，对方在不到一个小时的时间就回复我说收到，还祝我周末愉快。后来一位自称姜老师的女士打电话通知我来面试，她提出用英语试讲的要求，着实让我准备了好久。

面试那天，我下了飞机转地铁，一路小跑来到中山西路校区，跟门卫表明来面试，并询问9号楼在哪里。后来才知道校区内只有一幢高楼，我要去的教室在9楼。过程还算顺利，面对好几个名校学生、海归们，我反正初生牛犊不怕虎，用双语讲了一下酒店客房概述。

之后没两天那位姜老师就问我愿不愿意来。于是在“五一”之后，我又回到上海，参加学院组织的咖啡制作培训和毕业论文答辩。五月的上海，有些闷热，在干部人事处签四联单的我，汗如雨下。故事,也就此拉开了序幕……

片段一:初登讲台(2013 年)

2013 年 9 月,在经历一个魔鬼般酷暑后,我再一次迎来了开学以及职业生涯中的第一堂课。课程是“会展管理”,授课对象是 2011 级酒店管理学生,50 多人。我当时提前去了教室,看着学生一个一个进来,内心十分紧张,但还是很淡定地招呼同学们“往前坐”。上课伊始,我跟同学们说“这是我当老师以来的第一堂课”,大家就立刻鼓起了掌。虽然此后也听过很多掌声,也慢慢听不到掌声,但这一次的掌声让我永远铭记于心,也切实体会到从事教师职业的幸福。那天的课程内容,就是自我介绍加上会展的概念入门,让每位同学都用小纸条写下自己为什么选择这个专业、未来的就业意向。也不知是怎么度过那漫长又短暂的 80 分钟,只觉得讲完之后一脑门子汗。再后来赶上新教师要参加市教委组织的岗前培训,才上了三次课,就只能无奈地请其他老师来帮忙讲授。

当然,这三次课依然暴露出我作为刚入职的新教师存在很多不足,那个时候很在意 PPT 的制作,而对教材没有吃透,知识体系构建也不完整。在之后长达三个多月的培训中,通过十多位大咖的分享,才逐渐明白如何站好讲台,也更加体会到要不断提高业务能力和教育教学质量,才不辜负人民教师这个光荣的称号。

片段二:风吹杭城(2014 年)

我很喜欢指导学生参加比赛。第一次正式带比赛应该是 2014 年的“全国商科院校技能大赛会展专业竞赛”,时间在 11 月,地点在杭州，当时和学院的陈老师、郭老师一起“远征”杭州。

我们一共三组学生，赛前做了比较充足的准备，找过展览公司的专家来指导，赛前一天都还在演练。其中有一组学生策划的是“汉韵主题文化节”，组里的四个小姑娘还精心穿了汉服，吸引了很多评委的目光，俨然刮起一阵“汉服风”。她们很自信，比赛汇报过程紧凑有序，不过次日宣布的结果中，名次并不是特别理想，姑娘们就有点闷闷不乐，还偷偷地抹起了眼泪。其他两组成绩倒还可以。看到欢笑的学生，我们可以献上掌声；看到落泪的学生，怎么办？我当时从教经验也浅，也是第一次遇到这种情况，只能在离开赛场的路上，给大家讲讲笑话，缓和一下尴尬的气氛。后来中午吃饭的时候，我用饮料给每组祝贺，对这一组，我当时跟她们说，这次比赛不过是我们学习和人生途中的短暂经历，赢了固然可喜，没赢也不能说明什么，未来继续努力。看得出，姑娘们已经释怀了，笑容又重新回到她们的脸庞。我也终于松了一口气。之后的历次会展比赛，天津、厦门、海口，安慰落选组的“重任”都是我很重要的工作。

巧的是，当初汉服那组的一位学生毕业后去了我们的校企合作展览公司，最近几次的比赛，都是她在帮我们对接企业专家，还亲自给学弟学妹传授经验。有一次她还邀请我们的学生去观摩一场展览会，还专门带着我转了一圈，给我讲解各种细节。从“运动员”到“指导员”，教学相长，这是教育给我带来最大的喜悦。

片段三：青椒同赛(2015 年)

学校的青年教师教学基本功大赛，是为广大青年教师尤其是新教师搭建的同台竞技、学习的绝佳舞台。我来校后参加过 3 次比赛，分别是第四届、第五届、第六届，其中第四届和第六届是二等奖,第五届则是一等奖。

第四届第一次参加的时候,没啥经验,准备并不充分。2015年第五届的时候,我那时刚在世茂皇家艾美酒店结束产学研践习,有很长一段时间接触到行业一线,对自己"酒店管理信息系统"课程内容有很大的帮助,所以在设计 PPT 和教学内容时,是有很多想法在里面的。复赛同组还有很多优秀的老师,我印象最深的是管院李清老师全程英语上 Supply Chain,而且我居然全部听懂了。最后宣布我是组内第一名的时候,我确实也有点意外,也是得益于学院老师们的大力帮助。

到了总决赛那天,上午去试场的时候,已然感觉到了压力。果然,下午的 146 报告厅,全场爆满,各院粉丝聚集一堂。我并没有和我的学生说我要来参加比赛,但现场来了很多我当时正在教的 2013 级学生,而且他们居然还制作了"应援牌"。我拿着书本就像平时上课一样走上了那个舞台,还有学生在喊加油的口号。其实那个时候,我脑子已经空空如也,甚至还不知道自己在讲什么,可能是用意志在控制着自己的授课吧,其间还假装冷静地向学生提问互动。最后外语学院的吴慧珍老师第一,艺术设计学院的王珊珊老师第二。不过,评委老师还是给了我很多肯定,比如认为我带着书本上舞台是非常自然的表现。对我而言,能走上那个舞台,还能看到那么多我的学生,我已经是非常荣幸和自豪了。

片段四:研学考察(2016 年)

我的同事赵丽丽老师那年有一门专业课"文化遗产管理"。眼瞅着讲了半学期,但一直是从书本到书本,无法真实模仿现场的场景。于是,赵老师申请了组织带学生去实地考察,目的地就是近程的苏州,那里有很多世界文化遗产。赵老师邀我同往,作为好友自然是欣然答应。

这趟行程，线路几乎都是学生自己规划设计的，同学们很好地发挥了旅游管理专业特长，选择了寒山寺、留园、虎丘三个点。大家走出课堂，明显都很兴奋，也很期待。我们一行先坐火车到苏州，赵老师在网上包了一辆大巴，下了火车就直接开去遗产地研学考察。赵老师的景观功底深厚，借景、框景、夹景、藏景、障景……这些术语我读大学曾学过，这些我也曾来现场研学过的点，经赵老师现场一讲，那经典的定义和内涵又跃然于脑海之中。旁边很多游客都凑过来，以为是专业讲解员。我和学生们通过此行，都获取了远比书本上更为丰富的内容。我更加深刻地认识到，理论教学和实践教学经过有机的结合，能够发挥出更大的功能。学习教学，我一直在路上。

片段五：思政红旅(2017 年)

课程思政自提出以来，我一直在思考怎么去结合，也想从支部建设和专业建设融合的角度做点事情。那年 5 月，我偶然了解到一则比赛信息，是国家旅游局在组织第七届全国大学生红色旅游创意策划大赛，我当时如同打开了一扇门：红色旅游不正好是课程思政的有力载体嘛！我把我的想法跟总支副书记黄欢老师沟通了，他很认同。

于是我立刻就在旅游和酒店管理专业中动员学生参加，最后组织挑选了两支队伍报名参加。

学生们也很给力。她们结合上海的红色遗迹以及其他类型的旅游资源，进行了有机组合，还设计了产品 Logo、口号，精心排版，花了很大的力气。全国将近 500 支队伍参加，最后的总决赛只取前 10 名。几乎不可能完成的任务嘛！但学生的表现还是让我眼前一亮，一支队伍获得第23名，另外一支更是获得第13名，可以说离成功已经很接近了。而且，学生们通过比赛，在思想上确实得到了很大的提升，有位同学最后光荣地加入了中国共产党。此后，每年组织学生参加红色旅游线路策划大赛，我都积极参与，学院甚至还专门主办过四次红色旅游策划比赛。

当然，红色旅游是依托专业开展课程思政的一种形式，倡导产业报国、把论文写在祖国大地上，引导学生更好地树立文化自信，还有很多的工作可以去做。可以说，开展爱国主义教育，我们是认真的。

片段六：问卷牵情(2018年)

2018年初，我申请了国家旅游局的课题，幸运地中了，题目是“一带一路”沿线国家客源市场开发方面的。要驾驭这个题目，很重要的一点，就是要展开详尽的市场调查，也就是要做问卷。光凭我自己，肯定是不行的，于是我组织了两股学生力量。一是依托旅游管理专业开展的专业实习，把入境旅游市场调查作为实习的内容之一；二是依托给旅游管理专业讲授的“旅游研究方法”，给酒店管理专业讲授的“海外客源介绍”，作为课程作业的一部分。也就是，2015级、2016级旅游管理和2016级酒店管理的近200名学生几乎都被我动员起来了，每人的任务是10份左右的问卷。一开始，我捏了一把汗，毕竟找外国人做问卷，还要用英语，是有挑战性的。但学生总是能迸发出超人的能量。后来浏览学生的朋友圈，发现那时的他们都活跃在田子坊、豫园、南京路等景区景点，有经历挫折和保安“斗智斗勇”的，有寻找海外朋友帮助的，甚至还形成了邀请外国人做问卷的“套话”。最后，经过一个学期的努力，顺利回收了1 500多份问卷，也给我的课题奠定了稳固的基础，有几组学生以此为基础还参加了双创比赛。

那年学院举行大三送别晚会，做英文问卷被学生作为一个“梗”放到节目里面，台下的我心里都懂。再后来，课题成果被上观新闻发在公众号上，《中国科学报》也找到我做了一篇报道，题目叫《一份问卷牵起的“一带一路”情》。是的，牵起了中国和沿线国家，也牵起了老师和学生。

片段七：逐梦喀山（2019 年）

2019 年 8 月，我以中国保障团成员、酒店接待项目中国教练的身份随中国国家队出征俄罗斯喀山世界技能大赛。世界技能大赛被誉为技能界的“奥林匹克”，代表着技能运动的最高水平。酒店接待是那一届的新项目，在 2018 年底才开始市里和全国的选拔，一开始我只陪同姜老师和其他同事去看望在酒店实训的同学，介入不深。当时我鼓励学生说，都放松心态，就当是一次学习，或许就中了呢！后来，我校学生陈值还真不孚众望从全国诸多选手中脱颖而出，获得代表国家队出战的机会。由于有专业课的从教基础，在姜老师力荐之下，我得以进入国家队教练组，和姜老师以及小裘、小宋、小徐、小丁等同事一起，带领选手在杭州洲际、静安洲际和校内开展集训和走训，讲述跨文化知识、模拟各种场景、手绘各种道具、充当群众演员，过程也是让人忍俊不禁。

出征前，在北京参加了动员大会，看着每位选手胸前都带着国徽，热血沸腾、无比骄傲。这种骄傲，在喀山的开幕式现场，化成歇斯底里的呐喊加油声。但到了赛场，我又无比安静而紧张，找一个角落默默地看着。项目一共有 16 个国家的选手参加，以欧洲为主，其中东道主俄罗斯、瑞典、瑞士的选手无论是从形态还是语言，似乎都有一种洒脱的自信和优势，亚洲除了中国，只有新加坡和哈萨克斯坦参加。四天的比赛，选手既要完成前台的接待，还要完成后区的财务计算、信函撰写，十分煎熬，选手承受的压力更是难以想象。我们的选手表现沉着，发挥一天比一天好。作为保障团，我和其他同事们每晚会尽可能地给学生分析一下当天的赛况，偶尔也加加餐、补补营养。最后，陈值也顺利完成了比赛，虽然并没有获得名次，算是在闭幕式的风雨中留下了些许的遗憾。但是，我们依然可以骄傲地说：世界技能大赛酒店接待项目第一位为国出征的选手，来自上海商学院。

我从 2013 年入校工作，七年了。这七年不光记录了我从讲坛的一名新人转变为老兵，也记录了商学院加快应用型本科转型、不断加快发展的历程，以及很多让我记念的片段，如春招入围、学生野外实习、申报应用型本科试点专业、承办全国旅游学院院长会议、撰写一流本科群申报书，等等。好多讲不完的故事，等到下一个 10 年后再慢慢述说吧。最后，祝愿学校爬坡过坎、再攀高峰，祝愿学生前程似锦、大展宏图！

（作者席宇斌，上海商学院酒店管理学院教师）

紫　　藤

张　侃

第一次进奉浦校区，印象最深刻的是紫藤。

又见紫藤！一股莫名的亲切感油然而生。想起曾经寄居的紫藤路，然而紫藤路上并没有紫藤，只是大都市里一段极普通的马路。又想起多年前，为了对付失眠，于路宽人稀的晨曦中跑步，从宿舍跑到西泠印社，止步于那里的紫藤前。那似乎是一棵百年老藤，藤枝宛如力士肌肉发达的躯干，蜿蜒纠缠于山石之上，将巨大的岩石绞裂，又笼住，不落一粒碎石子，生命的力量真是令人惊叹。

校园的紫藤，可算是一道风景，尽管朋友圈里不时晒出湖上的喷泉或南门小河上的夕阳，但是试问会有谁不知道紫藤呢？而且，不仅仅是一道风景，它傍依着一教，遮挡着校园外马路上车辆的轰鸣；它通向食堂，穿过它去食堂吃点好的，可以信心大增，顺利完成余下的三五节课。

紫藤原产于中国，是地地道道的国藤。所谓故国者，非谓有乔木之谓也，有世臣之谓也。所谓大学者，非谓只有硕学名儒之谓也，有园林附庸紫藤之谓也，所以它可是在校园里低调地不屈不挠地为我们弘扬着传统文化啊。春天，花先开了，紫穗满垂，渐渐地缀以稀疏嫩叶，没几天，便成一道密密层层、妖妖娆娆的紫色长廊，开到了它的人生巅峰、高光时刻。那淡淡甜甜的花气伴着结香的余馨荡漾开去，穿过教室，顺便分散一下教室里人们的注意力，飘到庭院，弥漫于校园的各个角落，让人想起古人所谓“不堪盈手赠”的情境。这芬芳的岁月，只属于美丽的校园。

夏天的紫藤下是一方胜地，骄阳下赶来的人们，在紫藤下放缓了脚步。绿荫生昼静，此时此地，宜甘棠怀远人，宜喁喁话私语；宜雨后听鸟鸣，宜月夜聆虫吟。亦宜好为人师，多识草木之名。有一次看到紫藤边有几棵冬葵，如今视作野草，却是古人的五菜之主，正是托中外交流之福，让我们不复吃冬葵这种令人难以下咽的草。饭后路过紫藤，见有学生在那里寻寻觅觅，及至跟前，便被询问，上课时所指的“冬葵在哪里?”于是也寻，但来来回回也没有找到它踪影，料想是被园工锄掉了，于是懵了圈，尴尬。好在辅导员老督学路过说“我要借你上课前的一分钟通知几件事情”给我解了围，于是借口要上课去了逃走。老督学真是能济人之困，多好的辅导员呀！有一次和他监考，那执法之严格，关怀之细微，目光之慈祥，真令人动容。想想将来，我愿也当一个慈祥的督学去放牛，绝不敢去做与年轻教师有代沟、与学生有代沟的督导。找不到冬葵这件事，其实是犯了一个低级的常识错误，不正是刻舟求剑、胶柱鼓瑟这样的笑话吗？然而却又一次令斯文扫地，有紫藤为证。

夏日炎炎，午后困倦，无论你怎么手舞足蹈地讲，总有人熬不住课堂上打瞌睡。如果，如果在一教上课，穿过紫藤去教室，可减去一半瞌睡；上课时稍稍侧目于紫藤，可减去另一半瞌睡，那么一堂课抖擞下来，于生于师，何其清醒。惜乎一教大教室不多，上大班课的排不到。曾见人拿个小喷壶对着紫藤喷水，猛然想起上课时她拿这个喷壶对着脸喷，原来是为了驱走睡魔。这样的学生真激励人！于是每每又说又写又提问，以防学生昏昏欲睡，一堂课下来，才知自己原来是体力劳动者。也许，在紫藤旁的一教上课，会稍稍优雅一点吧。曾想编个顺口溜，上句是“一教的紫藤四教的竹”，怎奈肝脑涂地也没有编出下句。

紫藤旁有一种与紫藤同期开花的树，远观似一树絮团，很是招摇，近看则花小色淡，烂而不灿。锄草的园工说是“雅栗子”，再向数学老师求证，原来是野李子，正好上课要提古人所谓“五穀为养，五果为助”，所谓五果桃李杏栗枣中，紫藤旁边便有数株实物野李子，期以时日，便可观察果实。夏天，野李子果然结了果，大如樱桃，绛色可人。有学生果然去验证了，并回应道，酸、涩、苦，苦得令人摇头！那苦涩的形容，让人难堪、内疚。真是林子大了，什么树都有。

紫藤北侧是一片大林子，若不走紫藤，可再向北行，嘉树葱茏，掩映着曲径小亭，“幽鸟林上啼，青苔人迹稀”，此地可散步消食，亦可清谈是非。但也曾单独走过，是不忍路过远远看见的在紫藤下悄然抹泪的人，也许正是紫藤为眼泪见证了某个男生曾经的承诺与谎言。

若在秋天的早晨路过紫藤，也许会偶遇一条金黄的甬道，是落叶在昨夜里悄然回归了大地。随着落叶的飘舞，紫藤上垂下累累迭迭的果荚。它不显山不露水却有如此硕果，令人惊异。真是人生一世，草木一秋，四时更变，岁暮一何速。上课复上课，一年又将尽，不禁又惊惧职业的果实是什么。教书难，育人更难，晨警夕惕，勉力而为，别让自己的职业生涯成为一个笑话，但也保不准就是一个笑话，上午你还言之凿凿说这是最古的，下午就被新的考古发现刷新，所以须常怀一颗谦卑的心去奋力而为。唯愿学生将来能记得那些讲对了的，忘记那些讲错了的。至于自己的江湖地位，一蓑烟雨任平生吧。

顺着紫藤，有一行蜡梅，在冬天的风雨里准时绽放，将暗香深藏于紫藤的长廊。而此时的紫藤，虬枝古干，铁骨铮铮。一刚一柔，与教室里飞出的或雄浑或柔美的讲读声，构成别一番风景。也总是会被这样卖力的同事所感动所激励。也往往莫名地，脑海会响起一曲古朴悠扬的二胡旋律，如泣如诉，如怨如慕，慢慢地凝固，凝固成一廊紫藤风景。

十多年前，架上的紫藤还显得身量未足，形容尚小，但高大朴素的藤架就在那里，那格局是大的。十多年的花开花谢叶落荚悬，紫藤送走了一届届学子，也已长成一道优美靓丽的景致。十年树木，百年树人，愿学校如这藤架，为学子撑出一种格局，让我们的学子在岁月中如紫藤般日益成长枝繁叶茂。而肩负教书育人之责的我们，亦能始终保持求真求新努力进取之志。

愿我们的学校更加壮大兴盛。

（作者张侃，上海商学院中文教研室副教授）

课 与 花

吴雯莉

今年，是我在上海商学院的第十一个年头。

在校庆时刻，中文教师纷纷写出了自己丰富的回忆。

我作为最初的基础部的语文教师，而今文法学院的语文教师，或多或少经历了上海商学院的一些变化。但人总是会对最开始有着莫名的深刻记忆，犹如童年是回忆录中不可跨越的一个部分。

记得我入校面试内容是《张中丞传后叙》，当时面试老师是胡绍文老师、洪本健老师、沈锡伦老师和方有林老师。依稀还能想起老师们提的几个问题。

入校的第一年，我上的是大学语文和西方文学史。我读本科时特别喜欢英国文学，研究生选择的是欧美文学方向。这使得我在西方文学史的教学中非常从容自信。第一学期的西方文学史面对的是三个班级英语专业学生，一百零一人。第一次课也已经九月中下旬了。也许是刚结束自己的学生生涯，在想法上反倒是大胆的尝试。这一学期的课程从头到尾我都没有使用多媒体设备。两个小时的课程，大部分时间由我讲授西方文学史的各个时期重要作品以及其中的关联，涉及具体作家还会进行最新研究的拓展阅读及讨论。偌大一个教室，竟然大部分学生都是抬起头，眼睛一直在那张满是我潦草字迹的黑板上。有一些学生从开始时的最后几排慢慢挪到了第二排。据学生后来说："越听越有劲，不自觉就往前面挪位置。”这些学生后来也都成为我非常好的朋友，而今她们也都成家立业了。

这些年的教学生涯中，最欣慰的大概是学生在几年后突然发一个消息给你：“老师，你课上推荐的一本书，我现在特别喜欢读。”文学无用，但它能超越时间和空间的限制，总会在一些人身上留下痕迹。

这几年，上海商学院的校园环境越来越令人喜爱。行政楼通往食堂有一条紫藤道，夏日走在紫藤树下，凉爽惬意。紫藤道的左边有一片香樟林，里面经常听见棕背伯劳和远东山雀的叫声。一条弯弯曲曲的小径，春天地上还开满鸢尾花。甚是幽静。这也是饭后散步的好去处。偶尔也能见到几个掉眼泪的学生，有时真想走上前去递上一张纸巾。

图书馆后面有几棵枇杷树。五月枇杷正甜的时候，有的学生还为此迟到，摘了不少枇杷分享给大家。

在五月蔷薇盛开的时候，足球场的围栏变成了学生拍照的好去处。

校园的那片水塘大概也是颇引人注目的吧，早上经常会有学生在此处读书，偶尔大白鹅呼应一下他们。

有一次竟然还在水池旁的小山坡上发现了一株西府海棠。王世懋在《学圃杂疏》一书曾提到海棠品类甚多，个中西府最佳。西府海棠被认为是天姿国色，举世无双。

愿我们每一个学生都有其独特的个性，正如校园的这些丰富多样的植物一样。而我们教师所要做的也就如学校所展现的包罗万象，海纳百川一般。

（作者吴雯莉，上海商学院中文教研室副教授）

到上商去!

李志强

上商建校 70 周年校庆快要到了，拜读了同事诸贤们的多篇征文之后，我的心情也禁不住激动起来，屈指一算，忽然发现自己来到上商已经 15 年。杜甫说“人生七十古来稀”，古代生存条件比较恶劣，很少有人能活到 70 岁，现在人们生活水平提高了，如果按照平均寿命 75 岁来算，15 年也占了五分之一，怎么说也不能算短。虽然佛陀在《四十二章经》里谆谆教导弟子“生命在呼吸间”，五分之一个呼吸更是短得不能再短，但吾辈俗人却不能做到太上忘情，这 15 年里还是有很多快乐有趣的事可以回忆，有很大的收获可以记录，亦有更多的探索还待努力。

记得刚毕业到上商报到的时候，我没什么行李，就是上学时候买的一大堆书不好搬运。正在发愁的时候，和我同一年来上商的 X 年兄正好联系我，聊起天来，问我有什么需要帮忙的，我说起来搬家，他古道热肠，跟我约了时间来帮我搬。那天他跟一个原单位的同事一起，开了个大轿车，到复旦北区门口，我迎出来，在门卫那里开了路条，来到我们宿舍楼下，当时我已经和同学提前把书一箱箱扛下楼来，一字排开。X 年兄跟同事看了，吓了一跳，惊曰：怎么这么多。没奈何，大家只能把后排座椅放倒，把书箱塞将进去，最后除了驾驶员座位之外竟无立锥之地了，我和 X 年兄勉强把自己也塞进去，就从杨浦开往奉贤了。那时奉贤还很荒凉，少有人去，司机师傅也不识路，没有导航仪，一路不断下车问路，司机师傅虽是能操沪语的沪人，但对当地人的奉语（奉贤沪语）并不深晓，问路时闹了不少笑话，使我们接连数发大噱。到了奉贤校区，书箱无处安放，只好暂厝在行政楼一楼大厅。搬书的时候正好被总务L老师遇上，他笑言“孔夫子搬家——尽是书”，后来每次见面L老师都用这句话打趣我。《鹿鼎记》里韦小宝因忌讳“书”“输”同音而从不到书房去，幸好我不会赌钱，否则要和L老师着急了，一笑。当时因为居无定所，这些书箱竟在那里堆了大半年才移走。

安顿也包括住的问题，当时需要住校的青年教工不多，学校的教工宿舍，就设在东门口十号楼的二楼几个房间，两人共居一室，记得同住的是一年来校的L年兄。当时因为初到异地，工作紧张，楼下楼上又住的都是学生，环境颇不宁静，我们晚上常失眠。L年兄觅得一治失眠方与我共享：以牛奶一杯加入适量红酒，临睡前服下，可于黑甜乡一夜无梦，一觉睡到天亮。吾试之颇验。今之读者诸君如有择席之病者，亦大可一试，当不无小补。L年兄雅善养生，公务之暇，每周去镇上按摩一次，并将按摩店地址介绍于余，余因囊中羞涩，兼觉此种享受过于高级，至今并未尝试，然对于L年兄之好意一直心下感动。

在十号楼住了不久，学校在西北角建起了一座新的住宿楼，好像叫二号楼，我们就挪了过去，住在四楼，我的一堆书箱也就搬离了行政楼，迁往二号楼楼梯下暂厝年余，最后才随我搬往校外租住的寓所。当时住校教职工仍不多，我得以独居一小室，这里离学校食堂远了一些，偶尔在室内用简易灶具做饭。后来我搬离之后，某次遇到管楼的J阿姨，告诉我房间墙壁熏脏的地方她擦了好久，我甚感愧疚，道歉不迭。那些年学校在管理上带有传统色彩，容许老师放个人物品、偶尔做饭等行为，现在管理越来越规范和正式，自然不会再允许这样的现象存在了。韦伯说现代社会历史的中心过程就是人类生活组织的管理不断理性化的过程，学校自然也是合乎此历史规律。J阿姨为人特别热心，我在校外第一次租房就是她帮我联系的。她后来离开了学校，我们还保持着联系，去年在镇上遇到她老人家，聊起天来，她已经老眼昏花，字都看不清了，但热心依然。有两次我在微信朋友圈转发水滴筹，她看到后都是爱心满满地慷慨解囊。

教师生活还是比较紧张的，尤其是新入职的教师上新课的时候，准备了一遍又一遍，总是觉得没准备好似的，到了上课前精神尤其紧张。我曾不止一次梦见过上课迟到，或者忘带讲义，心下惶急，醒来兀自心虚。当时以为只有自己才有这种情况，并未对人谈起过。近来看到不止一位老师回忆当年，都有过此类梦境，才恍然觉得这可能是老师的职业病。工作紧张，就需要经常运动来放松。记得行政楼的630室，当时是工会活动室，后来才改做教师办公室的。那时室内有健身器材、乒乓球台、台球桌、足球手游、跑步机等物，我们就常去运动。时常在一起打乒乓球的有X年兄、Z年兄、W年兄等同仁，其中X年兄和W年兄的球技最好，我要稍逊他俩一两筹的样子，是以连战皆北。幸好Z年兄的球技又稍逊我半筹，所以败了之后又能在他那里取胜几局，正如王梵志诗所言："他人骑大马，我独跨驴子。回顾担柴汉，心下较些子。"一笑。X年兄还精通台球，在他的影响下我们也学起台球来。尽管苦于球技不甚高，但繁忙的工作之余，大家约着去打一场乒乓球或者台球，放松一下身心，确实是很好的享受。

那些年老师们在校教学之外的活动，除了运动就数午饭后的散步了。奉浦校区地处远郊，大家一般中午不回去，在学校食堂吃饭，饭后有少许活动时间，就用来散步。三三两两，三五成群，或漫步湖边小径，或丈量操场赛道，边走边谈天说地，谈古论今，既可以消食，又能够交流，诚快事也。犹记某次我和Z年兄散步时在湖东的桃林里摘了一些桃子来吃，味道还颇不坏。大家喜欢散步的一个重要理由，就是上商校园之美。尽管总体面积不大，但上商校园的绿化宜人，植被丰茂，树木繁多，在各种功能的建筑物之间总是能穿插着匠心独具、规模各异、具体而微的自然景观，令人无论在春日秋夕皆能心旷而神怡。春日可以观赏樱花、合欢、桃花之属，尤其是湖边柳枝低垂，柳叶拂面，匆匆走过，恍惚间似苏堤白堤，倘白乐天在此，恐怕要高唱“最爱湖东行不足，绿杨阴里白沙堤”了。而当秋夕阴雨之时，晚课后骑车回家，慢慢行在湖边，细雨飘零，凉风扑面，看旁边的楼上灯光闪烁，明灭朦胧，若李义山重生，想必拟低吟“红楼隔雨相望冷，珠箔飘灯独自归”乎？

这些回忆自然是非常美好的，但上商带给我的尚不止于此，还有更深广的一些思考。刚工作的时候，想法比较简单，只是想着把课上好、工作不出纰漏即可，至于职业的意义、教师该如何存在、工作只关乎饭碗还是关乎更深层次的东西等等，并无刻意去思考。而随着时间的推移，这些问题时不时会浮上脑海，迫着你去不断追问自己，回答自己。美国哲学家巴雷特在《非理性的人》里说：“根据字典，所谓‘以……为业’，就是公开地、因而也就是当众地供认或表明信仰，所以也就是在世人面前公开承认从事某项工作的内心冲动或神灵的感召。这样，这个词原本就带有宗教的意涵，例如，当我们讲到职业信仰时情况就是如此。但是，在我们现今社会里，随着人的职能的精心划分，职业乃成了一项专门性的社会事务，它需要熟练和技巧，是一项人们为收取报酬而不能不履行的事务，亦即一种生计、一种个人营生。”巴雷特的见解，为我们的职业反思提供了一个很好的路径。

教师这个行当，其前身最早可以追溯到人类的远古蒙昧时代，就是部落里面的神职人员，女的叫巫，男的称觋，他们负责掌握文化、沟通天人，为部落生产生活与神灵主宰之间建立关系，作出解释，满足部落成员的文化心理需求。巫觋之徒，自然有着坚定的信仰，深信自己的工作有着重大意义，甚至决定着部落的生死存续。随着人类由蒙昧时代发展到宗教时代，开始出现最早的大学，巫师也就进化为大学教师。据说最早的真正意义上的大学出现在11世纪的意大利、法国、英国，大学最初只有四个学院：神学院、法学院、医学院、艺术学院，而以神学院最为重要，毕竟那是个基督教神学在西方一统天下的时代，连哲学都沦为神学的婢女，至于文学史学就更上不得台面了。大学里的老师自然也都是有虔诚基督教信仰的宗教神职人员，其实也就是远古巫师的变种。今日大学之毕业典礼，师生所服之袍服，实际上即为巫师之服。典礼上小巫见大巫，大巫为小巫拨帽穗，然后一小群大巫率一大群小巫合影以资留念，众小巫齐抛其帽，跳踉抃舞，言笑晏晏，作鸟兽散。凡此种种，实为小巫之成人礼，亦为宣示其信仰之仪式。具体来说，医学院师生宣示其救死扶伤之信仰，法学院师生宣示其追求正义之信仰；社会科学师生宣示其服务社会之信仰，自然科学师生宣示其追求真理之信仰，人文艺术学科师生宣示其追求真善美之信仰也。这些仪式是远古之遗响，今天已是徒留形式，其精神实质，多已不存，正所谓“古调虽自爱，今人多不弹”也。

职业信仰和职业精神的丧失、功利主义的兴起，随着宗教社会的衰落、世俗社会的来临、个人主义的流行，成为现代社会各个领域的普遍现象，非独教师为然。但教师以知识人之社会角色，最应先作反思。即使不为社会考虑，单为个人快乐计，这种反思也是很有必要的。孔夫子说：“知之者不如好之者，好之者不如乐之者。”老祖宗的话，和巴雷特一样，都表现出一个从业者谋生和爱好间的内在张力。据传孔德曾经哀叹：“我的物质生活依赖于和我的哲学事业无关的工作。”他拼尽一生气力终未能谋得大学之正式教职，只能作为校外人员给大学教师打打下手收收作业。相较于孔氏之生辰不偶，吾辈幸耶？愧耶？一项工作，一个职业，如果你只把它视为谋生的饭碗和营生之工具，恐怕从中得到真正乐趣的可能性不太大，一个月除了发工资那天比较开心之外，其他二十九天就会觉得烦恼和劳累；如果你把它视之为值得全身心投入的建立在信仰之上的目的，则可以从中得到很大的享受，可能会觉得天天都在享乐。两种情况之中取一极端者并不多见，大多数人可能徘徊其间，或一九开乃至二八开之间，或三七开至五五开之间。具体属于哪种情况，端赖其为此职业在何种程度上赋予何种意义。值此难以取舍、难以平衡之际，从巫觋到宗教信徒再到现代教师的变迁过程中，不论因势易时移导致教育之事业、教师之角色所发生之极大变化，只此建基于信仰之上的职业精神，今日似仍值得为吾侪以教师为业者所参考借鉴。

西人常谓某人精神思想经历较大转折而臻于完善曰某之去大马士革之路（the road to Damascus），或曰到大马士革去，源于古罗马杀手扫罗于去大马士革之路上放下屠刀立地成圣之旧事。是以瑞典文学家斯特林堡有戏剧曰《到大马士革去》，英国小说家伍尔夫有小说名《到灯塔去》，英国小说家奥威尔有《通往维根码头之路》，而奥地利学派经济学家哈耶克有《通往奴役之路》，英哲人波普尔之《通过知识获得解放》亦本此意。德大儒韦伯曰：人类乃悬在自己编织的意义之网上的动物也。一句话解构了人类从传统到现代一切观念层面之物。作为以教师为业的我，如何为自己的职业赋予意义，如何不断克服巴雷特氏所谓的职业缺陷，其实也就是如何为这个渺如微虫般的人生编织意义。这就注定了作为上商教师的我要不停地努力、追问、思考，并最终完成属于自己的“到上商去”之路（the road to Shanghai Business School）。

行文至此，忆半卅岁月，忽忽而过，深觉流年易逝，长路修远，乃发浩叹，聊作短歌。歌曰：

天地之大兮，渺予一躯。鼹鼠饮河兮，腹满为期。得校如此兮，夫复何求？语罢搁笔兮，到上商去！

（作者李志强，上海商学院文法学院广告学系副教授）

我在上商的“大学四年”

杨凤美

今年是上商70周岁生日，一系列的活动都在筹划中，从最开始撰写校友故事、收集校友材料，到筹备校庆征文，我一直都把自己定位为一名普通的“工作人员”，因为自己是2016年7月入职上商，作为一名“小辈”实在无资格和70周岁的上商谈“回忆”。但是算一下日子，遇见上商刚刚4个年头，自己入职便接手的2016级学生也即将面临毕业，所以想以本篇文章致敬上商70华诞的同时，致敬一下我和我的学生们的“大学四年”。

懵懂的我，懵懂的他们

作为一名新入职的思想政治辅导员，首先要做的就是熟悉各种业务办理流程。还记得最开始时，一个学生找我请假，请假单怎么写还要咨询办公室其他同事后再转达给学生，学生调侃“连辅导员也不知道要怎么开请假单呢”。刚入职便同时接手了大三年级和大一新生，作为新手辅导员，很多工作的开展都是要依靠班级干部，尤其是大三年级学生干部。我是他们的第三任辅导员，发现很多的事务工作即使没有辅导员督促他们也都能够很及时地完成，独立和自主成为他们的代名词，而16级同学作为新生，既热情又迷茫，懵懵懂懂中又有些天真可爱。辅导员工作琐碎又复杂，因此经常忙到晚上八九点也是忙不完的，书桌上的书攒了一本又一本，翻开看的没几本，“忙”成为当时不学习的借口，其实，这是很危险的想法。慢慢地，在学院领导、老师，尤其是办公室前辈们的指导下，学生的基本业务熟悉了，对上商的感觉也越来越亲切，我的“大一年级”就在忙忙碌碌中过去。

读有字之书：跟着“一周一书”读书

2017 年 3 月 14 日，文法学院启动了“书籍点亮人生、书香洋溢文法”的读书启动仪式。启动后与“一周一书”配套的活动都依次展开，尤其是“六进”系列即“进班级”“进社团”“进宿舍”“进课堂”“进支部”“进头脑”。方有林院长负责上层建设，我便负责“最后一公里”的落实，在班级组建“一周一书”学生团队、筹划表彰阅读先锋活动、各班级出版“一周一书”报、走读活动、名师进校园等等，有那么一段时间“一周一书”的事情占据了我很大一部分的时间，忙不过来只能压缩休息的时间，推迟下班的时间，也曾怀疑过自己的工作是否有价值、是否有意义，毕竟同学们都是大学生了。要想让学生做到“一周一书”，组织活动的老师肯定要践行，在这种情况下，我也开始了读书，纠正了自己以往的错误认识，读书不一定为了考试，读书不一定要逐字逐句，读书也不要有任何的心理负担，有时间了便读一读，感兴趣的书便细读，不感兴趣的翻一翻便可过。很快看过的书在日常工作中就发挥了作用，和学生谈话的时候最后一句经常是“老师给你推荐一本书吧，应该会对你有用”。我不知道学生最后有没有读，但是我知道了，多读书对工作还是很有用的，能够帮助辅导员开阔视野，打开工作思路。我的“大二年级”在有书共读中度过。

读无字之书：贵州支教和贫困生走访

暑假和爱心贵州社团的同学一起去贵州参加了支教活动，这也是我参加的第一次支教活动，名义上是这个活动的带队人，其实是总被学生各种照顾的“小老师”，23 个小时的火车卧铺，和同学们在车厢里一起吃泡面，一起拍照片，熟悉和不熟悉的同学，一包薯片便成为好朋友。慢慢悠悠到达贵阳后，又几经辗转到达要支教的长冲小学。和爱心贵州社的同学们一起睡在支教学校的教室里，没有床便打地铺，夏天蚊子很多，提前点上蚊香，睡之前总有一个学生负责“捡蚊子尸体”。没有任何一个同学有任何的抱怨，完全看不出来，他们就是校园里普普通通的从你身边走过的同学。我无数次被学生们所感动，无数次因为自己是上商的一名辅导员老师而感动，无数次为爱心贵州社而感动。

那个暑假有点忙碌，结束了支教很快迎来了“百名辅导员千家行”贫困生走访活动，和其他两位辅导员老师一起深入甘肃，深入上商部分学子的家庭，给他们带去学校关心和问候的同时认识了上商学子的另一面——他们在校园里平凡、质朴，在家中勤俭、能干、懂事。当听到家长们说“上商的老师真好，能跑这么远来看我们”时，内心真的很激动，在校园里我们是师生关系，愿我们更是朋友关系，相互学习，共同成长。我的“大三年级”在不断经历中度过。

以赛促学：高校辅导员素质能力大赛

高校辅导员素质能力大赛是加强辅导员队伍建设，推进辅导员职业化、专业化，是提升辅导员工作水平和素质能力的有效途径。最开始参加校赛的时候只是抱着试试的态度去参加，还记得校赛中决赛的前三四个小时里还在帮着 2016 级学生搬家去徐汇。当得知自己要和另外一位小伙伴去参加市赛时，开始紧张了起来，作为理工科背景的我，能过第一笔试关都很难。恰逢暑假，开始各种准备收集材料，有用的没用的统统拿来，从最基础的《高校辅导员誓词》开始背起。那个时候才知道自己的理论水平是有多么薄弱，也终于查找到很多时候和学生谈话没有高度的原因，很多讲话虽然平时都有学习，但是缺乏自己的思考，要把学到的知识点反映到卷面上还是很难的。一个暑假多多少少看了些，多多少少记住了一些，但要去参赛，肯定第一关就会被淘汰。

时间飞逝，转眼 9 月开学，要迎新、要评奖勤助贷、要安排团学 11 个部门大大小小的工作，要审核 16 个社团的各种活动，比赛的事情早已抛到脑后，“吃不到葡萄说葡萄酸”的心理开始作祟，一个个人的荣誉而已，为了个人的荣誉耽误自己的本职工作、耽误同学们的学习生活，取得了奖状也不能称为优秀辅导员。但是和许瑛瑛老师的一次谈话改变了我的这种认知，去市里参赛代表的不仅仅是我们个人，更是上商，那一刻，才真正体会到自己肩上的责任是有多大。如何在有限的时间内更高效地完成专项工作，如何挤出更多的时间学习理论知识是首先要解决的问题。首先，我把手头的工作进行了彻底梳理，不着急的活动尽量延迟，着急的活动尽量高效完成；其次，利用好班、团学生干部，每项工作都做好分工，绝不能耽误任何一项工作；最后，充分利用可以一切利用的时间，仿佛找到了大学期末考试的感觉，周末的时候也和一起去参赛的高安慧老师互相提问。工作、家庭、学习，累并快乐着。功夫不负有心人，在各位领导、老师、同仁的帮助下，在小伙伴的鼓励下，终于在 101 名选手中，以第 16 名的成绩晋级复赛，第 19 名的成绩晋级决赛，第 14 名的成绩取得市赛三等奖。当得知成绩那一刻时，我想的是，还好，没被淘汰，没给上商丢人。但是通过这次比赛也更清楚了自己身上的不足，要学习的地方还有很多，距离一名优秀的思想政治辅导员还有很长的路要走。

2020 年 7 月就迎来 2016 级学生的毕业季，也是自己在上商任职四年的日子，毕业的时候学生们喜欢寄语母校“今日我以上商为荣，来日上商以我为傲”，接下来的日子，我将继续保持初心，继续前行。感谢上商让我遇见更美好的自己，上商 70 周岁生日快乐。

（作者杨凤美，上海商学院文法学院辅导员）

我与预科之缘

周祖钢

大千世界，凡事都讲究一个缘字，人与人，人与事，人与工作单位亦是如此。

2018 年 9 月开学季之前，机缘巧合之下，承蒙上海商学院文法学院领导的信任，有幸来到上商文法院担任少数民族预科班班主任，结下了我与上商之缘、与预科学生之缘，至今已近两年。

今年喜迎上商 70 华诞校庆，能躬逢学校盛事，于我来说亦是莫大荣幸。两年来我对上商的历史沿革也有了一定的了解，为学校的发展和如今所取得的成就感到由衷的钦佩。

少数民族预科班是国家为加快少数民族人才培养，根据少数民族学生特点，制定特殊的培养方案，使学生在德、智、体、等诸方面得到进一步提高，为学生进入本科学习夯实基础的教学形式。

上海商学院作为国际大都市的商科院校，好几年前就开始有计划招收少数民族预科班学生，那时的各所市属高校的少数民族预科学生都集中在东北师大接受预科教育，只是到了 2018 年，根据上级要求少数民族学预科学生谁家的孩子谁带，于是从 2018 级开始，上商的少数民族预科学生来到了地处西南上海的上商奉贤校区求学，也就有了我与上商自培首届(2018 级)少数民族预科学生的师生之缘。

2018 级预科班共有 31 位学生，来自 6 个省区，有 14 个少数民族，其中新疆籍学生几近半数。少数民族学生大多能歌善舞、多才多艺，班长和宣传委员成了学校晚会的金牌主持，男生的吉他弹唱深情动听，女孩的新疆舞婀娜多姿，为学校的文艺晚会平添了一抹靓色。在和 2018 级预科学生相处的一年里，与学生一起分享读书感悟，一起参加学院组织的红色之旅上海一日游，一起参加团队拓展活动，让我备感生命之活力。2018 级预科学生尊师重教有礼貌，各民族同学和睦相处亲如兄弟姐妹，互相帮助，共同进步，总体来说是一个积极向上、充满阳光的班集体，因此也得到了文法学院领导和任课老师的认可，这亦是我最高兴的事。

预科班主任工作于我来说是一个全新的工作，以前虽有几十年的工作经历，但对此却毫无经验可言，好在有文法学院领导的支持和辅导员同事的帮助，本着一颗爱生之心，幸不辱命，一年之后全班学生都能顺利转段，进入本科学习。我还了解到班里有好几位学生在进入大一后担任了团支书、班长和学生会干部。现在走在校园里每每碰到这些孩子亲热地和我打招呼“老师您好”，就会让我觉得一切的付出都是值得的。

工作中我还有缘结识了上商文法的各位同事，他们之中有风趣幽默的明星教授，也有学识渊博的资深导师，更有许多年轻的名校博士，还有为学生默默付出的辅导员和教务行政老师。他们才华横溢，诲人不倦，是学生的人生导师；他们润物细无声，是学生的良师益友；他们平易近人，桃李不言下自成蹊。在工作中能与如此良师结缘，何其幸哉。

幸哉！上商有如此良师群体，夫复何求，必越办越红火，桃李满天下。

我珍惜与上商之缘，与预科同学之缘。

（作者周祖钢，上海商学院文法学院预科班班主任）

小记法学专业从无到有、从小到大

刘建民

应“70 年校庆征文”之邀，写点回忆文字，共襄盛举。翻阅本人在上海商学院（含中共上海市财贸党校、上海市财贸管理干部学院、上海商业职业技术学院）执教 37 年、文法学院（含人文社科系、法律行政系、法政学院）院长岗位 12 年个人留存的部分资料，记载上商历史上三个项目实现“零的突破”的奖状跃入眼帘：

——大学生法制协会获上海高校优秀学生社团荣誉（2006）；

——法治文化节获上海教育系统校园文化优秀项目提名奖（2009）；

——“爱心贵州”获上海市大学生暑期社会实践优秀项目奖（2011）。

虽然上述三个项目都是本校法学专业学生获奖的重要成果，但是见证了法学系发展和壮大的历程：只承担公共课程（商业经济系）——法学高职教育（2002，商业经济系）——法学本科教育（2008，法政学院）。囿于篇幅，本文仅分享 2009 年上商法治文化节争创上海教育系统校园文化优秀项目提名奖的往事，回望教学相长的美好岁月，窥一斑而知法学系 2017 年获得“上海市教学成果二等奖”之全豹。

一、获奖荣誉的"含金量"

或许有人认为校园文化、学生活动是学工部门、辅导员的事，与专业老师无关。其实不然。

当时的理念是，专业建设是一个有机的整体，包括多方面的内涵。就教学而言，其中第一课堂、第二/三课堂只是专业教学过程和环节的不同时空区分而已。

当年，法学系老师们在制订、实施法学专业培养计划时，将课堂教学和课外活动作为人才培养不可分割的有机整体，主动"跨界""多管闲事"，创新"双向三进互动"实践教学模式，通过"法官进校园、检察官进校园、律师进校园"和学生"进社区、进企业、进机关"系列活动，汇聚优质社会资源；专业老师担任专业性学生社团、项目指导老师，与学工部门、辅导员共同开展第二/三课堂、校园文化建设，形成协同培养应用型人才的法学专业人才培养计划。

用今天的育人理念（词汇）来审视，当年是不自觉地践行了"三全育人"（全员育人、全程育人、全方位育人）。

法制宣传（月），作为各高校法科学生的常规活动之一，我校2004年起每年11—12月开展法治宣传月活动。上海商学院大学生法制协会（学生社团，指导老师：段宝玫），是我校法治宣传（月）的"主角"。

2008年第一届法学本科招生后"升格"为上海商学院法治文化节。

2009年12月申报"上海市教育系统校园文化优秀项目奖"。

经层层推荐、评审，2010年5月揭晓：上海市教育系统（大、中、小学等）优秀项目奖10项、提名奖10项。

二、项目推进的主要举措

(一) 2009 商法论坛的多项创新之举

两场研讨会分别于2009年11月1日和3日在我校奉浦校区隆重举行。有多项新的尝试:

融入主流。商法论坛创造了一次难得的学习、交流机会。上海商学院法学系与有着共同财经背景的上海财大、对外经贸大学、立信会计学院、金融学院等财经院校法学院一起共同探讨相关法律、教学问题。

接触学科前沿。论坛邀请了华东政法大学经济法学院院长吴弘教授、上海市工商行政管理局法制处刘建德处长、上海仲裁委员会仲裁联络部滕家林部长等高层次专家。介绍、交流金融中心、商贸中心及现代流通、服务业发展及法治建设前沿信息。

与实务部门紧密结合。论坛还邀请奉贤区人民法院、人民检察院、司法局等单位嘉宾,与教师、学生共同探讨民商法新类型案件审理、人民调解制度等课题。让教师、学生从法律实务角度考虑社会主义法治建设问题。法院、检察院老师还担任研讨会主持、点评嘉宾,让同学们直观地感受法律人的风采。

法政学院师生科研成果的展示与交流,提交了26篇论文,2个学生课题组代表作大会主题发言。

找差距。通过论坛,我们看到了与其他院校的差距,与法院等用人单位对毕业生要求的差距。互动发言阶段,嘉宾们赞赏我校学生已经了解了相当的商业知识和流通领域法律。嘉宾们对两个学生课题——山寨现象法律规范研究、C2C电子商务中消费者权益保护问题的研究表示出浓厚兴趣。

时任奉贤区人民法院研究室副主任褚玉兰法官专门就电子商

务中消费者权益保护课题现场提问，与学生交换意见，并赞赏这个课题很有前瞻性，学生思维很敏锐、活跃。

（二）对接大调解机制，推荐、培训、聘任调解信息员，实施调解信息网格化管理

人民调解是化解社会矛盾的有效机制，是促进社会和谐稳定的一支重要力量。大学校园引进多元化处理纠纷司法调解机制，有助于及时化解校园内各种矛盾、纠纷；有利于推进“保一方平安”系统工程建设，推进和谐校区建设。

2009 年 9 月初，奉贤区司法局领导专程来我校通报上海市政法委领导来奉贤调研时关注上海商学院调解中心等情况，并提出指导性意见。为进一步发挥调解中心在“产学结合”、和谐校园建设中的作用，在司法局支持下，培训上岗，推进调解信息网格化管理。

（三）读书笔记征选活动

此活动得到了我校各院系同学的大力支持，共收到来自法政学院、管理学院、经济学院、财会学院、生态旅游学院、艺术设计学院、外语学院、信息与计算机学院、基础部等院系同学读书笔记 200 余篇。经过初步审阅，公开展示 51 篇优秀入围作品，征求全校老师、同学的意见。根据活动方案，最终按 15％比例评选出 30 篇作品获“优胜奖”。

（四）模拟法庭

2009 年 12 月 3 日下午，奉贤区人民检察院政治部主任冯军带领 4 名检察官来我校指导、参与上海商学院模拟法庭活动，并发表点评讲话。本次模拟法庭活动的亮点是检察官不仅指导而且还直接参与模拟法庭活动。奉贤区人民检察院青年检察官担任模拟

法庭的公诉人，合议庭由检察官和学生共同组成，辩护人由学生担任；案件评议阶段，旁听的学生积极发表意见，参与案件评议，与公诉人、法官、辩护人互动。通过模拟法庭活动，同学们进一步掌握了相关法律知识，激发了学习热情。

（五）校际大学生辩论挑战赛

法政学院学生在2009年上海商学院辩论赛获得冠军。在法治文化节期间，邀请上海第二工业大学辩论队来校开展大学生辩论挑战赛，围绕“法应不应容情”展开激烈的辩论。探索与其他高校交流、合作的新领域。

（六）其他传统项目还有

奉贤区人民法院巡回法庭进校园。（校外指导单位：奉贤区人民法院）

与“南京路上好八连”一起开展为民服务活动。（校外指导单位：上海武警总队一支队十中队）

2009宪法宣传周，包括上海商学院第二届走进人大主题活动、校园宪法知识有奖征答、南桥镇社区法律咨询服务等活动。

三、项目的影响和效果

（一）参与学生的感言（摘录）

——参加商法论坛，让初涉法律的我们对这个神圣的学科充满好奇，对法学产生了强烈的求知欲。（法学091 潘雪清）

——此次活动引导学会从一个法律人的角度看问题；法不仅仅是书本上的条文，更融入了我们生活的每一个角落。我要好好努力，争取在这方面有所建树。（法学081 王小维）

——引起了我对法制的兴趣，让我有了做一个课题的意思（想法），发现市场经济发展中有很多法律问题可以深入思考。（法学092 朱文庭）

——多位教授学者以及法律实务人员的莅临，让我对于法学这个专业更有了一丝期待。通过聆听、提问，在增加理论知识的同时也了解了实践中会发生或已经发生的一些问题。（法学 081 刘瑞广）

——作为课题组代表宣读论文，我感到非常荣幸。法院两位老师对论文精心点评，使我认识到课题中还存在着不足，对我们今后的研究有很大的帮助。（法学 081 寇俊珊）

（二）毕业生的反馈

参加 2009 法治文化节活动的 2008 级、2009 级法学专业学生，分别于 2012 年、2013 年毕业走向社会。虽然很难定量评估单次（项）活动对学生成长成才的作用与效果，但总体上取得了毕业 2—3 年内通过司法考试 20%、考取硕士研究生（含出国深造）20%左右的良好成绩可见一斑。

其中，罗维鹏同学 2012 年商学院毕业考取四川大学（985 高校）法学硕士，2018 年四川大学法学博士毕业任西南财经大学法学院讲师、硕士生导师；

王小维同学 2012 年考取南京大学（985 高校）法学硕士，2015 年毕业参加公务员考试，初试获得上海政法类第十一名、杭州海关第一名的好成绩，现在苏州税务局任职；

巴云扬、刘瑞广、孙俊煌分别于英国曼彻斯特大学、华东政法大学、复旦大学硕士毕业后在全国排名前十的律师事务所（金杜、国浩、锦天城）任职；寇俊珊、许瑜雯、于江等在法院、检察院任职。

学校委托“麦可思”公司作商学院这几届毕业生就业质量的年度报告，其中对母校教学满意度、教学方法方式满意度、教学态度满意度、教学内容满意度、与学生之间的沟通交流满意度等五项教育教学满意度调查统计显示，文法学院名列第一。

四、感悟：与学生、学校共成长

人才培养、科学研究、服务社会和文化传承是现代大学的四大功能。对应用型本科高校来说，强化人才培养功能尤为重要。

我有幸主持上海商学院法学专业筹办的全过程，本文所述及的仅仅是一小部分。据手头不完全资料统计，法学系教师设计、实施上述相关实践教学方案过程中，完成校级教研项目（课题）6 项，发表论文 11 篇，获得多项校级奖励；《上海法治报》、中国教育新闻网等主流媒体报道近 30 次（篇）；入选上海市重点教改项目（2012），获上海商学院教学成果一等奖（2013），上海市教学成果二等奖（2017）。

就我个人而言，在上海商学院执教 37 年，从助教、讲师到教授，走过了一段不平凡的人生旅程。在教学方面曾获得上海市育才奖、宝钢优秀教师奖、上海商学院教学名师奖等荣誉。在教书育人、履行教师职责中，与“上商”共发展，与学生共成长。

（作者刘建民，上海商学院教授，文法学院原院长、上海商学院工会副主席）

不走寻常路　时代弄潮儿

陈志强

峥嵘岁月稠，上海商学院已经走过了 70 年的时光。70 岁对于一个老人来说，已经是古稀之年，可是 70 岁的上海商学院正好相反，正处于“拔节孕穗”的快速成长期。这所学校有着光荣的历史，传承着红色基因，在改革开放的大潮中迅速崛起，屡经艰苦创业开荒拓土，实现了由干部培训到学历教育，由行业办学到直属教委，由异地办学到固定办学的艰难转型。

在几代上商人眼里，上海商学院的发展史，就是一部浓缩的创业奋斗史。昨天的上海商学院曾是新中国红色干部的大熔炉；今天的上海商学院，已经是新时代改革开放的排头兵；明天的上海商学院，必将是新征程伟大复兴的圆梦人。

一、红色干部的大熔炉

从 1950 年的中央税务学校华东分校，到“文革”前的上海市财政贸易干部学校，上海商学院的历史校名、隶属关系和校址屡经周折。近日，笔者就三门路和奉贤海边校区咨询了文法学院老院长刘建民。

据刘建民教授回忆，上海市财政贸易干部学校原在三门路办学，“文革”期间迁到了奉贤海边（靠近五四农场）成为财贸五七干校。奉贤海边还有工交五七干校（工业党校）、市直机关五七干校（市委党校）。“文革”结束后，上海市财政贸易干部学校迁到铜仁路195号，原奉贤海边财贸五七干校地块保留了一段时间。

1981年3月至1984年3月，根据全党工作重心的转移和干部革命化、年轻化、知识化、专业化的要求，上海市委逐步调整、充实各级领导班子的工作，组织市委党校举办了第7、8、9、10期干部轮训班，考察、培训优秀中青年干部3 099人，其中局、处级后备干部1 308人。在该阶段，财贸党校和工业党校是上海最大的两个大口党校，和市委组织部一起负责考察、培训财贸系统和工业系统局、处级干部及后备干部。

随后，市委党校与市委组织部联合举办5期干部研究班，分批对近、中期使用的局级后备青年干部272人进行强化培训。20世纪80年代中期至90年代，市、部委办和区县局领导班子成员大都经过这一阶段党校的学习和培训。

为适应党的十一届三中全会干部“四化”建设的需要，中央党校提出正规化教育办学方针，各级党校开始办干部大专班等学历教育，此时，国务院也提出在各级行政系统加强管理干部学院建设，于是，经济管理干部学历教育也开始启动。我校长期坚持两块牌子一套班子运行，上海财贸党校照旧，上海财政贸易干部学校与时俱进为上海财贸管理干部学院（上海最早的一所管理干部学院）。第一、二期（1983级、1984级）党政干部大专班颁发党校学历，1984级、1985级、1986级企业管理、财务管理班颁发财贸管理干部学院文凭。这几届学生都是上海市财办组织部选送的在职、后备处级干部。如张荣来校学习前任上海市五金交电公司团委书记，毕业后留学校人事处（组织部），历任我校商业经济系总支书记、学校工会主席、校办主任等职。80年代以来，上海商学院（财贸党校）为市商业系统培养了数百名局处级干部。

1996 年，方名山校长到任，开始了自筹资金加快徐汇校区和新建奉浦新校区的创业步伐。

二、上海不能没有上海商学院

人们的印象中，商学院就像一匹"黑马"，呼啸着在上海滩横空出世。由于建制变化太快，以至于上海人都感到这所学校很陌生。

1997 年上海商业职业技术学院成立，开始办大专学历教育；2001 年上海商业职业技术学院奉贤新校区建成；2004 年，上海商业职业技术学院升格为新建本科院校，启用"上海商学院"校名。

记得当时为了申办本科学历教育，我校上下同心，未雨绸缪，志在必得。为此，学校筑巢引凤，以优厚薪酬引进了多位名校教授加盟，为实现超常规发展注入了一针强心剂。记得当时校领导讲，上海"四个中心"建设离不开一个"商"字，上海作为中国最大的商业城市，竟然没有独立设置的培养高层次商科人才的本科院校，这是不可想象的。于是，上海商学院应运而生！

上海商学院成立了，但是它的英文名称却颇有争议。记得当时我校外语学院院长李德荣教授把学校的名字翻译为：Shanghai Business School，很多老师认为我们都本科了，怎么英文名字却变成了中学，建议修改一下。后来，李教授煞费苦心考经据典，还在《上海商学院学报》上专门撰文，指出西方各国商学院通常都使用"School"这个词，其义为研究院，招的学生都是研究生以上学历，这时大家才恍然大悟，原来我们学校的名字竟然这么"牛"。后来，每逢新生入学第一课，我都从讲解"School"这个词开始，讲我们学校多么神气，并拿我博士就读的华东师大国际关系与地区发展研究院名字来加以佐证，告诉同学们，这就是未来的上海商学院的"乳名"，仅凭这么牛的英文名，来我们学校就读肯定会无悔终生。

虽然现在上海商学院是新建本科院校，但我们学校有后发优势，N年以后同学们获得的文凭会变得炙手可热，欢迎大家到那时再回母校读研究生。在场的同学们听了顿时欢欣鼓舞，憧憬未来，信心百倍。

三、砥砺奋进的上商人

上海商学院发展到今天，离不开上商人的筚路蓝缕，艰苦创业，砥砺奋斗。创业，是上商人的优良传统；创新，是上商人的不懈追求。逢山开路，遇水架桥，有条件要上，没有条件创造条件也要上，这就是上商精神的真实写照。

在上海商学院，任职时间最长，给人印象最深的是"开路先锋"方名山校长。上海商学院十几年来所迈出的几大步，都与他为代表的上商人的艰苦创业、求真务实和开拓创新有很大关系。在当初缺资金、缺师资、缺场地的"三缺"情况下，方校长带领广大教职工，艰苦奋斗，白手起家，施展商业运作才华，运用移山填海之术，克服各种意想不到的困难，在两年内建成一座比较现代化的校区并投入使用。随后又于 2001 年末在上海奉贤奉浦工业综合开发区筹资 3 亿元人民币，建成了一直使用至今的新校区，为上海商学院的可持续发展和内涵建设奠定了坚实基础。今天的上海商学院，历经几任校领导率领广大师生员工接续奋斗，正在向着更高更强的目标冲刺。

纵观 70 年风雨历程，成就值得骄傲，未来更加可期。上海商学院从小到大，从弱到强，从筚路蓝缕到商科新秀，走过的是超常规发展之路，弘扬的是只争朝夕精神，体现的是"以商立校"特色，秉持的是以人为本理念。让广大教职员工和学生有满满的获得感，是上海商学院团结奋斗、不断开拓创新的制胜法宝。艰苦创业,玉汝于成,未来的上海商学院,一个商业巨子的摇篮,正在向我们走来!

鸣谢:本文部分资料由刘建民教授提供。

(作者陈志强,上海商学院马克思主义学院教授)

忙碌着，快乐着

陈　彬

不计读书期间替导师讲习题课的那段岁月，上海商学院是我正式首次走上工作岗位的所在单位，迄今近 4 年。

2016 年 4 月初，我非常清晰地记得，在奉浦校区，我在教学楼 3 号楼 2 楼参加首轮面试，也在那里，开启了我入校任教的大门。面试的内容是讲述微分中值定理这一小节，个中细节业已模糊。后来，邹赢老师还说我当时面试时穿的是洞洞鞋。天哪，我自己都忘了。不过我很得意，性格本如此，在此添一笔，按下不表。

许多老师与他的同事们相互了解，大约都得始于工作之后。即非如此，似乎因师兄弟等介绍或担任外聘老师等故者而居多。对我而言，我是 8 月初正式入职的，一进校便赶上爱贵行动的一次特殊旅程。在爱贵活动中，我与曹程柯老师秉烛夜谈过数次，与方有林、刘建民、费伟劲、赵鸿飞、陈志强、姚志鹏等老师们亦相处甚欢。

自进校始，大致除头半年参加新进教师的岗前培训外，我便一直从事高等数学及相关学科的教研工作。

一、关于教研室及党支部

彼时，费老师担任数学教研室主任。费老师是一位诙谐幽默的长者，他刚好比我父亲小半岁。同时，费老师也是我的“结对帮扶”老师。在任教初期，在教学及生活当中，费老师都给了我极大的指导和帮助。

刚进校时，数学教研室仍在行政楼 210 室。在这里，中文教研室与数学教研室办公室是相通的。闲暇之余，数学课代表费伟劲与语文课代表李强经常唇枪舌剑，你来我往。纵然有时双方势均力敌，僵持不下，欢声依旧成为中文、数学两室的主旋律。

2018 年初，数学教研室搬家了，从行政楼 210 室搬到行政楼 618 室。中文、数学教研室虽共楼但不连通，数学教研室因教师略多，亦分成两间办公室。不过，两个教研室的老师还会经常串串门。也因中文数学党支部的存在，如今两个教研室虽形散却神聚。

谈及中文数学党支部，早期及现在都因党员总人数相对较少而合成为一个党支部。目前成员为语文方阵的方有林、李强、王进庄、赵鸿飞，数学方阵的李树冬、谷玉盈、武宏琳、许丽艳和我。参加过我们党支部活动的老师们都知道，我们党支部召开党小组会议、相互交流，以二李为代表的中文、数学教研室成员又在这里汇合起来，气氛依旧非常活跃。

2019 年底，费伟劲老师光荣退休了，大家都挺依依不舍的，我也特别感伤。正因有了费老师，数学教研室的工作氛围一直非常好，大家在一起相处始终就像一家人，每一位老师都有很强的归属感。

二、教学授课

作为公共课教师，教学任务也是颇繁重的。我主要的授课对象是大一、大二的理工类本科生，后来又加入了中本贯通班及少数民族预科班。

进校伊始的头半年内，我白天在上师大徐汇校区参加青年教师岗前培训，晚上赶回上商奉浦校区给理工分层班上课。

后来，我大致每年都给计科、电信、食品等工科班授课。

2018 年 9 月，首届少数民族预科班进入我校。同时，上海市首批中本贯通班进入我校上大学，首入校门的是国贸、会计两个专业，2019 年第一届酒管专业也参与进来，今年 9 月份，物联网专业也即将加入上商大集体。我便是这些特殊班级的首届数学老师。第一年下来，在数学方面，中本贯通班不尽如人意。第二年，经过与众多相关老师特别是朱嫣嫣老师的联系、探讨，中本贯通班总体上有所改观。这其中，有得也有失，有欢乐也有泪水。

近年来，有部分学生给我总结了一些我个人常用的口头禅："你不能这样做，要不然就完蛋了"；"我的办公室在行政楼 210，(我们学校呢)，比 211 稍微差一点儿"；"定义不完整，你没有资格这么操作(即求极限)"；"定积分是无数个极限的共同取值，她是集万千宠爱于一身的"。

我倒是很喜欢我的另外的一个习惯说法。当我和学生说明答疑地点时，我喜欢这样说：大家注意啦，我的办公室在行政楼 210 (618)，很容易记住啊。公元 210 年，曹操建成铜雀台，刘备在镇江见孙权借荆州，而周瑜在那一年挂了。公元 618 年，唐高祖李渊称帝，建立唐朝。我为什么喜欢这样去说呢？一则是我个人比较擅长这些，二来是我教学生，不仅希望学生们能学到数学知识，而且也希望他们能学得比较快乐或轻松一些。

这些年的教学生涯当中，许多学生给我留下了深刻的印象。远的不说，比如，2018 年上半年经常过来预约我问数学难题的一位浦东籍男同学，每周三下午我都给他预留半个小时。后来，他如愿通过插班生制度考上上海大学(档案学专业)。又如，2019 年上半年，一位南宁籍女学生，在考插前相当长的一段时间内，每次我上完晚课，就径直过来问我问题。她虽然仅差 10 分没有考上，但她刻苦求学的精神，依旧令人动容。再如，2019 年下半年，第一届预科班结业典礼上，我为预科班学生颁发结业纪念品时，某男生突然抱住我。这让我和其他在场的师生都感到比较突然，这是我当时亦无法预知的。旋即我便理解了这位男生的举动。这不仅是把我当老师，更是把我当兄弟啊！

学生们的感情总是热烈而直接的。他们的青春与我的青春一同挥洒，直到我老去。

三、担任班主任

与很多老教师比较，尤其是 2010 年之前即到我校任教的老教师作比较，我的校内经历似乎过于简单了些。不过与我一道进校或后面进校的新教师们比较，我的校园经历仿佛又更丰富一些。

我记得 2018 年 4 月初，时任文法学院学生工作副书记的潘懿敏老师问我是否愿意担任班主任。我爽快地答应了，接替杨凤美老师担任 2017 级两个法学班的班主任。

在我校，辅导员与班主任是合二为一的。班主任的工作本身是极为琐碎的。随手一列，比方说：日常需要告知学生的各种通知、开请假条，四六级、普通话证书发放，办理部分学生的出国护照，身份证、学生证丢失后的补办，对少数不遵纪守法的学生开罚单，寒暑假住宿申请、处理同寝室室友关系，申请调换宿舍问题，学生重修、退选、补选课相关事宜，学生医保问题等。

即便杨老师提前把诸多事情预先说明，但事实表明，大量的事情不经过自己的直接经手，基本上是很难搞清头绪的。初任班主任的我，经验极为欠缺。每当遇到不解或不决的问题，我基本上都会向经验丰富的杨老师、曹老师等请教。甚至有段时间，各种事务喷突而来，似难招架，苦闷之时，我也经常向潘老师和方老师请教。

正所谓，“外事（班导工作）不决问凤美（或曹妈），内事（教学工作）不决问费老”。

2018 年，周祖钢来到文法学院；2019 年，潘懿敏老师调到艺术设计学院，卞樑老师调入文法学院。2019 年下半年，袁圆老师也来到文法学院。无论是在先前还是现在的辅导员大家庭里，我感受到的都是浓浓的暖意。大家相互关心，相互体谅，和乐融融。

作为一所学校，上商给我留下的感觉是诚挚美好的。她就像一个人一样，从最初的弱小逐渐强大，2004 年升本后进入快速发展时期。把上商想象成一个人，她绝对是十分不易的。

70 周岁对一个学校而言，还是十分年轻的。我祝愿上海商学院，希望她在历史的坐标系上画下一道道光辉闪耀的轨迹，形成一条逐点连续、处处为正斜率的平面曲线，不断攀登、攀升，直达无穷远点。正所谓“孤帆远影碧空尽，唯见长江天际流”。

（作者陈彬，上海商学院数学教研室教师，法学 2017 级班主任、教工第三支部组织委员）

上商：穷则变，变则通，通则久

朱嫣嫣

冯骥才先生说，保存葡萄最好的方式是把葡萄变为酒，保存岁月最好的方式是致力把岁月变为永存的诗篇或画卷。

“我与上商的故事”犹如时光机一般，载着我们一路追随上商70年奋斗的足迹，也唤起我对那段学习时光的片段回忆。

在上商的三次搬寝：从“借船出海”到“造船出海”

在上商第一次搬寝，是1998年入学时入住共和新路1485号，寝室楼在校园的西北面。当时在校生人数少，且多为上海本地生源，住宿学生寥寥无几，因为与中专共用，床位数有限，一个寝室要住近十个人，室友来自不同专业，有的是会计，有的是企业管理，有的是营销，倒也不妨碍大家讨论的话题，相处也非常和睦与融洽。

当时除了教室、特小的图书馆以外，再有就是这寝室，尤其是寝室的后阳台，是三五好友常常聚集交心的好地方。印象里寝室楼后面有个伞厂，可能因为伞面布生产工艺的原因，后阳台总会有一层黑黑的烟灰，至今回想起来，还依稀记得那一个个灯光与夜色相互交织、烟灰随风轻浮的夜晚。

第二次搬寝室的时间是 1999 年 9 月，日思夜盼的中山西路 2271 号校区总算竣工了，有了 1997 级、1998 级、1999 级三个年级的学生。当时竣工的只是主楼，寝室楼还没有盖好，所以学习和生活的空间就都在那一幢 14 层的独幢高楼（加盖 15 和 16 层那是后话），我们就好比入住了“商务型公寓”，教室、食堂、图书馆、学生寝室都在楼里，学习、生活相当便捷。

记得当时我担任学生会宣传部长，宣传工作不像现在有很多载体，也没有任何电脑技术或者其他手段，做得最多的就是出宣传海报，纸张是同学们每个月去福州路采购回来的海报卡纸，宣传海报都是手工一笔一画画出来的，广告设计专业的学妹们本来作业就多，晚上讨论、设计、制作海报就成了很平常的事儿。这个时候“商务型公寓”就显示出了得天独厚的优势，熄灯后，大家不用出楼，只要从寝室移步到三楼东面顶头学生会办公室，就直接可以工作了。现在想想，恐怕也只有在上商才能有此经历吧。

第三次搬寝室的时间是在 2000 年 9 月，从教学楼搬到了现在徐汇校区的学生寝室。学生公寓启用，住宿环境得到了很大的改善，当年申请住校的条件也宽松了许多，住宿的学生也增加了不少。学生一多，校园文化活动自然就丰富起来，这也让更多同学的个性、能力和才华得到了展现，校园活力也越来越足。

记得当时最为轰动的学生活动，当属首届校园辩论赛和十大歌手比赛了，这与学校对学生活动的重视和支持分不开。记得首届“校园十大歌手大赛”，不但允许学生使用全新的报告厅，配备最好的音响和灯光，后台准备间和化妆室一应俱全，而且遇到困难时，时任学生处处长陈元靖老师和团委书记马鸣娟老师都会想尽一切办法，调动一切可以调动的资源，为学生解决问题。

三次搬寝室，从“借船出海”到“造船出海”，折射的是上商逢山开路、遇河架桥，求实创新、开拓奋进的创业精神。

这种创业精神，当时不仅在学校教职员工层面形成共识，也成为学生成长路上的精神财富之一。因为，学校将学生视为发展依靠的主体之一，在一次又一次搬迁的过程中，非常注重学生主人翁意识的激发。

学校成立学生自主管理委员会，建立班级卫生责任包干区，对校园、楼层、教室分片划区并由学生自主管理；在中山西路外墙脚手架拆除之前，虽然是放暑假，但是教学楼内却干劲冲天，不但老师们在做入驻大楼的准备，同学们也一起加入图书馆开馆准备，辅助开展图书编码、制码以及书目上架，这些看似微不足道的细节，却将艰难困苦、玉汝于成深深烙印在了学生心中，赋予学生们一次精神成长的历练。

从干部教育到国民教育：上商用努力托起明天的太阳

学校 1998 年实现了干部教育为主向国民教育为主的华丽转身，不仅仅是一次教育对象的简单翻牌，而是必须根据教学对象的变化及时完成教学和管理方方面面的调整与转型。

站在此点，回首彼刻，我们在校学习所得到的教学资源，无疑是当时学校能提供的最优配置。

最优的安排之一，就是配备最合适的师资。如果说硬件是基础，那么软件是关键，尤其是对于一所大学来说，师资队伍更是学校的发展之源。从当时配备的师资来看，分为三拨力量：主要部分是本校原从事干部培训及成人教育的一支教师队伍，其次是新招录的一部分青年教师，再有极小一部分，依靠中专阶段具有高校任教资格的教学经验丰富、教学效果突出的教师兼任一部分公共基础课。

从具体的课程安排来看，专业主干课基本上都是本校教师，当时商经系、财会系耳熟能详的几位老师都曾轮番进到我们的课堂之中，像顾国建、王锡麟、朱明、王妙、王伟和、王顺惠等，这些老师的教学风格比较鲜明，最大的共性就是能够深入浅出，能将理论知识讲得既生动又活泼，学生容易领会。

另外一点，就是他们对课堂的驾驭能力极强，比如朱明老师，具有一种与生俱来的气场，一进入教室瞬间就能紧紧吸住学生的眼球，朱老师授课是当时为数不多的大班课，而且是三个班合班，不但丝毫不影响教学效果，甚至听罢总有些意犹未尽。

承担专业主干课的，还有一部分青年教师，像曹静（现工商管理学院教授）、刘斌（现科研处处长）、汤毅等，他们的特点就是知识内容新，注重引领同学对商业新模式新热点的关注与思考。1999年网易、新浪都才成立不久，阿里巴巴也才刚刚起步，但是B2B、B2C、O2O等互联网热词就已经频频出现在课堂讨论中。

最优的安排还体现在组班形式上，最大的特点就是小班上课，就连公共课也几乎都是小班上课。小班上课的特点或者优势，就是能与老师们有很多的交流，尤其是在课间，老师们会跟同学们谈起自己年轻时的经历：如顾国建老师经常谈起插队、参加高考，以及在大学期间勤学苦读的经历；王锡麟老师课堂严肃、严格、严谨，结合到经济学理论知识点时，会对不同流派的理论进行荐书和导读，而课间他就用丹田发声训练和歌声来调节我们的学习氛围；承担《高等数学》教学的是姚力民老师，是当时给我们上课的老师中年龄最长的，我们背后都唤他"老姚"，姚老师课上祥林嫂般地碎碎念真是不少，但却深受学生敬重与爱戴。他们是师长，给予我们谆谆教诲，时而像家长，跟我们语重心长，时而又像朋友，幽默又风趣。他们的一言一行，一举一动都给同学们留下了深刻的印象和深远的影响。

俗话说，背靠大山，藏风聚气，当时背靠的大山，就是上海商委系统，能获得最优的安排，也得益于与商贸系统的密切关系，这在当时的实践教学安排中也得到了充分的体现。在专业实习和毕业实习环节，商经系所有的学生深入商业企业一线，华联集团、捷强集团等连锁企业都有过我们践习的足迹，正是有了这样深度的融合，接受过学生实习的企业普遍产生这样一种感觉，那就是学生动手能力强，单位用得上，留用意向强。过了这么多年，还有一部分同学仍然就职于华联、永安等当时实习的单位，也逐渐成长为公司的管理中坚。

获得最优教学资源和保障的故事还有很多，当年共和新路校区整体都是老楼，唯独一幢新落成的六层教学楼，整幢提供给我们使用；当年计算机还很稀缺，共和新路校区仅有 2 个机房，优先给我们使用；为了提升学生计算机应用能力，学校组织计算机系老师在假期为学生免费开班，培训计算机中级证书考试内容；教师自费带领学生开展淮海路商业调查，从美美百货一路看到百盛中心，深入了解上海商业服务业蓬勃态势与多层次性。这些记忆虽说都已不成连续，但有一点是可以确信无疑的，那就是上商一直在努力集聚最好的资源，托起学生的明天。

从上商获得的精神财富：与其埋怨，不如思变

我 1998 年第一次来到上商时，当时的校址在共和新路 1458 号，校门不仅没有一丝大学校门的大气与厚重，而且学校牌子还与中专挂在一起(因借用上海商业学校场地办学，所以门口悬挂了两个学校的牌子)，同学们不但能够既来之，则安之，而且都迅速调整、适应并融入学校。

（一）第一次组团参加上海市级大赛：苔花也学牡丹开

第一次代表学校参加全市层面的大赛，是上海市大学生集体舞大赛，虽然不是学科类大赛，但却是学生精神面貌在全市层面的第一次亮相。

从组团到最后决赛，前前后后整整持续了近一个学期，组团参赛一共 50 多名女生，带团训练的是徐丽娜和顾湘丽两位老师，当时大家对大赛所持态度也不一，整体士气也不足，主要原因是因为学校刚成立，不但没有名气，从全校 400 余人中拼凑的 50 余位女生非但没有专业训练不说，有些根本没有赛事的经验，所以多数是抱着参与的态度。但是，徐老师和顾老师对于大赛却非常投入，不但每天中午抓着我们练，有时双休日还要到校练习。没想到过关斩将，一路刷进了决赛，整个团队一下子士气大增，学校给大家采购演出服，在后勤上也做足了保障，大家拧成了一股绳，训练次数更紧密了，强度也更大了，每次在共和新路的室内体育馆内（其实就是个带有顶棚的简易篮球场）不到大汗不散场，千淘万漉虽辛苦，最终也获得了一等奖的好结果，全市也没几个，整个团队得到喜讯后没有不为之雀跃的，大家对于获得的认可并不简单地视作对参赛团的认可，更是对学校的一种肯定。

（二）第一次参加全国大学英语四级考试：客场应考带来的动力

第一次参加全国大学英语四级考试，是 1999 年的上半年，因为学校还没有设置考点，所以我们只能去外校参加考试，当时去的是化工专科学校（现上海应用技术大学）。球场上，固然有“客场作战”诸多不利的论断，但在四、六级考场上的客场不利因素更多的是在考试后才显现出来。从考场出来，自然而然要与本校做一番比较，做完比较后又难免失落，于是就暗暗下定决心，争取早日过线，少来一次是一次。所幸，到 1999 年下半年的时候，学校申请成为了考试考点，我们也就无须再客场应考，我也于次年在本校参加并通过了六级考试。

据我所知，当时参加四级考试同学的累计合格率不算低，尤其是英语专业的学生，获得六级优秀的学生也不少。

与上商的缘分是注定了的，时任学生处副处长陈屹军老师在我入职本校一年后告诉我，当年公安高等专科学校曾也想调我的档案，但未成。试想如果当时没来上商，也就不可能留校，那可能我的人生也就与现在大不同了。

在校时间 23 年，与上商一起成长，我深感荣幸！

在经历了很多个第一次后，很多时候会产生和上商同命相连之感，这或许是因为上商的发展与我个人成长存在相似和相通——我们的起点都不高，但是却始终努力突破自己的瓶颈。

再看看，当时第一届的三百多名学生，不但没有一个因挂科或其他原因肄业，而且都在毕业前夕成功就业。现在这些同学，有的成为律师事务所高级合伙人，有的成为公司销售总监，也有的自主创业……

回望当时这些同学的成长足迹，在他们身上找到了一个共同点：那就是他们都不因现实环境所惆怅，更愿意用“与其埋怨，不如思变”的态度来思考未来人生。

这也恰如上商 70 年一路走来的历程，与其埋怨客观环境的不如意，倒不如自我革新，生生闯出一条路来，正所谓穷则变，变则通，通则久。

鸣谢：史渊（营销 1998 级学生，现供职于 eBay）；魏德敏（广告设计 1998 级学生，自主创业现为珠宝设计师）；魏玫玫（本校教务处老师）；张永红（企业管理 1998 级学生，现本校财务处副处长）。

（作者朱嫣嫣，上海商学院商务经济学院党总支书记）

“爱贵”首次赴黔支教的前前后后

罗　焮

2008年9月的上海，闷热而心焦。走出虹桥机场，一个陌生世界迎面扑来。第一次远离故乡的山区孩子，惊感于夜上海的炫丽；陌生而巨大的城市，百里华灯更衬现出羞怯，思乡的情愫和离家的孤独。我就是这样怀着对大学新生活的好奇和欣喜，走进了上海商学院的校园。

懵懵懂懂、混混沌沌，我度过了大学生活的前两年，转眼就来到大三。一天早上醒来，前一晚说好要集体睡大觉的三个室友，已经不见了踪影。他们准备考研用功去了，寝室空荡荡的，只剩下一个无所事事的灵魂，和摊在床上懒惰的身体。室友们的发奋努力，更加提醒着我，再过一年，就要离开这里了。

“我们要离开了?!”虽然少了些刚来时那种思乡情感。

“我为什么来到这里？我为什么能来这里?!”让我一下子自问起来。我不能就这样回去，“我要整点钱回去！对，一定要为家乡做点什么!”我不想就这样走了，不甘心。那时，真就是这样自私而单纯的想法。

“我们都是贵州人，来到这里读书，看到这里的好。大家都晓得，贵州的标签就是穷，屋头(贵州方言：家里、家乡)还有恁多穷的孩子，既然我们出来了，就要想办法帮助他们，让他们和我们一样，有条件能出来读书见世面……”

第二天，在我召集的20多个贵州籍校友碰头会上，我拿着贵州贫困孩子的生活照片，说着慷慨激昂的话，希望能够打动他们和自己一起“干番大事”。然而，现实和想法不仅有差距，而且往往大出所料。大部分人保持沉默、事不关己，剩下的也是质疑声一片。

“我不管，既然决定了，就要做，你们愿意就来帮我。这个星期，大家发动一下，收点书或其他可以卖的东西，我们下个星期在学校女寝门口搞义卖。”这段话结束了“争论”，那时的我，除了一腔热血，再无半点把握。

过后，我找了辅导员孙明遐老师，上海籍的同班同学严浩，他们都给我很大的支持。慢慢地，贵州籍校友也开始联系起来。大家把收来的旧书和物品，找了地方堆放好，又准备了宣传资料。事情似乎一切向好了。

因为忐忑不安，所以还清楚地记得义卖那天是星期四。早上就逃课去布置现场的我们，即使被烈日灼得伤痛，也个个激情满满。食堂旁边小卖部，那个被我们天天“怨骂”卖高价粽子的阿姨，第一个就过来捐了500元，还送了一箱矿泉水给我们解渴。感动就这样开始。

下课了，路过的同学们越来越多，很多都过来帮助我们。正当顺利之时，来了校学生会的两个同学，说我们私自募捐，收走了我们的募捐箱。还好，很快找学院老师帮忙，办理好了正式手续。事情得以顺利完成，总共募得一万四千多元。

以为一切即将结束的时候，故事其实都还没有开始。临近暑假，募捐的钱要带到贵州去。我一边抓紧联系贵州当地的公益组织，希望能给我们一些帮助。一边在学校张贴小海报，招募暑期支教志愿者。很快就有了回应：任赞、徐忠雁、马昊哲、顾欣、林璐璐、胡益、张筱檬、林盈文。这是“爱心贵州”第一批志愿者名单。

我给后来很多届的志愿者都说过，如果你在大学里有5个最重要的朋友，那其中3个一定都是在“爱心贵州”认识的。“爱贵”

还有一个别称，叫作“红娘社”。很多年后，我们在一起开玩笑，林璐璐曾说：“来爱心贵州的人都很善良，都很傻，傻傻的就都在一起了。”许多道理也是后来才能够明白。上述以及后来加入的，我们渐渐变成了亲人一般，影响着彼此的人生。

我们 9 个人，每天晚上在教室里讨论着支教的事情。一起吃饭，一起争论，一起在小花坛边思考人生，从此开始了漫长的“纠缠”。

第一次不幸的打击，就在赴黔支教要成行前的一个月，我打篮球脚踝肌腱撕裂，送到奉贤区人民医院，医生说要动手术上钢钉。支教时间已经快到了，动手术意味着一切都不可能了。我死活不同意，募捐的时候那么多人帮助了我们，不能辜负了他们的爱心和希望。

突如其来的意外，离家在外的孩子们更多地是茫然失措。大家都无助地在医院等着，耗了三个小时左右，最后决定再去擅长骨科的市六医院看看。屋漏偏遭连夜雨，不幸途中又发生了车祸，还好不严重，到医院的时候已经晚上 11 点左右了，右脚踝已经肿得不行了。

我至今还记得接诊医生的样子，第一句就哀求他可不可以不要做手术。那是一位年轻的男医生，很温和，看了 X 光片后，说必须打石膏，卧床休息保养 50 天。当时真的高兴得差点跳起来，现在想起来，都还是那么感激那位医生。

那时候微信还没有流行，手机连智能机也很少。右脚膝盖以下全是重重的石膏，也顾及不了那么多，真怕其他志愿者气馁了。才第三天，我就下了床，拄着拐杖去和大家在 2 号楼开会。

准备工作基本就绪，转眼就快到暑假。我提前丢掉了石膏，一瘸一拐地去找辅导员老师：“老师，我们准备去支教了，我来拿一下我们募捐的钱。”“你们不能去了，考虑到你们的安全。”第二天，就要求我们退掉火车票。

第一次有一种绝望的感觉，一群人一大早就坐在小花坛边。大家说是商量，却没有一个人说话，只有两个女生一直在哭。烈日直晒着，也毫无知觉，用“五味杂陈”根本难以形容当时的感受。昊哲和筱檬已经去上海南站退火车票的路上了。不在沉默中死亡，就在沉默中爆发。

不经意时的一个大胆想法，有时可以改变人的一生。我拿起资料向行政楼走去，要到校长的办公室去碰碰运气。五楼的好多门都紧闭着，压抑的气氛，让心情变得更为紧张。走到一间开着的房门前，一位女老师看见了我。我怯怯地探过头去，小声地陈述理由。

“好吧，你把资料放我这里。校长不在，来了我会给他的。”明显是让我离开办公室。我怎肯离开，只得挪到楼道口接待区的椅子上坐着。想象着同伴们现在的状况，猜测着他们的想法，是否还在那哭泣。就这样，我一个人坐了一两个小时……五楼的过道上，满满的都是空调的冷气，偶尔有两三个拿着文件袋的人匆匆走过。

正要绝望的时候，突然听见楼道里传来脚步声，沉稳而有力，一个超有气质的人转身进了我一直紧盯着的办公室。第一个闪过的念头，肯定是新来的朱校长。“不管那么多了，再晚可就来不及了。”我赶紧跑到那位女老师的办公室，悄悄“偷”出了之前交的资料。

来到校长办公室门口，深吸了几口气，轻轻敲了几下房门。“请进。”我这一次不仅胆怯少了很多，更增加了几丝兴奋。推开房门，校长示意我坐在办公桌前的沙发上，先和我闲聊了几句，又问明来意。我既委屈又期冀地讲着一切，生怕换不来丝毫的同情。校长一直在看文件，表情没有丝毫的变化。看着这一切，还来不及想其他的，只见校长拿起了电话：“许瑛瑛老师，你到我办公室来一下。”说完继续看文件。焦急不会让时间过得漫长，只会让人记不起当时的情景和所思所想。

片刻,许老师就到了,坐在我旁边的沙发上,相信当时的许老师和我一样懵。“这是哪一出,是要把我当‘上访’学生领回去吗?!”没等我多想,校长就说话了:“许老师,这些同学准备去贵州开展社会实践活动……”我只听清了最后一句话:“准备一下,作为带队老师去贵州。”难以形容当时那一刻的心情,而欣喜如狂,依然是如今每次想起的感受。

“校长,我还有个请求,有两位志愿者要军训,能不能给他们请个假和我们一起去。”我话音未落,校长突然站了起来,很“严厉”地说:“你就不要和我讲条件了哈!”他说完,提了一提皮带(经典动作,至今尤记得)。生怕校长反悔的我,连声感谢,赶紧告别出门。

“等一下,贵州毕节,我有个学生在市政府,我会打电话给他,请他帮助你们的。”就在我出门的时候,校长叫住了我们。我参加工作的几年以后,才懂得当时学院老师对我们安全的担心,才明白校长委托校团委书记和孙明遐两位老师带队去贵州支教,是对我们多大的关心。至今清晰记得,踏出行政楼大门的那一刻,阳光是那么的灿烂!

这次是我第一次见朱校长。毕业典礼的时候,我在贵州参加公务员招考考试,没能回校参加,遗憾失去了在校见朱校长最后一面的机缘。很想对他说一声感谢,这声谢谢,已经深埋在心中十年了。

支教的是一所非常偏远的贵州山区小学,从贵阳火车站坐了5个小时的汽车,又步行了一个小时才到达。

这一次的经历是让我们这行人终生难忘的:男生们一张报纸垫在水泥地上,就睡了一个星期;第一天就被臭虫咬得两腿红肿的许老师。

最让我这个贵州人惊讶的画面,还是拿出火腿肠,当地学生问我们这是什么,怎么吃的时候。

昊哲说,公益是条“贼船”,上了就永远回不了头。是的,我们不是去暑期实践旅游，不是去自我感动。

经历目睹的一切，更加地坚定了我们的心，更加去思考我们的社会责任。上海商学院“爱心贵州”大学生公益组织，也就从这里开始。

记得流通经济学院周院长上课的时候问我们：“你们知道上海商学院是商科学校，那‘经济’二字，你们知道是什么意思吗？”举座茫然，直到周勇院长在黑板上写下“经世济民”四个大字。

“济民”，何以济民？从那时起便是我时常思考的问题。我想，应该就是我们这代人的使命与责任。在这个追求“拥有”的世界里，我对每一届“爱贵”社员反复强调：“得到多少是你的能力，但付出多少才是你的价值。”

而且，路总要有人走，还要有人先走，爱心贵州就这样，以“常怀感恩之心，让每一朵花都拥有同样的阳光”为宗旨，走过了第一个十年。

十年，只是简单两个字，却包含着无数喜悦与艰辛，想说的太多太多。一届又一届的“爱心贵州”社员，一年复一年的默默付出着，在学校收集矿泉水瓶，回收旧衣服，拉募捐，放电影……五分一毛的攒钱，只为了给两千公里外的山区孩子们带去哪怕微弱的温暖。

十年，我们到过贵州山区 100 多所偏远学校，帮助师生上万人，一对一帮扶 282 人；捐赠校服、雨靴上万套，通过或者直接由“爱心贵州”帮扶资金 1 千多万元。可我们从未曾忘记母校，每到一处，都告诉当地学生们，我们是上海商学院的学生，鼓励他们一定要好好学习。告诉他们，哥哥姐姐们不需要你们回报，只希望你们有能力，要学会去帮助其他人。

（作者罗焮，上海商学院法学专业 2012 届毕业生，爱心贵州社团创始人）

舞龙：上商校园的热血青春

戴荣安

虞玉华老师发来上海商学院70周年校庆征文的消息，说让我写一点关于舞龙的回忆，这让毕业多年的我，思绪又翻回到上商时光。

不得不说，舞龙社是我最不后悔加入的一个社团。

即使毕业多年，那段舞龙时光，也始终让人无法忘却，正应了那句："许多念念不忘，都在一瞬；许多一瞬，却是念念不忘。"

因舞龙锤炼出来的血性和坚韧，早已刻在了骨子里，流淌在血液中，在每一次与生活苦战时，那份血性和坚韧，始终砥砺着我。

我与舞龙的不解之缘

2013年读大二时，我体质还比较差，想着强身健体。抢选修课时，刚好看到有舞龙课，眼前一亮，冒出一句："这种奇葩课也有？"

然后，不假思索地选了羽毛球课。不料，羽毛球课抢的人太多，我被踢出来了，无奈之下，只能选了舞龙课，毕竟不能跟学分过不去。

教舞龙课的是俞老师，灵活的身段，健硕的肌肉，磁性的嗓音，沙雕的性格，又怎能不让人心生欢喜呢？

他播放了一段舞龙的介绍视频，配着慷慨激昂的背景音乐，成功唤醒了我的决心——民族非物质文化遗产传承，舍我其谁！

看时机成熟，俞老师提出了想组建舞龙队的想法，原以为大家会争先恐后的加入，等来的却是鸦雀无声。

我讪笑一声“凡人！”后，骄傲地往前迈了一步，随后很多小伙伴不甘示弱，也加入了进来。

上海商学院第一支舞龙队成立了。

舞龙队初露锋芒

有些事，我都已忘记，但舞龙队最初的那几场“战役”，我还记得。2013 年秋天的那一届校运会，是我们龙队第一次“亮相”的日子。作为运动会的开场表演，大家都既紧张又激动。每个人口中都默念着各种难度动作的次序，“八字舞-快腾进-慢腾进……中国龙”，表演还未开始，每个人额头上都沁出了层层汗珠，十八九岁少年们的脸上也泛着红光，俞老师站在一旁，讲解着龙的行进路线，给大家打气。

或许是同学们第一次看到舞龙表演，又或许是我们的颜值惊呆了众人……

总之，那一次我们舞龙队表演大获成功。我分明感受到了妹子们的欢呼，老师们的赞叹，以及男孩子们脸上写着的——“为什么我当初没加入舞龙队”的悔恨。

一炮而红后，作为队伍里平淡无奇的我，也收到了不计其数的妹子申请添加好友的消息。

从那以后，上商舞龙队也算是小有名气，大家萌生了建立社团的打算，毕竟有了社团之后，也方便招新。

舞龙社为“上商”争光

2014 年我读大三，舞龙社在各方协调之下终于申请成功，从只有一支男队，到后来男、女都各有一队。

社团招新的时候，各个社团大显身手，而最拉风的只能是舞龙队。“龙腾九霄”造型一摆，收走了所有同学的目光，但也仅仅是目光而已——报名的人很少。

因为舞龙不算轻松，要牺牲玩乐的时间，要有强大的体能，要愿意吃苦。这无疑成为一道筛选门槛，最终加入社团人很少，但大多数人都坚持到了最后。

每周固定时间训练，有过欢笑，有过争吵，汗水混着泪水，洒满了体育馆的角角落落。但付出终有所得，我们斩获了许多奖项。

我们的舞台从学校足球场、体育馆、146 舞台厅，变成上海市，再到全国赛场。

我们从名不见经传的学校队伍，成了上海市知名舞龙队，后摇身一变成为全国赛最强黑马。

我们从不被理解，到让人佩服，到最后学校以我们为荣。

不过现在来看，那些明晃晃的奖牌、奖杯、奖状，都不值一提。并不是我视名利如粪土，而是有更重要的东西值得回味——那段舞龙时光、那份龙队情谊。

友人说，你年龄大了，就喜欢回忆。要知道“回忆是最不靠谱的东西”。

但我更愿意相信这个说法——喜欢回忆的人都是深情的人。

有良师，有益友

回答我一个问题："你有比另一半还值得信任的朋友吗？""如果有，那有几个？"

我有 20 多个。

我是龙的第四把位，大家都叫我一声四哥/小四。不过，毕业之后，已经好久没听过这个称呼了。前不久和龙队的朋友们聚会，被叫四哥的时候，我先是一惊，然后不禁莞尔。

龙队里流传着一句话"聚是一团火，散是满天星"，这也是在说我们的凝聚力。

精彩的难度动作，离不开队友间的互相配合，和我主要配合的搭档是李明江，说来也巧，这家伙和我同年同月同日生，只恨他不是女儿身啊，不然我娶了。

他真的很重，作为底盘，要承受他的挂腰、踩腿、搁肩，我真的太难了。不过，我现在抚摸着我健硕的二头肌、三头肌、腹肌、背阔肌、三角肌等，或许也有当初他的功劳吧。

龙队里大多数时候都是其乐融融的，但也偶尔会有小争吵，这里我匿名重点喷一下两个东北老哥，火气真的大，不过仅仅是脾气大了点，对待舞龙还是很认真的，也很有责任感。

写到这里的时候，才发现女队还没有说，由于篇幅原因，我就略写了。

令人惊讶的是，舞龙这项难度大、枯燥无味的运动，女队竟都是美女，毕业多年仍百思不得其解，姑且认为：美女的心思，常人猜不透吧。

可不要以为女队比男队轻松，女队的训练节奏和男队一样，龙头蒋同学真是辛苦，犹记得当初她来舞龙的初衷是为了减肥×斤，恭喜她成功了200%。

女队龙珠，也是我们的舞龙队社长陈同学，她至今单身，有意者加她微信的，联系我（陈同学，广告费记得打一下，话我带到了）。

其实最应该提的，是我们的两个老师：俞老师和虞老师。

俞老师，就是我开篇提到的，真名俞宇，大家都唤他老大/鱼鱼，是舞龙队名正言顺的师父。虽然我的姓名，他10次有11次念错，但我不怪他。作为外聘老师，经常辗转两个学校手把手教学，编曲舞龙音乐，着实不易。

虞玉华老师，大家都尊称"皇阿玛"，大抵是大家感动于他"爱学生如子"的缘故吧。第一次见到他是在羽毛球课上，是的，他也教羽毛球，在我还没有加入舞龙队的时候，羽毛球我打得很烂，经常接不住球，虞老师那时候很严肃，但教学很尽责。接触舞龙后，又遇见虞老师倍感亲切，有了在舞龙队训练，体质提升的加持，我全场一打二也丝毫不虚了。

至今还怀念暑假训练时，"皇阿玛"煮的那碗绿豆汤。

说这两位老师，为龙队呕心沥血有些夸张，大概就是赴汤蹈火、鞠躬尽瘁吧。

我不是很想谈什么"非遗"文化、国家瑰宝之类的言辞，这离我们似乎太遥远了。诚然，舞龙这项运动之于国家，确实如此。

我更想说的是，舞龙给我带来了什么？一是底层自律能力；二是师徒战友情；三是让人艳羡的身材。

首先是底层自律能力。在这个互联网时代，信息是爆炸的，知识是过载的，观点是鼓噪的，热点是速朽的。而反过来，专注在一件事上，精益求精、持之以恒的态度和行动，则是最稀少和珍贵的。

坚持舞龙，能培养你的底层自律能力，让你学会持之以恒地做一事，能力是可以嫁接和迁移的，有了这层能力，你完全可以迁移到其他事项中去，当别人在刷手机、追剧追星的时候，你已经有了自己的学习和生活规划，并能付诸实践。

其次是师徒战友情。有人说，一起哭着吃过饭的人，是能够走下去的。我要说，一起舞过龙的兄弟姐妹们，是不会忘记的。

舞龙队的队员们，甚至比大学室友还要亲。

再次是让人艳羡的身材。除了训练辛苦些，我自己也是自律的。只是舞龙给了我一份自律的土壤，有队友陪伴，有人给你加油鼓劲，稍有肥胖，队友就开始损你了。不能松懈，时刻保持身材，吸引他人目光。

有许多想说，却有些词穷了。舞龙队中的苦与乐记忆充斥着我整个大学青春，那里有我最热血的时光和最可爱的队友教练们。

愿队友们一切都好，母校蒸蒸日上地好！

（作者戴荣安，上海商学院市场营销专业 2016 届毕业生，司职上商舞龙队四把手）

下篇　往事撮要

一、红色基因　商道使命

——上海商学院“伟大工程”示范党课

导　课

（李爽、曹程柯：）九月的上海商学院，秋高气爽，桂子飘香。在喜迎国庆到来之际，我们在这里隆重举行“红色基因，商道使命”上海商学院“伟大工程”示范党课。我们备感振奋，备感激动。

首先，有请中共上海商学院党委书记沈大明同志导课。

（沈大明）在学校深入推进“四史”学习教育之际，今天我们在这里开讲市教卫系统“伟大工程”示范党课——红色基因，商道使命。首先，我代表学校党委，对市教卫工作党委领导、各兄弟高校同仁的莅临指导表示热烈的欢迎！

红色基因是中国共产党和中华民族的精神内核，蕴含着我们党的信仰、宗旨和追求，记录着党和人民的血肉联系，是激励我们不忘初心、砥砺前行的强大正能量。党的十八大以来，习近平总书记多次告诫全党同志“不能忘记红色政权是怎么来的、新中国是怎么来的、今天的幸福生活是怎么来的”，一再叮嘱“把红色基因传承好，确保红色江山永不变色”。

高校作为大学生思想政治教育主阵地，肩负着培养德智体美劳全面发展的社会主义建设者和接班人的历史使命，把红色资源发掘好、把红色故事宣讲好、把红色基因传承好，是教育引导广大师生坚定理想信念、筑牢思想根基的重要任务，责任重大，使命光荣。

上海，是党的诞生地和梦想起航地，是一座红色资源丰富的光荣城市。上海商学院作为一所应党的任务需要、应时代发展需要、应城市治理需要而诞生的商科院校，从诞生的那一刻起，红色基因就已融入血脉、薪火相传。今年是学校建校 70 周年。70 年来，学校始终做红色基因的传承者、发扬者和践行者，始终与党和国家的发展同向而行、同频共振。新中国成立初期，学校为党和政府培养了大量高素质的财经人才；改革开放初期，学校为上海城市发展和经济繁荣输送了大量企业管理和行业干部；自 1998 年开展国民教育以来，学校又为中国的现代化事业培养了数万名优秀商科人才。上海商学院 70 年的办学历史，就是一部秉初心担使命、与国同行、攻坚克难的创业史，是一部赓续红色基因、深耕商科教育的奋斗史。

“一切向前走，都不能忘记走过的路。”自入选市教卫系统“伟大工程”示范党课第 2 季建设项目以来，学校党委高度重视，认真梳理学校发展历史中的光辉事迹，积极组织相关部门和学院多次集体备课和反复打磨，最终形成以“红色基因，商道使命”为主题的示范党课。

本次党课共有三个篇章，分别是：不走寻常路、奋进新时代、初心永坚守。通过深入挖掘、展示丰富的校史资源，并与“四史”学习内容紧密结合，生动地再现了学校从创立初期的筚路蓝缕到新时代崭新面貌的发展历程，展示了示范党课的思想政治引领功能。

接下来，就让我们跟随每一位讲述者，一起回顾学校与时代共呼吸、与国家共命运、与上海城市商业共发展的峥嵘岁月。

(一) 不走寻常路

(李爽、曹程柯)回望梦想,叩问初心,上商人红色基因一脉相承;倾洒热血,奉献年华,上商人风雨兼程不走寻常路。

上海商学院,应城市发展的需要而诞生,应党的任务需要而诞生。心有所向,方能行远。从诞生的那一刻起,我们的学校,我们的师生就开始了对真理和信仰的探索和追求。

当年上党课

[情景](上课铃声)四位穿着制服的青年学生坐在教室课桌前,两男两女。(耿同麟)耿校长:上课!学生起立、鞠躬,"老师好!"

耿校长:同学们好!感谢各位青年才俊选择了我们这所年轻的学校,今天由我来给大家上第一堂课。在正式开讲之前,我想先问大家一个问题,你们为什么选择了我们学校?

女生1:为了光宗耀祖,给父母脸上争光。

女生2:为了建设新中国!

男生1:为了将来能找一份好工作,挣钱养家,替父母分忧。

男生2:我来这就是为了为全国人民服务的!

耿校长:很好,我听到你们有的人是为了学本事,有的人是为了养家糊口,有的人是为了父母,有的人是为了建设新中国。但我希望大家明白几点:我们学校是一所什么样的学校?它是和新中国一起诞生的;我们为什么要来这里读书?将来要成为什么样的人?这样,我给你们讲讲我的故事:那是1936年的秋天,我还是一名中学生,"七七事变"爆发前的北平城暗流涌动,一场风暴即将来临……

（李强）刚才这位给新生上第一堂课的老师，就是我们的创校校长耿同麟。

1950年初，耿同麟奉上级党组织的命令，要在刚解放不久的大上海建一所我们共产党自己的财税干部学校。当时一没校址、二没教师、三没学生，建学校谈何容易！耿校长带领十位教职员工，在上级领导的支持下，迎难而上、不走寻常路，在很短的时间内，一所红色学校——中央税务学校华东分校建成了，这正是我们上海商学院的前身。

2019年岁末，我和学校的几位同事拜访了93岁的戴诗瑞女士——戴老是我们的老校长耿同麟的夫人，她本人也是1950年创校团队中的一员。戴老给我们讲了很多当年他们不畏困难、艰苦创校的经历，给我印象最深的就是耿校长“第一堂课”的故事。戴老说，我们学校是伴随着新中国的诞生而创建的，与新中国的经济建设密切相关。学校有一个非常好的传统，那就是新生第一堂课总是由耿校长亲自来上。

耿校长在这堂课上会讲些什么呢？中心内容只有一个，即让学生明白来这所学校学习的目的是什么。在耿校长看来，一所为新中国、为党培养人才的红色学校，它的学生如果不坚定拥护中国共产党，如果没有树立全心全意为人民服务的信念，那么它是不成功的，培养的学生也是不合格的。耿校长这堂特殊党课，就是要开宗明义，统一大家的认识——我们来到这里学习不是为了光宗耀祖、不是为了个人私利，而是为了建设新中国，为了全心全意为人民服务。

耿校长是一位身经百战的老革命，中学时代就参加了革命，上课时他喜欢结合自己的战斗、成长经历来讲，有理有据、娓娓道来，特别容易引起学生们的共鸣。戴老告诉我们，耿校长的课很受学生们的欢迎。

戴老虽然已经九十多岁了，但依然保持着读书看报、关心时事的好习惯。她说，习总书记不是要求我们“不忘初心，牢记使命”吗？这其实正是我们共产党人的优良传统，也是我们学校的优良传统。耿校长为新生上第一堂课，就是帮学生认清自己的初心、认清自己的使命。初心和使命搞清楚了，他们将来才可能真正成为建设新中国的有用之才。

艰苦奋斗，迎难而上；对党忠诚，服务人民——这是老校长开学第一堂课对学生的谆谆教导，这也正是我们的初心、我们的使命。

校训引领，一路芳华

（李爽、曹程柯）不忘来时路，方知向何行。上海商学院的校训见证着学校的历史，凝聚着学校的理想和追求。今天，让我们回望当年的校训，回望我们初心确立的时刻，重温我们梦想的启航。

［情景］（两学生上，经过校训石）

生1：学校最近在搞摄影比赛，有的同学拍的是蓝天映衬下的天鹅湖，都美翻了。我想拍点特别的。拍点什么呢？

生2：欸，我们拍校训石怎么样？

生1：校训石？我们试试吧！（拍照）

（王进庄）师：同学们好！

生：王老师好！我们想参加校园摄影比赛。我们对学校的校训很感兴趣，您能和我们说说学校校训的来历吗？

师：你们很有眼光嘛！校训确实伴随我们一路走来，凝结着一代代上商人的最美芳华。我校的第一个校训，就很能够说明问题。

生：那我校的第一个校训是什么呢？

师：1950 年，我校的前身中央税务学校华东分校刚刚成立时，提出的第一个校训是这么八个字："忠诚、朴实、廉洁、勤能。"

生：哦，"忠诚、朴实、廉洁、勤能"。

师：忠诚，是指对中国共产党、对人民事业、对革命一条心；朴实，是必须发扬的革命优良传统。你们认为廉洁、勤能指的是什么？

生：廉洁，是不是因为我们学校的前身是培养税务干部的，做税收工作要与钱打交道，很容易犯错误，所以必须清廉？

生：勤能，指的是勤恳工作，提高效能？

师：你们理解非常正确，要给一个大大的赞。你们看，这就是我们创校时期的校徽，上面写着中央税务学校华东分校，校训的文字也被设计在了校徽上，而且是和国旗、国徽的元素结合在一起的，合起来表达了一种党在心中、国在心中的丰厚意蕴。

生：哦！

师：你们猜猜，校训的提出者是谁？

生：我们猜不出。

师：校训的含义这么深刻，你们可能以为它的提出者是高屋建瓴的政治家，或者是才华横溢的艺术家，或者可能就是一位热血青年。其实，今天这个问题已经考证不出了。但它就像一面镜子，照射出创校团队坚如磐石的共产主义信仰，记录着他们用初心铸就的芳华岁月。

生：原来在校训的背后，还有这么多精彩的故事！

师：这个校训引领着我校一路前行，培养出了一批批为新中国经济工作服务的人才。随着时代的发展，我们学校有了新的历史使命，我们又有了新校训。

生：厚德博学、经世济民就是我们的新校训。

生：厚德博学、经世济民都是出自我国国学典籍吧，挺古朴典雅的！

师：对，今天的校训不仅有文化积淀的光环，而且依然是引领我们前行方向的指路灯。

厚德，寓意"以德为先"的办学原则，立德树人是我校育人的第一目标。博学，是指我校要培养理论与实践紧密结合的应用型高素质商科人才。经世济民，这是指我校师生要以实现中华民族伟大复兴的中国梦为己任，勇于担当，将个人才华奉献给祖国。

生：老师，我理解了，校训告诉我们：要做一个德才兼备的上商人，毕业后造福社会，释放青春正能量。

师：对！昨天的上海商学院，曾是新中国红色税务干部的培训地，今天的上海商学院，已经是新时代改革开放的践行地；明天的上海商学院，必将是新征程伟大复兴的追梦地！这些都是校训告诉我们的！希望校训走入你们的心灵，激励着你们前行！

生：谢谢老师！我们准备把今天学到的内容记录在我们作品的背后！

师：好！好！同学们再见！

迎难而上写春秋

（李爽、曹程柯）在历史的洪流中砥砺使命，在奋进的新时代里坚定信仰，70 年来，一代又一代的上商人始终风雨兼程，执着前行。

栉风沐雨攻坚克难，顽强拼搏勇敢攀登。70 年来，一代又一代的上商人凝心聚力洒热血，迎难而上写春秋。

（方有林）改革开放，春回大地，中共中央作出《关于办好各级党校的决定》。复校的春风吹拂全国各级党校和干部学校。上海市财贸干部学校复校，校址：铜仁路 195 号。

地处南京西路、毗邻静安寺的铜仁路 195 号。校园，很袖珍，占地只有5亩。校舍，是20世纪30年代建造的老房子，是储运公司的老仓库。两层的楼房改建成几间教室、一个会议室，没有教师办公室。每位老师，只有一个抽屉的空间，用来存放教具。当时的校园、校舍，面积狭小，办学条件艰苦。今天看来，真是简陋至极。

但是，上商人的红色基因并没有褪色，干事、创业的精、气、神仍然十分旺盛，党员和干部带头，没有条件就创造条件，全校教职工以苦为乐，用智慧和汗水把全市财贸干部培训和成人学历教育搞得有声有色，培养了一大批德、才兼备的商贸管理人才。培训干部数万人次；获得学历文凭的学员4 000多名。一大批政治、业务骨干，走上商贸管理的重要岗位，有的担任领导职务。

干部培训、成人教育的十多年时间里，学校涌现了一大批埋头苦干的党员和干部，传诵着许多可歌可泣的感人事迹。尤其是学校在“转制”过程中，更是书写了迎难而上的新篇章。当年，担任上海财贸管理干部学院校长助理的董惠良教授，就是这样一位见证者和亲历者。有请董惠良教授。

（方有林）董老师好！请您回顾一下20世纪90年代中期，学校“转制”高职教育的那段时光。

（董惠良）20世纪90年代中期，上海步入改革开放的快车道，学校也面临由成人高校转制为全日制高校的关键时刻，由于体制、资源等客观原因导致转制过程异常艰辛。

在种种意想不到的困难面前，学校筹建小组没有退缩，在当时的上海市财贸办、上海市教委的全力支持下，我们废寝忘食，不分白昼黑夜，在理解吃透国家文件精神的基础上，通过充分的调研，写出了几万字的申报材料、整理了相当数量的佐证材料。

在国家教委组织的专家评审团的评审会议上，我们提交的申报材料得到了专家们的一致认可，专家对我们学校迎难而上的精、气、神给予了充分的肯定。1998年3月，国家教委正式发文批准成立上海商业职业技术学院，学校完成了由成人高校到全日制高校的华丽转身，成为上海第一所大专层次的职业技术院校。这次华丽的转身，是上商迎难而上红色基因的又一次传承。

随后，学校又积极引进国际职业技术教育的先进理念，1998年与澳大利亚TAFE的北悉尼学院签署了合作办学协议，确立了上海第一个高职层次职业技术教育的中外合作项目。

（方有林）董惠良教授的深情讲述，把我们带回到20多年前学校“转制”高职，上商人迎难而上的那段峥嵘岁月。董老师形象地描绘了上商人传承红色基因、勇担商道使命的壮美画卷。

如果说，转制成功，标志着第一次创业的成功，那么，升格为本科就是第二次创业。

我亲身感受到，徐汇新校区投入使用，办学硬件改善，办学质量提升，全市、全国的高职学生蜂拥而至，占地仅有25亩的徐汇校区又不堪重负了。

面对新困难、新问题、新机遇，是选择小富即安，还是选择再次创业？以方名山书记为班长的校级党政领导班子，没有犹豫，义无反顾地选择了二次创业，迎难而上，继续前行。

为了顺应普通孩子上大学的迫切愿望，学校继续扩招，2002年迁入奉浦校区办学，短时间内达到万人学子规模。成绩面前，上商人没有停止自己前进的步伐，又瞄准上海和长三角商贸人才转型、升级的巨大机遇，吹响了升格本科院校的集结号。

（董惠良）在上海市委、市政府的正确领导下，校党委带领全校师生员工并肩奋斗，为了适应上海国际大都市的建设，2004年学校升格为本科层次的上海商学院，学校的发展又达到了一个新的高度。

两次艰难“创业”，八年上了两个新台阶。校园占地面积从5亩到25亩，再到325亩；学校层次从成人高校到全日制高职，再到本科高校。

成功的背后，是上商人骨子里迎难而上红色基因在新时期的发扬光大。

（方有林）这就是上商人“迎难而上写春秋”！

（二）奋进新时代

（李爽、曹程柯）在浦江的惊涛里，我们看到一种经久不息的激情澎湃；我们志存高远而脚踏实地，我们努力奋进而心有所向。正是在服务国家、服务社会、服务人民的奋斗中，上海商学院实现了自身的发展和跨越。

新时代的上海商学院，正在编织着为党育人、为国育才的蓝图之梦。有请上海商学院党委副书记、校长唐海燕为大家讲述面向未来的商学院。

面向未来的商学院

（唐海燕）70 年峥嵘岁月，70 载春华秋实，一代代上商人筚路蓝缕、砥砺奋进，取得了来之不易的奋斗成果。进入新时代，全体上商人一定传承好学校七十载为党育人、为国育才的红色基因。面向未来，我们满怀信心、抢抓机遇、补齐短板，奋力开启特色鲜明的高水平应用型商科大学建设新征程。

1. 全面贯彻党的教育方针。坚持以习近平新时代中国特色社会主义思想为指导，全面贯彻落实党的教育方针，坚定不移坚持社会主义办学方向，擦亮马克思主义的鲜红底色，将持续优化的学科体系、教学体系和管理体系全面汇聚于立德树人根本任务。持续推进习近平新时代中国特色社会主义思想进教材、进课堂、进头脑，深入实施《上海商学院“三全育人”综合改革实施方案》，坚持把思想政治工作贯穿于学校教育管理服务全过程，着力培养德智体美劳全面发展的社会主义建设者和接班人。

2. 践行"以商立校、应用为本"办学理念。推进特色商科学科(群)建设,努力实现"弯道超车"。在巩固应用经济学、工商管理学科优势的基础上,推进新兴交叉学科建设,实施学科错位发展。建立完善绩效管理、滚动发展的学科运行机制,推动"学科特区"建设。着力提升专业建设水平。聚焦建设商科特色优势专业,深化专业供给侧改革,建立完善本科专业动态调整机制,打造一流商科专业(群)。深化产教融合,探索办学机制创新,设立"校企合作试验田",着力打造一批大型政产学研用示范基地和高水平合作战略联盟,深度融合上海全球卓越城市建设,积极服务国家战略和区域经济社会发展。

3. 着力提高人才培养质量。着力构建有商科特色的思政课、综合素养课程、专业教育课程"三位一体"的思想政治理论教育课程体系。贯彻习近平总书记在思想政治理论课教师座谈会上的重要讲话精神,推进思想政治理论课内涵式建设。结合学校商科特色,针对学生思想特点,着重挖掘蕴含于专业课程中的显性及隐性的思想政治教育资源,推进思政内容与专业学科知识更好地融合,不断提升"课程思政"教学效果。深化应用型人才培养模式改革。结合学校实际,制定实施《上海商学院高素质应用型商科人才培养模式改革整体方案》,在探索提高人才培养的质量和水平方面闯出一条新路。

4. 切实加强师资队伍建设。对标新时代教师队伍建设新目标、新任务,深化政策机制改革,实施人才强校战略,启动实施优秀人才培养、人才引进"上商学者"计划,引进行业高水平领军人才等系列人才工程。建立完善"引育用管"的人事制度体系,制定落实"教师分类管理办法",修订完善教师专业技术职务聘任办法,加大现有教师培训支持力度,建立新入职教师助教岗位制度。不断完善教师荣誉体系,切实增强教师职业"幸福感"。

新时代呼唤新担当,新征程砥砺新作为。面对常态化抓好疫情防控和教育事业改革发展的艰巨任务和严峻挑战，我们每位上商人都要不忘初心，奋发有为，以实实在在的工作和学习成绩赓续红色基因，以提升服务国家经济社会发展的能力和水平，不负商道使命，以培养时代新人的实际成效体现对党的无限忠诚与担当。

育商为树人

（李爽、曹程柯）“应用为本，育商树人”，多年来我们在商科各个专业上寻求突破和超越，在优势学科上注重高质量提升，一批又一批有理想有担当的上商学子走向社会，走向祖国大地。有请工商管理学院教师党支部书记曹静老师和优秀毕业生们讲述他们的故事。

（曹静）“应用为本，育商树人”，上海商学院的专业建设始终同我国流通领域的全面改革紧密结合，培养一流的应用型商科人才。

在上海实现“五个中心、四大品牌”建设的过程中，学校不断提高办学育人水平，深化改革创新，通过搭建校企合作平台，开展产、教、学、研的全方位战略合作，一批又一批的年轻的优秀学子们正活跃在上海商业领域的各条战线，以扎实的基本功和深厚的专业素养展现着自身的才华，许多已成长为企业的骨干和精英，他们今天也来到了我们党课现场，让我们来认识一下他们。

（字幕：上海永辉超市生鲜营运组、连锁经营管理专业毕业生，孙慧忠）

（孙慧忠）今年是我在永辉的第四个年头，在校期间借助学校提供的平台，我的专业实践、专业实习和毕业实习都是在永辉进行的，学校和企业都给予了我很多的帮助和指导，让我从基层员工、储备干部、小店长生鲜经理到旗舰店店长以及到公司总部的营运负责人。一路走来很多不易，感谢母校给予的培养！

我们注重学生职业精神和职业素养的培养，抓住人才培养的核心关键，这就是上海商学院的名片，我们要把这种上商人的精神播撒出去！让学生们的成长、成才、成功更有现实意义和社会价值。

（字幕：盒马鲜生上海区市场运营专家、连锁经营管理专业毕业生，黄俭）

（黄俭）我毕业十年了，经历了从传统零售，到电子商务，到如今的新零售，大学时候的课程、实习经验，不仅让我对于零售的商品、采购、物流、销售、营运等环节相当熟悉，更重要的是四年的专业熏陶让我对这个行业有了更深的体会和职业准备，从而能在每一份工作中都占尽先天优势。

（曹静）他们是我校优秀毕业生的代表，他们不仅活跃在上海，还走向全国，特别是广大的西部地区，去到祖国最需要的地方，向实践学习，向人民学习。用青春和热血诠释着上商人的责任和担当，谱写着奉献祖国的新篇章。

（字幕：工商管理学院市场营销专业 2017 届毕业生，援藏学生，周伟）

（周伟）铭记学校的教导，奉献西部。……

（曹静）这就是我们的上商学子，我们为他们感到骄傲和自豪，祝他们的未来事业更加成功，人生更加精彩。

匠心可铸梦

（李爽、曹程柯）以信仰之心指导办学之路、用行动之力践行育人目标。培养具有社会责任、专业素养、实践能力、创新精神和国际视野的现代化人才，这是上商人的使命。

各项国际级、国家级的专业赛事是最好的检验战场。有请酒店管理学院党总支副书记姜红教授和她的团队带来他们的故事。

［旁白］世界技能大赛（World Skills Competition，简称“世赛”）是迄今世界地位最高、规模最大、影响力最大的职业技能竞赛，被誉为“世界技能奥林匹克”。酒店接待项目是第45届世赛新增的4个项目之一，参赛选手不仅要熟练掌握前厅接待的流程及细节，具备良好的应变能力，需全程使用英语进行多元文化交流、书写以及软件操作，综合考察选手前台服务技能、职业形象、英语表达、人际沟通技巧、计算机应用技能等相关能力和素质。上海商学院在全市本科院校中率先承担并积极参与了2019年第45届俄罗斯喀山世界技能大赛，被遴选为酒店接待项目国家牵头集训基地。

（姜红）刚刚我们从大屏幕中所看到的正是第45届世界技能大赛喀山的比赛现场。2021年，第46届世界技能大赛将在中国上海拉开帷幕，上海商学院作为酒店接待项目的国家牵头集训基地将再现中国选手们的风采！

飒爽英姿五尺枪，曙光初照演兵场。看，她们来了。

（陈值）大家好！我是第45届世界技能大赛酒店接待项目中国国家队选手陈值。

（吴圣爱）大家好！我是第46届世界技能大赛备战选手吴圣爱。

（连雨沁）大家好！我是第46届世界技能大赛备战选手连雨沁。

（陈值）Good morning madam. Welcome to shanghai business hotel. It's our great honor to be at your service.

（早上好，女士，欢迎来到上海商学院酒店，我们将为您提供宾至如归、温暖如家的服务。）

（吴圣爱）VIP service，banquet service and butler service are served in our hotel.

（我们酒店为您提供高端贵宾服务，顶级宴会服务，以及尊享管家服务。）

（连雨沁）If there's anything else I can do for you, feel free to contact me, I'm always at your service.

（如果有任何能为您提供帮助之处，我非常乐意为您带来订制化的服务。）

（姜红）前台作为每一家酒店的“门面”，办理入住退房、处理客人投诉、了解待客之道，这对当时并没有任何实战经验的陈值而言无疑构成极大的挑战。

从备战世赛的第一天起，我们就为陈值同学量身打造了有针对性的训练计划，整个世赛团队与她一起放弃了全部假期，展开了高强度的训练，最终陈值以全国选拔赛第一名的成绩入选国家队，将中国国旗带到了世界的赛场。

为了践行上海商学院“以商立校，应用为本”的办学理念，为了贯彻党和国家激励广大青年技能成才、技能报国的战略，我们第45届和46届世赛保障团队、技术观察员和场地经理，她们正向我们走来！

如果说喀山的赛场是陈值圆梦的舞台，那么即将在中国上海举办的第46届世界技能大赛将会有更多的小将们闪耀登场，他们将代表中国和世界的未来。

身处上海的上商人作为下一届的东道主，我们定会用匠心筑梦、传“工匠精神”，助推中国基地和商院小将们勇敢地迎接挑战，去实现2021年各项奖牌零的突破！

着眼现在，展望未来，我们正在分阶段完成（与瑞士洛桑酒店管理学院）中外合作办学项目试点推进工作，打造“1＋1＋1”本科层次人才教育改革“特区”，为入选世界技能大赛酒店接待项目的全国参赛选手，提供匹配“世赛”标准的实训场所和优秀训练导师。

中国特色社会主义进入新时代，党和国家事业发展需要培养造就大批德才兼备的人才！匠心铸梦，我们怀着一颗追求完美的赤诚之心，已经做好准备！

2021，我们来了！

奋发当图强

（李爽、曹程柯）匠心可铸梦，这是一个使命和梦想交相辉映的时代；她支撑起所有上商人向追梦出发，助力所有上商人的梦想落地开花。

学科建设是提升高校师资实力的重要途径，是发展和传播高校文化的重要载体。有请我校科研楷模、应用经济学高原学科（商务经济学方向）带头人李育冬教授和他的团队讲述他们的故事。

（李育冬）聚焦经济建设主战场、迈向上海卓越全球城市建设新征程、谱写我校商务经济学建设新篇章。在短短3年时间里我们以商务环境、商业模式和商务大数据为主要研究方向，精耕细作、夯实基础，目前我校商务经济学正朝着“全国知名，上海领先”的专业与学科迈进。

优秀的师资团队，是推动学科发展的重要力量。我校高原学科从建设初期就十分强调人才队伍建设和科学研究的国际前沿性。我们高原学科目前拥有全球爱思唯尔高被引学者、澳大利亚联邦科学与工业高级科学家、康奈尔大学杰出讲席教授、教育部新世纪优秀人才等组成的卓越师资团队。

我们的学科建设团队，不忘初心，牢记使命，精益求精，服务社会。上海商学院为“一带一路”国家合作倡议，上海“五个中心”“四大品牌”建设提供了良好的思路和建议。就像习总书记所说：“努力把论文写在祖国的大地上，将科技成果应用到社会主义现代化建设的伟大事业中。”

上海商学院的高原学科建设是一代代上商人不懈努力、追求卓越的成果，上商人传承红色基因，浇筑学科建设的根基。在今天上海商学院的学科建设中，党员青年教师发挥了先锋模范作用，在我们的高原学科队伍中，党员占比达到80%以上。党员青年教师利用高原学科平台互勉共进，逐渐成长为学科建设的中流砥柱。

他们来自学校不同学院的5个教工党支部。

（司文）我是来自商务信息学院教师党支部的司文，是高原学科大数据研究方向的成员。目前研究物联网在健康领域的应用。在工作中坚持把立德树人作为中心环节，把思想政治工作贯穿教育教学全过程。

（顾振华）我是来自商务经济学院教师党支部的顾振华，是高原学科商务环境研究方向的成员。大力营造良好商务环境是我国对外开放的长远目标。

（张晶）我是来自商务信息学院教师党支部的张晶，支部书记，是高原学科商业大数据研究方向的成员。作为新时代的高校教师，要坚持用习近平新时代中国特色社会主义思想铸魂育人。

（黄和平）我是来自酒店管理学院教师党支部的黄和平，是高原学科商业模式研究方向的成员。求真务实，使我们的教育和科研更好的服务国家与人民。

（于晓爽）我是来自财务金融学院教师党支部的于晓爽，是高原学科商务环境研究方向的成员。作为党员教师，用科研和创新去支撑学科和经济的发展，是我的光荣使命。

（李育冬）这就是我们上海商学院高原学科的共产党人，肩负着科教兴国的伟大使命和历史重任。“中国梦是我们这一代的，更是青年一代的”，我们凝聚学术正能量，商道使命永传承。

（合）凝聚学术正能量，商道使命永传承。

（三）初心永坚守

抗疫三代上商人

（伊铭）今年，一场突如其来的疫情打乱了我们的教学和生活秩序。面对疫情的肆虐，有这样一群上商人，他们用实际行动构筑起同心相助、抗击疫情的“铜墙铁壁”。这其中既有入党几十年的老党员，也有在疫情中接受党组织考验的入党积极分子。既有从教多年的教师，也有刚刚走进校园的大学生。他们平凡而伟大，他们用自己的方式彰显出了上商人的担当与作为，吹响了“与疫情赛跑”的集结号！

［情景一］（居委会办事人员小丽正忙着，冯国樑老先生缓缓走入）冯国樑：哎，小丽！

小丽：哎，冯老先生您好！您怎么来了呀！天气这么凉，您怎么出来了呀！

冯国樑：我……（拿出信封）这个你收着！

小丽：啊，这是什么呀？

冯国樑：我，我的捐款！

小丽：（撑开信封看，震惊状）这么多啊，不行不行，您老的心意我们领了，但是这钱我们不能收，您能照顾好自己就是我们最大的心愿。

冯国樑：哎呀，小丽！这钱，是我们老两口的一点心意。看着你们防疫工作那么辛苦，整天忙来忙去的。我们也做不了什么！这钱，你收着，收着！用它给一线防护人员购买一些防护用品，祝我们早日打赢这场战役。作为一名老共产党员，我也想为国家出一份力！

小丽：那行，太感谢您了冯老先生。一会儿我就把这钱交给主任，把它和其他捐款物放在一起。那我先送您回家吧冯老先生。您要记得，回家第一件事一定要先洗手消毒。还有啊，这么冷的天，没什么事儿您千万别一个人出来。平时买菜什么的直接打电话给我，给您买好送去……

[情景二]（敲门声）（书记）请进！

（王岩）刘书记。

（书记）哎，王老师！快请进！

（进入办公室 王岩）刘书记好！刘书记您现在忙吗？我有个事情想和您说一下。

（书记）没事儿没事儿，王老师快请坐。

（王岩）谢谢书记！

（两人入座）（书记）王老师最近还好吗？家里都挺好的吧？

（王岩）我挺好的。家里都挺好。谢谢书记关心！我也向书记汇报一下，最近的疫情很严重，我报名参加了抗疫志愿者活动。

（书记）哦，这个事情我知道。听说你积极参加抗疫建言献策活动，提出的建议还被推荐给市政府了。干得不错！

（王岩）哪里哪里！疫情这么严重，无论是医务工作者，还是警务工作者、社区工作人员，所有人团结一心，共同抗疫。作为一名高校教师，这是我应尽的责任。

（书记）确实，这次疫情这么严重。我们学校的各个部门、老师、学生都在积极行动，共同抗疫。

（王岩）书记，其实我今天来有一件最重要的事想向您汇报。

（书记）嗯，你说！

（王岩）我想申请入党！

（书记）好啊！这是好事儿啊！

（王岩）其实，我早就想申请入党，但是一直觉得自己的觉悟还不够。在抗疫中，我看到，冲在前面的是共产党员们！我听到他（她）们说的最多的一句话是：我是党员，让我先上！我受到了很大的鼓舞！所以，今天我鼓起勇气，我想郑重地向党组织申请，加入中国共产党，这是我的入党申请书。（双手递交）

（书记）（双手接，端详，面露喜悦之情，伸右手）王岩同志，我代表党组织欢迎你！

［情景三］（社区疫情防控站，一位党员爷爷正守在岗位上，杨扬走上前）（杨扬）爷爷，您好，我来接班啦。

（党员爷爷）哎，杨杨，来了呀。

（杨扬）爷爷，您还在做记录呢？

（党员爷爷）是呀，这不刚刚带回了几个人，都是从高风险地区回来的，开始居家隔离。他们走过的路都要消毒一下。

（杨扬）爷爷，一线工作有接触的风险，您会不会担心感染？

（党员爷爷）怕什么。怕我就不来这当志愿者了。年轻入党时我就是冲在第一线的，现在遇到特殊时刻，更应该往前冲，不能忘记自己入党时的誓词啊。好了，他们在叫我集合了，这边就交给你了，加油，杨扬。

（爷爷下。望着爷爷背影，杨扬沉默。一会儿，杨扬给辅导员老师打电话）

（杨扬）老师您好，我是杨扬。

（辅导员）杨扬啊，有什么事吗？在家里情况都还好吧？

（杨扬）我很好，谢谢老师关心。老师，我有件事想和您说。

（辅导员）你说。

（杨扬）（短暂沉默）老师，我想写入党申请书，我想加入中国共产党，开学提交给您可以吗？

（辅导员）可以。我真的很高兴。（郑重地）杨扬同学，我代表学校党组织，欢迎你！

（伊铭）情景剧中演绎的冯国樑老先生，是一名新四军老战士，是当年跟随陈毅将军一起进入上海的“先头部队”中的一员。冯老先生与我校第一代“创业团队”共同参与了中央税务学校华东分校的创立，为新中国培养了一大批税务干部。冯老既是我校创校开拓者，是第一代上商人，也是我校红色基因传承的见证人。今天，93 岁的冯国樑老先生也来到了我们的党课现场，有请冯老上台。

（冯国樑）……

（伊铭）谢谢冯老。老去的是岁月，不变的是信仰。70 年前，他们为新中国的经济复苏奉献青春，70 年后他们仍然第一时间义无反顾地“战斗”在抗疫的战场上！冯老用实际行动践行了一个共产党员不变的誓言，彰显了一个共产党员的初心和使命。

风云庚子年，抗疫岂等闲！众志成城，奋勇向前，三代上商人的抗疫故事，彰显的是上商人的红色基因和使命担当！再次谢谢冯老先生，祝您健康长寿！

使命在我肩

（李强）在艰难中起步，把使命扛在肩头，奋斗是上商的底色。

（姜红）倾力培养财税人才，为新中国经济发展“添柴加火”，上商人的使命从未忘却。

（李育冬）栉风沐雨，以商立校，砥砺前行，应用为本，上商人的使命从未忘却。

（袁美琴）在奋进中坚守，不走寻常路，上商人的使命从未忘却。

（胡学庆）一代又一代的上商人，迎难而上，把祖国和人民装在心中，把对党的忠诚融入血液。

（林沈节）育商为树人，开拓勇创新，匠心筑梦，我们锐意进取。

（潘懿敏）红色基因是上商砥砺前行的力量源泉，商道使命是上商再创辉煌的不竭动力。

（李强）使命在肩，在攀登中傲然挺立，我们斗志昂扬。

（姜红）使命在肩，紧握时代发展的脉搏，我们从不迷茫；在拼搏中迈稳脚步，坚定不移跟党走，我们相信信仰的力量。

（胡学庆）使命在肩，我愿做成功的引领者。将时光雕刻，将岁月记取。

（林沈节）上商情镌刻着中国情，红色基因为上商注入自强不息的时代力量。

（潘懿敏）上商梦辉映着中国梦，上商人矢志教育报国、建设美丽中国。

（高安慧）上商梦牵动着中国梦，办好人民满意的商科教育，实现中华民族的伟大复兴。

（李强）红色基因正在上商人心中绽放时代光芒，商道使命汇聚成建设高水平应用型商科大学的强大力量！

（合，女）厚德博学，经世济民，使命在我肩。

（合，全）厚德博学，经世济民，使命在我肩。

不忘初心

（合唱）万水千山不忘来时路，鲜血浇灌出花开的国度。生死相依只为了那一句承诺，报答你是我唯一的倾诉。

树高千尺根深扎沃土，你是大地给我万般呵护。生生不息只为了那一份托付，无惧风雨迎来新日出。

你是我的一切，我的全部。向往你的向往，幸福你的幸福。不忘初心，继续前进，万水千山最美中国道路。

你是我的一切，我的全部。向往你的向往，幸福你的幸福。不忘初心，继续前进，万水千山最美中国道路。

树高千尺根深扎沃土，你是大地给我万般呵护。生生不息只为了那一份托付，无惧风雨迎来新日出。

你是我的一切，我的全部。向往你的向往，幸福你的幸福。不忘初心，继续前进，万水千山最美中国道路。

你是我的一切，我的全部。向往你的向往，幸福你的幸福。不忘初心，继续前进，万水千山最美中国道路。万水千山最美中国道路。

结　课

（沈大明）感谢各位老师、同学的精彩演绎。刚才，我们聆听了一堂内容丰富、事例生动、形式多样的党课，回顾了学校的创建、转型与发展，已经取得的成绩感人肺腑，未来的蓝图更加催人奋进。

“历史是最好的教科书，也是最好的清醒剂。”我们要在学习“四史”和红色故事中汲取继续前行的信念和力量，继续用红色基因铸魂育人，教育引导广大党员干部不断增强守初心、担使命的思想自觉和行动自觉，有效激励全体师生员工立足本职、有所作为，不畏艰难、接续奋斗，继续书写新时代上海商学院发展的新篇章。

老师们、同学们、同志们，每一代人有每一代人的长征路，每一代人都要走好自己的长征路。让我们以建校 70 周年为新的起点，高举习近平新时代中国特色社会主义思想的伟大旗帜，认真贯彻党的教育方针，不忘立德树人初心，牢记为党育人、为国育才使命，全面推进党的建设新的伟大工程，用高质量党建引领高水平应用型商科大学发展，锐意进取、爬坡奋进，为开创上海商学院更加美好的明天而努力奋斗。

（李爽、曹程柯）新中国波澜壮阔的 70 多年，也是一代代上商人接续奋斗的 70 多年。

不同的年代，同样的初心。上商人传承红色基因，坚守商道使命；追求卓越，勇于创新，上商人为党育人，为国育才。

大道之行，一以贯之。光辉思想，照亮前程。“红色基因，商道使命”上海商学院伟大工程示范党课到此结束！谢谢大家！

二、二级学院风采录

（一）工商管理学院：敢闯敢试，引领一流本科专业建设

上海商学院工商管理学院目前有工商管理、零售业管理、物流管理和市场营销四个本科专业。创院以来，作为一所应用型商科大学的骨干学院，学院聚焦商业领域开展人才培养，以一流本科专业建设为引领，培养适应商业发展和行业新需求的高素质人才，立足上海，助力上海“五个中心”和“四大品牌”建设，辐射长三角区域，面向全国，服务“一带一路”。

获批特色专业建设　率先通过国际认证

该学院对接国家“双万”计划，打造国家级一流本科专业建设者。其中工商管理专业是上海市教委本科教育高地项目，2009 年获批成为国家特色专业建设点，是上海市“十二五”内涵建设重点学科专业项目，上海市“十三五”应用转型首批试点专业。

工商管理专业根据上海“五个中心”和“四大品牌”建设及我国商业的新发展对高素质应用型商科人才的需求，结合新模式、新需求、新技术发展，培养具有互联网思维、创新创业能力的现代商业

管理人才，探索构建应用型人才培养模式，引领全国高校新商科人才的培养。

该专业注重跟进国内外学科研究最新成果，致力推进专业规范化、国际化建设。专业建设结合国际认证，人才培养糅合职业标准，是国际职业资格权威机构 CITY & GUILDS 中国区域标准制定者，2019 年工商管理专业率先在国内高校通过 ACBSP 国际权威认证。

敢为人先勇于探索 开设“零售业”专业

该学院敢为人先勇于探索，是我国高校零售业管理专业的开拓者。学院始于 1998 年，在国内最早开展连锁经营与零售管理的高职学历教育。

2005 年经教育部批准，学院在全国高校率先开设了连锁经营管理本科专业。

2017 年，经教育部批准，学院再次创新专业建设，开设“零售业管理”新专业，这是全国高校第一个专门聚焦新商科、新零售行业的本科专业，也是全国第一个以“零售业管理”命名的本科专业，成为我国高校零售业管理专业的开拓者。

零售业管理专业作为全国高校零售管理专业的开拓者，在国内商业零售管理领域具有优势地位，建有全国领先的全零售实验室，是国内行业零售标准制定者之一，专业跟踪国内外零售管理教育的发展与改革，并进行深入研究，完成了中国零售行业发展调研报告、零售人才素质培养体系调研。在此基础上确立了面向行业和注重企业实践的专业建设目标，着力打造在全国零售管理教学与应用研究领域具有领导地位和知名度的专业品牌。

2018 年，零售业管理专业获批成为上海高校一流本科专业项目核心专业。

校企合作产教融合　人才培养模式创新

该学院探索校企合作产教融合模式，是应用型特色人才培养的创新实践者。学院积极实施产教融合，推进人才培养模式创新，与阿里巴巴、京东集团、永辉超市、国美电器集团等知名商业零售企业开展全方位战略合作及校企资源的深度融合共享，探索创新了联合招生、联合制定教学方案、联合授课、联合实习、联合管理的“五联合”人才培养模式，并成为国内高校同类型专业的学习模版。

学院除了工商管理与零售业管理专业外，还开设了物流管理专业和市场营销专业，均是上海市应用型转型试点专业。

物流管理专业建有3D虚拟现实交互体验实验室、供应链多组织电子沙盘实验室等国内一流的实验平台，并与亚马逊企业、京东集团、顺丰速递、中外运集团等30多家国内外知名大型企业建立了紧密的校企合作实习实践基地。市场营销专业的校企合作的人才培养模式已经从企业订单班，升级成服务行业的2.0版本，受到企业欢迎。

学院人才培养成效显著，近几年各专业就业率始终保持在98%以上，毕业生质量得到用人单位的高度评价。

内培外引教研结合　打造知名教学团队

该学院注重内培外引教研结合，是双师型国际化高绩效团队的打造者。学院坚持“请进来，走出去”人才战略，打造知名教学科研团队，既有校内专任教师，也有企业名师队伍，更有海外知名教授。其中，校内专任教师中“双师”型教师占比90%；有海外经历教师占比85%；90%以上的专业教师有企业产学研实践经历。企业名师作为学生职业与行业导师，参与人才培养方案制定、教学课程设计以及创新创业项目指导，从而实现教学和行业需求接轨。学院还聘请英国牛津大学、美国佐治亚州立大学和加拿大劳瑞尔大学等知名教授担任市级“海外名师”和“旋转门”教授，开展科研合作和教育教学，着力培养国际化应用型商科人才。

学院注重应用型特色的研究，专业教师参与制定由中国连锁经营协会发布的《品类管理岗位规范》和《零售数据分析岗位规范》团体标准，真正做到研究成果为政府决策咨询和行业企业发展服务。学院建立跨专业的“商业数据工作室”，入驻学校“创客空间”，实现以科研反哺教学，以科研辅助学生创新创业，提高人才培养质量，服务上海区域经济和国家社会发展。

“以商立校”是学校办学的初心，工商管理学院将继承“商”的基因，遵循“以商立校”的初心，只争朝夕，砥砺前行，努力培养高质量的新商科人才，为上海商学院70华诞献礼，为学校建设特色鲜明的高水平应用型商科大学而努力奋进！

（李坦楼、吴向九）

(二) 财务金融学院：培养具有国际化视野的金融财务人才

“我们学院的同学去国外交流学习的机会比较多，这更加有利于拓宽我们的国际视野。这一点非常值得庆幸。”会计 17 级汪州同学深有感触地说。

上海商学院财务金融学院设有财务管理、会计学和金融学三个本科专业。国际化和应用型，是财务金融学院成立伊始就具有的一个重要特色。金融学专业成功获批 2019 年度省级“一流本科专业建设点”。

今年，正值上海商学院建校 70 周年。一直以来，财务金融学院始终将推进教育国际化水平作为工作主要抓手，积极对接上海国际金融中心建设，着力培养国际化、应用型高素质商科人才，服务国家区域经济社会发展。

加强国际交流合作　打造“2＋2＋1”模式

如果把教学看成是学院发展的命脉，那么，推进教学设计和人才培养的国际化就是学院一直努力的方向。

在教学设计过程中，学院将教育部的本科人才培养国家质量标准和国际通用的财经类的证书要求融合，将其融合植入到学生培养方案当中，学生能够在大学 4 年中，既能达到教育部要求的标准，又能获得国际化财经类证书。

学院还为学生设计了一种“2＋2＋1”的人才培养模式。“2＋2＋1”就是在上海商学院攻读 2 年，然后再到美国或者其他国外的学校再读 2 年，取得规定的学分后可以同时获取双学位。优秀的学生还可以被选拔出来再读一年，进入到硕士阶段深造。

目前，财务金融学院和美国的西弗尼亚大学金融学专业、财务管理专业及会计学专业都分别对接了这个“2+2+1”项目。学院已开展了2年赴美学生交流项目，共有近20人参加了项目交流。其中，在2019年上半年的时候，有两位学生几乎满分拿到了美国西弗尼亚大学的免试直升硕士入学的机会，第二批的学生涵盖面将会更广。

此外，为加强国际交流合作，学院也在金融学专业率先推出了留学生的人才培养方案，很多海外学生正准备申报到我校进一步交流深造。

成立财务金融研究所　对接和服务行业需求

2017年6月，财务金融研究所成立，主要成员是来自海外的教授、留学归来的博士等。研究所8位全职研究员，用两年左右的时间，在海内外高水平的期刊上累计发表论文25篇。其中在英文国际B类期刊上发表了6篇，在英文国际C类期刊发表了9篇。

研究所的顾晨老师入职仅一年多时间，获得了2019年浦江人才项目计划；许元镫老师在两年内撰写了几十篇学术论文，成功发表近十篇，并获得教育部人文社科基金项目一项。“研究所的优势在于已经形成研究员之间密切合作的氛围，比如每一位研究员都至少与另一位研究员有合作的项目或论文。”财务金融研究所所长高翔如是说。

作为应用型商科大学，积极对接行业需求，将国际化与行业化有机结合起来，铸就高水平国际化应用型商科人才，是学校的办学目标，也是财务金融学院为之不懈奋斗的目标。

在2018年“上海改革开放标志性首创案例”评选中，该学院“营改增”试点改革研究成果榜上有名。“营改增”试点改革研究作为上海市深化财税体制改革的重头戏和供给侧结构性改革的重要举措，其下设的4个子课题之一“生产性服务业商品劳务税制研究”子课题(课题编号 2009－W－03),由该学院原院长董惠良教授牵头负责完成。这是上海商学院服务商务领域行业发展的典型案例,也是财务金融学院长期对接行业需求持续努力的成果。

在近两年的时间里,学院累计举办了 34 场高水平学术报告,不断用科研反哺教学,努力培养具有国际视野的、卓越的高水平应用型商科人才。

主动布局发展特色　推动上海金融建设

服务社会是一所大学的功能之一,也是大学的活力所在。财务金融学院的发展,恰逢上海国际金融中心建设战略的提出。上海国际金融中心的建设不仅需要金融专业的单科人才,更需要会计、财务、法学等专业的复合型人才,这给学院发展带来机遇,也为学院发展注入了动力。

在“十三五”期间,财务金融学院已经逐步明确了自身的定位,明确学院的使命就是服务上海国际金融中心建设这一重大战略,培养具有国际化视野的金融与财务人才。

“修文德以立身,求卓越以济世。”这是财务金融学院的院训。财务金融学院院长李志刚表示,在“十四五”期间,学院将继续大力培养 ACCA、CPA、CMA、CFA 等高级专业人才,对标“大金融”的概念,充分利用和盘活学校现有学科资源,将在“金融反制裁”“法务会计”等方向探索推进建设新的学科方向。接下来,上海商学院将把专业建设作为学校实现内涵式发展的重要基础和根本抓手,主动布局,发展特色,注重形成“应用型、创新性、国际化”办学特色,为推动国家和上海经济社会发展提供人才储备,贡献力量。

(李坦楼、吴向九)

(三) 商务经济学院：新时代新起点，站在“高原”上攀登新高峰

上海商学院商务经济学院设有商务经济学、经济统计学、国际经济与贸易、税收学四个本科专业。应用经济学科商务经济学方向是上海商学院的高原学科，税收学专业是上海市教委2019年度应用型本科教学改革项目。

作为上海目前唯一开设商务经济学本科专业的高校，该学院一直以服务区域社会经济发展为目标，致力于培养具有上海地区特色的商务人才，为打造国际一流营商环境、上海“四个中心”建设贡献智慧和力量。

从无到有走在前列　起到示范引领作用

时间追溯到2013年，商务经济学这个专业刚刚出现在教育部的特色专业目录里。上海商学院领导敏锐地发现，这是个机会。当时学校里很多教授积极建言，一心想把这个专业作为上海商学院的一个新专业。因为这个专业一旦申报成功，将会拉动和辐射其他专业建设，发挥传导效应，形成新的学科建设群。

于是，全校几乎用了一年的时间，做了许许多多的准备工作，当把所有的材料都递交上去的时候，全校上下等待着成功的信息。

2015年，对学校来说是值得纪念的一年。这一年，集全校之力，商务经济学专业申报成功了，这对学校专业建设来说具有里程碑的意义。当天，学校许多领导、教授都流泪了。“那一刻将永远铭刻在我心里。”一位教授动情地说。

当时，上海商学院是全国第二批申办商务经济学专业成功的高校。事实上，截至2019年，全国已经有19个高校成功开设了商

务经济学专业。由于上海商学院具有先发优势，同时又是全国商业经济学会商务经济委员会的会长单位，在整个商务经济学专业与学科的建设发展中，上海商学院可以说积累了比较好的口碑，也起到了示范引领作用，这种作用在今天来看愈发明显。在全国同类高校的商务经济学专业中，学院走在前列，这既值得骄傲，也是推动学院发展的不竭动力。

深思熟虑“借船出海”　学科体系特色鲜明

商务经济学院的商务经济学专业在2015年开始成功招生，到2018年获批高原学科，其间取得的成绩可圈可点。作为国家教育部特设专业，其建设发展路径没有可供复制的经验来借鉴，只能自己摸着石头过河。

商务经济学院经过深思熟虑，采用“借船出海”的方式，与北京大学汇丰商学院合作，开设了全国领先的商业模式专业课程，同时，通过以商业模式为主题举办国际和全国性会议的形式，着力构建立足上海、辐射全国、面向世界的商业模式研究中心。

“以商立校，应用为本。”商务经济学院始终强调的是应用型教学，培养的是应用型商务专业人才，这就需要不断创新学科建设体系。

近年来，学院主动适应上海卓越全球城市建设目标，以“创新＋品牌”双轮驱动，深入对接企业研究前沿，结合专业特色和行业最新需求，将科研问题设计成适合学生科创训练的项目，探索产学研相结合的商务人才培养模式。同时，学院积极开展与税务部门、报关部门、国际货代公司等的校企合作，带领学生赴美国、英国、新西兰等地交流学习，全力打造特色鲜明的商务经济学科体系。

截至2019年，学院已引进高被引学者、CSIRO高级科学家、美国康奈尔大学STB杰出讲席教授等专家引领学科建设。目前，新建人才校企联合人才培养基地12个。累计开展了45项团体标准和企业标准，承担了百联现代物流158项企业标准体系建设。毕业生就业率稳定在98%以上。

建大型商务数据库　服务经济社会发展

作为应用型商科高校，服务经济社会发展是学校蓬勃发展的生命力所在。为此，商务经济学院积极响应上海“五个中心”“四大品牌”建设的号召，研究范围涵盖：营商环境、贸易环境、金融环境和科技环境等内容的科研平台和高端智库。自2018年起，高原学科冯叔君教授团队为上海市政府提供了数十次政策咨询，并获得市领导批示，如《借鉴国外新一轮创新区更新计划经验，大力发展上海城市创新区建设》《关于以智能制造打响上海制造品牌的建议》《大虹桥区域应尽快由“交通枢纽”向“大虹桥新城”过渡》等。

同时，学院还构建了供应链领域创新服务平台，建立了长三角仓储行业指数、经济运行等指标体系，以学校名义牵头成立了上海物流标准化企业创新联盟和上海物流标准化专业委员会，为传统产业转型升级赋能，服务长三角区域一体化发展。“高原学科是起点，但绝对不是终点，这是商务经济学院全院上下的一个共识，我们最终的目标是，要用自身发展为国家社会发展献策出力。”商务经济学院院长李育冬教授表示。

为了将商务经济学特设专业与高原学科建设成全国领先的项目，学院长期以来一直努力奋斗。目前，学院依托“教育部中兴通讯ICT产教融合创新基地”，已建成一个涵盖70余个国家和地区，时间更新至2017年的“一带一路”大型商务数据库。该数据库系统地梳理了“一带一路”沿线国家和地区关于政经形势、营商环境评估、风险评估等方面的指标数据，总数据容量已超过1 TB。计划未来将此数据库建设成全国商贸流通业最大最专业的数据库，为各级各部门决策咨询提供参考，为开展“一带一路”研究提供有力支撑。

不松懈，不懈怠，奋勇向前。在上海商学院建校 70 周年之际，学院将继续砥砺奋进，积极申报国际商务专业硕士学位点，将学科建设提高到一个新的高度和层面，向建校 70 周年献礼。

（李坦楼、吴向九）

(四) 酒店管理学院：以赛促建，政产学研聚合，在“实战大考”中提升

2019 年 10 月 18 日，上海市举行第 45 届世界技能大赛上海参赛总结表彰会，会前，市委书记李强，市委副书记、市长应勇会见了参加表彰的上海商学院副校长陈剑峰，酒店管理学院院长、酒店接待项目教练组组长姜红，酒店管理学院学生、酒店接待项目国家队选手陈值，对上海商学院为世界技能大赛所做的努力和付出，以及取得的成绩表示了赞扬和肯定。

近年来，酒店管理学院成绩喜人，硕果累累。学生陈值代表国家出征第 45 届世界技能大赛酒店接待项目，酒店管理专业获批国家一流本科建设专业点，上海市一流本科专业建设“双万计划”，成功通过国际认证 ACBSP，学院黄和平老师获 2020 年度教育部人文社科项目立项，等等。今年，正值上海商学院建校 70 周年，酒店管理学院将努力奋勇向前！

精益求精，备战第 46 届世界技能大赛

2021 年第 46 届世界技能大赛将在中国上海举办，这对于上海，对于上海商学院来说，都是一次历史性机遇。

习近平总书记对我国技能选手在第 45 届世界技能大赛上取得佳绩作出重要指示：“要健全技能人才培养、使用、评价、激励制度，大力发展技工教育，大规模开展职业技能培训，加快培养大批高素质劳动者和技术技能人才。要在全社会弘扬精益求精的工匠精神，激励广大青年走技能成才、技能报国之路。”

总书记的指示鼓舞着上海商学院。上海商学院之所以取得这样的成绩，是上海商学院长期致力于对接服务国家发展、专注于应

用型人才培养的结果。

2019 年 11 月 28 日，2019 年中国技能大赛“上海市职业技能大赛”闭幕式暨颁奖典礼在徐汇区西岸艺术中心举行。在颁奖仪式上，上海商学院的在校学生吴圣爱（酒店管理 181 班）获颁第 46 届世界技能大赛上海选拔赛酒店接待项目一等奖，陆晶汝（我校与上海市南湖职业学校中本贯通酒店管理专业学生）获颁第 46 届世界技能大赛上海选拔赛餐厅接待项目一等奖。

“我校承办第 44、45 届世赛全国选拔赛，现为世界技能大赛 2 个项目的中国集训基地，培养 5 名国家队队员，1 人代表中国出征世赛。2019 年我校 9 名学生获得苹果 WWDC 开发者大会奖学金（中国共 27 人）。近三年，获省部级以上学科竞赛奖数达 798 项。”姜红院长介绍说。

2021 年，第 46 届世界技能大赛将作为我国加入“世界技能奥林匹克”大家庭后首次主办的世界技能大赛。学校将以前期赛事承办经验为基础，扎实做好第 46 届世界技能大赛筹备工作，努力为世界奉献一届富有新意、影响深远的技能大赛。

以赛促建，大胆探索尝试人才培养新路子

在上海商学院酒店管理学院内部已经达成这样一种共识：备赛、参赛、在重大赛事获奖，这些都仅仅是手段，不是最终的目的。建设学科和培养人才，才是学院的终极目标。

目前，酒店管理学院依托国家和省部级各类型项目，引领教师指导学生参加应用科研项目，师生共同参加大学生创新创业项目、中国“互联网＋”大学生创新创业大赛等。充分发挥世界技能大赛酒店接待项目国家牵头基地引领示范作用，通过校企合作平台，实现学生实习、专家库建设、校企合作中心等优化，推动有影响、能落地、国家需要的典型案例创新实践。

此外，酒店管理专业也与美国康奈尔大学、俄克拉荷马州立大

学和中山大学、郑州大学等近 20 所高校建立了交流合作关系，同江西财经大学研究生院签署了战略合作续签补充协议推进硕士点申报。

近年来，酒店专业学生应用能力、创新能力得到全面提升，成绩喜人。有近 300 名学生直接受益，有 50 余人次在中国“互联网+”大学生创新创业大赛、亚洲酒店业青年领袖峰会、全国大学生红色旅游创意策划大赛等 20 余项省市级比赛中斩获殊荣，54 位学生获得美国饭店协会教育学院 EI 课程认证等。

政产学研聚合，致力于推动文旅产业发展

旅游管理专业于 2017 年获批“应用型本科试点专业”。2019 年，与两所国外高校启动了两个专业方向的联合国际办学。作为本科试点专业，旅游管理专业充分发挥高校在知识积累、知识创造、人才培养等方面的优势，努力搭建政、产、学、研的力量聚合平台，致力于推动中国文旅产业的发展。

2019 年，由上海商学院、景域驴妈妈集团主办，上海文化研究中心支持的《2020 前瞻：新经济形态下中国文旅产业的发展趋势》的发布，就是旅游管理专业服务中国文旅产业发展的生动案例。

而依托行业调研进一步完善人才培养方案，打造“i 游技”旅游管理人才应用技能提升系统，则是旅游管理专业人才培养的最新实践。针对企业、职业的需求，对应学生旅游市场数据分析能力、旅游策划与文案能力等不同能力，设置一个企业导师群，并成立专业能力增强学习小组；通过各类线上沙龙、实践项目、比赛培训等，将专业能力培养从课内延续到课外、从线下延续到线上；同时，搭建校企合作平台，以产学研、企业挂职、与知名企业共同培养的模式，着力培养“双师型”人才。

2019 年，上海商学院与景域驴妈妈集团签署了校企战略合作

协议。目前，学院已完成 30 多家实习基地拓展及建设工作。

赶考永远在路上。2020 年，上海商学院将研究制定《上海商学院高素质应用型商科人才培养模式改革整体方案》，这也是为学校 70 周年校庆献礼。酒店管理学院将在学校总体规划框架指导下，齐心协力，坚定前行，着力培养具有“复合型、创新性、应用型”的高水平应用型商科人才。

（李坦楼、吴向九）

（五）商务信息学院：深化“产教融合”，探索卓越商科人才培养新模式

“作为一所应用型商科高校，商务信息学院的学科建设和人才培养也需要体现商科特色。”

“‘工科-管科结合、相互渗透’万物互联大数据分析的专业特色，可以是学院以后的发展方向。”

“教育部‘双万一流专业’建设与‘新工科’项目是学院发展的一个重要契机，未来在这方面可以有所作为。”

……

这些话语，是校院两级领导班子在谋划商务信息学院发展中的一次次思想碰撞和融合的结果。

推进“产教融合”，努力成为新商科建设（商务信息）的引跑者

商务信息学院现有电子商务、信息管理与信息系统、计算机科学与技术、物联网工程四个本科专业。长期以来，推动学院发展“工科管科结合”，成为新商科建设（商务信息）的引跑者，是学院领导层的共识和目标。

因此，在 2017 年 2 月教育部主动应对新一轮科技革命与产业变革，推进“新工科”建设的工作中，学院积极跨前一步，发挥学院自身的电子商务、物联网工程等特色专业优势，注重“工管结合”，成功获批了教育部“新工科”项目以及“教育部-中兴通讯 ICT 产教融合创新基地”“教育部-数据中国百校工程产教融合创新基地”，进一步深化卓越商科人才培养的实践。

“我们在计算机、物联网技术应用方面比较有特色，特别是在

云计算的技术环境应用、大数据应用分析的技术环境支撑上有专业优势，所以当时学院考虑一定要申报‘新工科’这个项目，更好推动学院的发展。”商务信息学院院长胡巧多说道。

作为应用型高校，如何在新商科建设中体现应用型人才培养的特色？对于这一问题，学院给出了答案——聚焦“产教融合”，建立“六协同”校企育人机制，即人才培养方案协同、师资与课程协同、CO－OP实习协同、创新创业协同、资金协同和管理制度协同。

比如，以“人才培养方案协同”为例，学院在充分听取企业专家意见的基础上，以岗位职业能力和职业素质培养为主线，以市场需求为起点，以企业与学校专家合作开发为关键，实现人才培养方案与教学设计的创新。2018年以来，学院连续三期共有“Swift认证MOOC课程建设”等17个项目入选教育部高等教育司“教育部协同育人项目”；在“课程与师资协同”中，学院着力推进专业课程、师资团队和企业教学实践、企业导师团队共同培育学生，企业负责1/3课程，实行企业专家授课，学院教师团队负责答疑和教学活动质量监控。

在大家齐心协力下，学院的电子商务专业获批上海市一流本科引领计划，并在2019年获批了国家一流本科专业建设“双万计划”。

注重“学习产出”，丰富卓越商科人才培养实践

在学院卓越商科人才培养中，注重“学习产出”，全面提升学生就业能力是其又一特点。学院于2019年底获批教育部双万一流专业（电子商务）建设，专业建设就是遵循美国商学院认证委员会ACBSP和中国工程教育专业认证的精神和教育成果导向模式OBE（基于学习产出的教育模式）的要求，以学生为教育实践的中心，并明确定义毕业生就业能力，以培养目标和毕业出口要求为导向，进行合格性评价，从而实现以预期的学习结果来反向设计教学

活动。

为了给高素质人才培养进一步奠定基础，在 2019 年，学院支持开发了“商业大数据分析”为一流专业群平台课等六门课程，并完成了课程建设、教材建设、一流在线课程建设等任务，还根据“新商科”的整体定位，建设完成了“AI 大数据实验室”，支持更好地输出人才。

此外，学院还接轨国际，引进了在国际产教融合方面有影响力的 VIP 垂直整合项目化教学模式，以逐步深入协同参与行业应用项目，首批在国内获得 ACBSP 专业国际认证，提升学生就业竞争力。2019 年，有 279 名学生通过华为 HCIA－Big Data 认证等考试。

而在注重“学习产出”这一人才培养导向的推动下，学院积极组织和引导学生广泛参与各种国家级、市级竞赛等。2017 年至 2019 年，学生在国家级和上海市级各种竞赛中获得奖项 216 个，其中 2019 年获得奖项 70 个。

有耕耘必有收获。据了解，商务信息学院 2017 年至 2019 年连续三年学生就业率在 99.52%以上。

重视创新能力培育，探索新商科创新人才培育之道

培养创新型人才，是当前高校人才培养的一大趋势，也是学校人才培养的目标之一。特别是对于商务信息专学院的学生来说，显得尤为重要。

商务信息学院班子一致认为，要培育学院学生的创新精神，就必须在校企联合基地深入推进的基础上，通过教学综合能力培养、各种赛事和创新项目等方式来培育和培养。

比如，学院和常年驻校的北京华晟经世信息技术有限公司企业导师团队联合组织开展“华晟经世杯”创新创业校内挑战赛，培育并指导了共计 44 支学生创新创业团队。2019 年，校企联合指

导教师团队指导学生在省级刊物上发表项目论文、软件著作权获受理登记5项，并最终带领团队在中国“互联网+”大学生创新创业大赛、“全国计算机设计大赛”等多个市级和国家级比赛中获得佳绩。

“设计大赛意味着创新，需要主动学习和不断摸索。在这个过程中，你会有一种心潮澎湃感，同时也会获得一种向自我世界不断探索的乐趣。”亲身经历了2019年全国大学生计算机设计大赛并凭借作品《印象国乐》斩获一等奖的商务信息学院计科162班班长许子秋这样说。创新人才的培养还通过项目等方式实现。由蒋传进副院长带领团队开展的“上海商学院新工科协同育人模式改革与实践——基于‘中兴·曙光商务信息学院’教育部产业化创新学院”入选国家级新工科研究与实践项目，学院还获批第45届世界技能大赛中国集训基地并负责第44届、第45届世界技能大赛商务软件解决方案项目上海市赛和全国选手的培训选拔。这些诸多实践平台，都成为学院创新型人才培养的实践摇篮。

任何成功的背后都有异于常人的努力付出。2020年是学校70华诞，商务信息学院将继续攀登奋进，支持学校打造以商务经济、商务管理和商务信息为引领的商科特色学校，努力为学校的新一轮发展交出一张满意的答卷。

（李坦楼）

（六）艺术设计学院："商艺结合，产教融通"，用艺术"真善美"铸魂育人

2019 年，在日本东京举行的第 16 届国际银黏土大赛中，上海商学院艺术设计学院服装与服饰设计专业 17 级学生李飞腾的作品《暮色—记忆》，从上千件作品中脱颖而出，荣获优秀奖。

这一消息，既在意料之外也在意料之中。这几年艺术设计学院在人才培养方面做了许多扎实有效的工作，取得了令人可喜的成绩。2018 年服装专业成立创办的"小饰界工作室"，就为学生第二课堂开展创新创业树立了风向标。此外，在各级各类学科竞赛中获奖的学生也非常多，这些都为学生未来的职业发展奠定了良好的基础。

完善顶层设计，明确"商艺结合，产教融通"的办学特色

2020 年正值上海商学院 70 周年校庆，也是学校深化改革砥砺奋进的一年。艺术设计学院下设视觉传达设计、环境设计、服装与服饰设计、园林景观设计四个系，覆盖八个专业方向。作为上海市较早一批设置艺术设计专业的院校之一，如何紧跟学校改革发展步伐，站在上海及长三角经济社会发展大局中谋篇布局，是近年来学院一直思考的问题。

这个问题也在 2019 年学校深入开展"不忘初心　牢记使命"主题教育中得到了进一步明确和完善。

学院将其办学特色确立为 8 个字："商艺结合，产教融通。"商艺结合就是将上海商学院的商科特色和艺术特色相结合，在商科中体现艺术特色，在艺术中表现商科元素，培养具有创新思维能力的应用型艺术设计人才；"产教融合"就是把教学和产业融合，特别

是要和上海商业经济及长三角现代服务业发展需求融合。

为了能实现这8字办学特色，学院努力做足准备工作，在人培方案、教学工作、专业建设、科研工作、学生工作等方面都向此聚焦，以形成合力。

2019年，学院加大人才引进力度，新引进教师3名、国外访学人、产学研2人；注重以科研反补教学，学院教师先后承担了多项国家级、市级科研项目，青年教师孙博文获国家自然科学基金青年基金项目立项，青年教师宿子顺获上海市哲学与社会科学青年基金项目立项。陆琰老师获上海市教委艺术科研项目立项。2019年学院教师在国内重要学术期刊上发表学术论文（包括作品）100余篇（幅），出版教材和专著20余部。

此外，学院积极推进课程建设和国际交流，2019年获得了市级重点课程2门，举办海外大师工作坊4个、开设国际课程4门，并与意大利米兰新美术学院开展“3＋1”双学位项目，让商艺特色体现国际色彩。

“商艺结合，产教融通”，这是上海商学院“以商立校”理念的体现，也是学院应用型人才培养导向的精髓所在。艺术设计学院将循着这一主线，不断前行。

坚持应用导向，合力育人助成长硕果累累

事实上，为和“商艺结合，产教融通”办学特色相契合，学院在人才培养方面，注重体现应用型、创新型、实践性特征，注重学生知识、能力和素质的协调发展，并将此作为学院为之不懈奋斗的目标。

比如，学院强调专业教学与产业工艺流程的结合，近年来先后投资1 000余万元用于专业实验室建设。目前，创意设计实验室、建构与模型实验室等各类专业实验室和工作室面积达2 400平方米。在重视应用型教学基础之上，学院还与多家国内知名企业合

作建立了大学生实践教学基地，2019 年建立了上海木文化博物馆产学研合作基地等 4 个校企合作基地，服务上海商业经济和长三角行业发展。

同时，视觉传达设计专业作为上海市属高校应用型本科试点专业，学院在人才培养上特别注重国际化，着力打造国际化的应用型实践教学平台。通过聘请国外著名设计大师，以国际课程引进、设计工作坊、工作室项目实践展开专业教学，采用国际人才培养理念和模式，以全球一流设计院校的课程为标准进行课程设计，并由行业大师及其团队参与授课，让学生接受国际先进的艺术设计教育，最大限度地激发学生的潜能。

此外，通过创新创业项目、创客空间、各项赛事等提升学生创意创新能力，也是艺术设计学院的人才培养举措之一。以服装专业“小饰界工作室”为代表的创客空间，成为学生第二课堂开展创新创业的标杆，并带动了流媒体工作室、动画制作工作室等的成立和育人功能的实现，在创新型人才培养中发挥着重要作用。在第 16 届国际银黏土大赛中荣获优秀奖的李飞腾就是“小饰界工作室”的一员。

而一项项学科竞赛和赛事更让学院学生的创新动力源源迸发。据了解，2019 年，学院学生获得各项赛事奖项累计 100 余项，其中斩获了 2019 年上海市第四届“汇创青春”一等奖、二等奖、三等奖共计 31 个奖项；累计获创新创业项目和立项 16 项，其中国家级和市级各 2 项。

厚植爱国情怀，用艺术的“真善美”铸魂育人

艺术与设计，作为一门独立的艺术学科，服务性是其最大特点。因此，将立德树人贯穿学院人才培养之中，为国育才，为党育人，是人才培养的应有之义。

在实践中，学院着力将艺术的“真善美”融入第一课堂、第二、

第三课堂。将德育融入课堂教学，积极推进课程思政，学院明确了艺术设计专业思政课程建设基本思路，即以“中华底色”中国传统美育系列课程建设为抓手，逐步形成艺术设计类课程建设群。

同时，艺术设计学院积极打造实践育人平台，教育引导学生通过艺术作品创作等形式，坚定理想信念，厚植爱国热情。2019 年，学院围绕五四 100 周年、建国 70 周年主题开展了多样化的特色活动，打造系列活动赛事，将“为祖国服务，为人民设计”的理念融入设计设计活动中，如主题 Vlog 征集大赛、五四爱国主题轻黏土创作比赛、“最美中国”摄影大赛、“中国情”衣随心裁服装设计大赛、建国 70 周年主题篆刻大赛等活动。

首届以“庆华夏生诞，兴青年市集”为主题的创意市集，在切实践行“商艺结合，产学融通”办学特色的基础上，融入德育因素，并盈利近 2 千元，这是艺术设计学院立德树人的生动实践和积极探索。爬坡奋进，改革攻坚，是学校当前工作的主基调。“在‘十四五’期间，学院将继续在专业教学中进一步体现‘商艺结合’，深化校企合作，在协同育人上下功夫，着力培养具有创新思维能力的应用型艺术设计人才。”艺术设计学院院长彭才年说。

（李坦楼）

（七）商务外语学院：突出商务导向，努力培养复合型创新型应用型外语专业人才

教育内涵式发展是教育事业发展的途径之一。对外语类专业而言，结合学校定位深刻思考如何实现内涵式发展，是推进自身建设不容回避的重要问题。

今年是上海商学院建校 70 周年。回顾过去，商务外语学院始终坚持学校“以商立校，应用为本”的办学理念，努力实践“外语＋商务方向”的应用技术型人才培养模式，着力培养知识、能力和素养全面发展的高素质创新型复合型应用型人才。

以课程建设为支点，推进创新，凸显“外语＋商务”应用特色

商务外语学院目前有商务英语、朝鲜语和日语三个专业，并承担学校所有的大学英语教学工作。外国语言类学科兼具人文、社会和自然科学等特征，作为一所应用型商科类高校，必须要找到两者的结合点。

为此，商务外语学院一直将“外语＋商务方向”作为课程设置的特色和方向。商务英语专业课程设置向“商务英语＋商务”倾斜；朝鲜语专业凸显“商务＋朝鲜语”专业方向特色，日语专业则设置“平台＋模块”课程结构。比如，打造支持“日语（商务）”专业复合型人才的学科资源：“英语”“国际经济与贸易”“连锁经营管理”“会计”等。学院的学生可以通过必修、选修、旁听等多种渠道，并可跨学科专业选课，实现语言类学科和商务类学科学习的交叉融合。

进入新时代，商务外语学院站在了新起点。特别是在上海“五

个中心”建设的大背景下，外语专业对学生的培养既要注重知识传授，也要注重思辨能力和跨文化传播能力培育。

为了对接这一目标，学院坚持专业课和思想政治教育理论课同向同行。开设外语思政公选课“时事经典英文讲读”，充分借助“学习强国”平台中的“头条英文播报”资源，让习近平新时代中国特色社会主义思想进教材、进课堂、进头脑。此外，在外语专业课程教学中也注重突出中国元素，在“商务英语翻译”课程中翻译中国古代商业伦理中的名言警句，在“中日文化比较”课程中讲述中日文明交往史等，让学生“从语言中学文化，从文化中学语言，从学习中悟商业哲理”，推进教育内涵式发展。

以学生发展为中心，突出实践，促进综合素养提升

学科发展，核心是人才培养。那么要培养什么样的人才？则是学院需要思考的问题。商务外语学院院长严玉萍说，学院在长期的教学实践中，明确了培养复合型创新型国际化人才的目标。同时注重实践育人，将外语学科与专业元素融入学生“第二课堂”着力打造育人新平台，更好实现立德树人。

据了解，学院与美国、日本、韩国等国家的 12 所高校建立友好交流关系，近几年每年选派五十多名学生赴美国、英国、日本、韩国等国家学习或带薪实习，致力于培养高水平的国际人才。此外，学院建有一批稳定的校外实习基地，与上海世语翻译有限公司、上海外经贸会展有限公司、住友电子管理(上海)有限公司、西郊宾馆等 19 家(其中包括 3 个海外实习基地)知名企业建立校企合作关系。

学院还通过打造外语口语实践育人平台、外语文化实践平台、外语服务实践平台等三大育人平台，培养具有专业知识，实践能力和创新能力的人才。在商务外语学院，外语文化节作为富有特色的外语文化活动品牌，每年都会创新推出丰富的文化实践活动，给学生提供了感受多元文化、展示外语风采的平台。目前已经连续

举办13届，覆盖学生人数达到2 000余人。

“今天我主播 My radio”是一个外语口语实践创新项目，主要在新媒体平台和App推出，有“一带一路”“中国文化”“鸟瞰中国”等特色主播节目。有时候，栏目组也会策划一些采访商务部援外培训项目“一带一路”受训官员的话题，介绍外国语言文化，传播中国声音。“这是一个让我提升外语素质的平台，更是一个让我学习新思想、感知新时代的窗口。”国际经济与贸易专业2017级的徐子莼这样谈“今天我主播 My radio”。

“奉献、友爱、互助、进步。”学院积极响应“一带一路”国家合作倡议，选送优秀的学生参与中国国际进口博览会、世界移动大会等商务类国际会议的志愿服务工作，让学生在实践中培养国际化视野，了解商务知识，增强跨文化交流能力。

以需求为导向，注重服务，推动全面均衡发展

教师的基本功是否扎实，直接影响着教学水平。近年来，学院多位教师在市、校两级青年教师教学基本功大赛甚至全国的比赛中获得佳绩。而这些也为进一步服务学生打下基础。

在学院，学生的英语水平参差不齐，学习领悟能力也不同。面对不同的学生，往往众口难调。因此，为了解决学生大学英语成绩不均衡、学习进步不同步的问题，学院大学英语教学部针对英语成绩级次不同学生实行分类教学，既帮助学生打牢英语基础，也提升学生英语竞赛水平。近年来，学校学生英语四六级通过率稳步提升，英语学科竞赛获奖次数和质量逐步提高。

而针对考研留学学生，学院成立考研英语辅导服务团队，组织多场考研和留学经验分享会，为学生提供细心的辅导和帮助。据统计，2019届毕业生就业率达99.32%，多人考取国内知名大学研究生以及赴境外继续硕士研究生学习，国内985、211高校录取人数约占总人数的78%。

进步无止境。下阶段，学院将继续砥砺奋进，牢记使命再出发，用奋斗谱写事业发展新篇章，为建设高水平应用型商科大学贡献智慧贡献力量。

（李坦楼）

(八) 文法学院：项目驱动，资源聚合，让育人“活”起来“实”起来

“以专业课堂为引领，聘请了具有相关法律经验的专家或者老师，以讲座开阔视野，以视野反观专业，让我受益良多。”文法学院大三学生李美茹说。

人才培养不再是“你讲我听，你说我做”，项目化推进，言传身教，实践育人……处处皆是育人场景。文法学院作为第一批入选上海市教委“课程思政”的领航学院项目，除了大力推进学科专业建设发展，也通过打造育人品牌，创新育人实践，培养高素质人才。2019 年，毕业生参加国家项目有 3 名（“三支一扶”、大学生村官、西部志愿者），有 7 名学生应征入伍（其中毕业生 3 名），人数在全校名列前茅。

以项目驱动的标志性成果，推进专业建设发展

一所商科学院，文法学院的建立也是应商业经济发展的需要。通过十五年的本科建设，学院招生质量逐步攀升，并形成了品牌专业。比如说，法学专业，2017 年学校转专业的学生共 60 位，其中意愿转到法学专业的学生占学校转专业学生的四分之一。

那么，学院是如何推进学科建设的呢？文法学院院长方有林是这样回答的：“我们学院主要以抓项目化来推进标志性成果。具体来说，就是学院老师就自己擅长的领域，通过 2—3 年的不懈努力，形成一批标志性的成果，同时鼓励支持感兴趣并愿意在这方面深造的学生积极参与。”

项目驱动下，有利于学院产出一批重要的标志性成果，提高学科建设水平，也为上海商学院 70 周年校庆献礼。如，法学专业获

得了2017年上海市教学成果二等奖;2019年学院入选了"上海高校课程思政重点改革领航学院";建设完成"上海商业文化史"等课程。在师生共同参与形成合力的过程,一批学生也从中受益并提高。学院学生获得了2019年全国大学生数学建模比赛三等奖2项,第四届全国财经高校法律职业技能大赛有5人获奖,等等。

同时,在具体的工作推进中,也促使了有关专业进一步明确发展定位和转型方向,以适应时代发展和学科建设的需求。2019年,学院凝聚学科方向,推进了社会学专业向社会金融方向发展,"上海金融社会工作发展中心"成功揭牌并召开了首届长三角金融社会工作论坛,实现了学科发展的软着陆。

以学风建设为抓手,形成学习示范效应光环

学风是一个高校的立校之本、发展之魂。在文法学院,除传统的推进专业建设,为育人提质增效外,优良学风也发挥着人才培养的同向同行作用。

文法学院有两个特色亮点项目。"1+2+8"是导师制和学长制深度融合的抓手和做法。"1+2+8"是指1位导师、2位学长、8位同学。通过这样的一个做法,让同学们从跨入大学校门起,就能获得老师和学长的帮助指导,从而明确自己的学习目标和努力方向,最大限度地学有所获、学有所成。这个项目目前已经普及到文法学院三个专业的700多名学生。

文法学院的学生喜欢看书,每位同学每学期都要读完16本书。2017年3月最先在上海商学院启动的"一周一书"阅读模式,就是发起于文法学院,该模式引起了一些高校和教育研究机构专家学者等社会各界的广泛关注和支持,受到了埠内外人士的点赞。具体做法是:倡导学生一周读一本书,一周每天读五十页,一年就可以读五十本书,坚持四年读完两百本,为学生理论和实践学习打下扎实基础。

文法学院马萌萌同学说通过“一周一书”不断的量化约束与积累，最终帮助我们养成良好的阅读习惯，使我们终身受益。

“授之以鱼，不如授之以渔。”持续优化“1＋2＋8”导教导学深度融合，推广“一周一书”阅读模式等特色项目，能够发挥学生的主观能动性，引导和帮助学生“扣好人生第一粒扣子”。截至2019年，学院连续三年考研学生上线率超50％。

聚焦“第二课堂”扩大同心圆，实现育人创新

文法学院有很多知名的社团。代表学校参加比赛获奖，学生舞龙队、羽毛球队等不少的团队也来自文法学院。

让育人“活起来”，除了第一课堂和第二课堂，实践课堂是其中的重要一环，它能够提供锻炼机会，有利于提升学生的综合素养。文法学院通过实践基地、社团建设、体育赛事等第二课堂，提升人才培养效能。

文法学院的实践基地丰富多样，校内实训场所、校外实践基地近40个，校内诸如模拟法庭、模拟律师事务所、商务舆情调查实验室等，校外有与上海市消费者权益保护委员会系统、法院检察院系统、香港《大公报》上海分社等建立的20余个实践基地，并在上海高校系统首倡设立“调解中心”“新媒体商务传播研究与制作基地”等新型产学研机构，进一步与社会接轨，推进学用结合，学以致用。

课上课下、课内课外结合，打造品牌项目，能帮助学生了解社情、认识国情、砥砺品行。比如，成立于2010年11月，最初由5名贵州籍同学倡导成立的“爱心贵州”社团，获得了2015年团中央第二届青年服务志愿大赛银奖、2016年上海市大学生暑期社会实践“知行杯”大赛二等奖、2016年团中央镜头中的三下乡优秀团队、2017年度上海市青年五四奖章等多项殊荣。截至2019年底，“爱心贵州”社团累计筹得市场价值380余万元的筹款及捐赠物资，足迹遍布贵州省十三个区县60所中小学，受益对象达18 000余人，

目前已有 268 名困难学生获得“一对一”精准帮扶计划的资助。

今年是学校 70 华诞，也是“十三五”收官之年。在未来，学院将继续勇攀高峰，积极申报上海市应用试点专业，推进学院建设更上新台阶，为学校发展和建设贡献力量。

（李坦楼）

三、学校历任校长

王南秋　1950.2—1952
中央税务学校华东分校校长

周伯萍　1951.9—1952
华东粮食干部学校校长

周光春　1952.12—1955
华东财政学校校长

耿同麟　1956.11—1962
财政部上海财政干部学校、上海市财政贸易干部学校校长

裴先白　1979.1—1981
上海市财政贸易干部学校、中共上海市财贸党校校长

肖　林　1981.11—1983
中共上海市财贸党校、上海市财政贸易干部学校校长

潘其昌　1984.7—1987
中共上海市财贸党校、上海市财贸管理干部学院校长

庄晓天　1987.8—1993
中共上海市财贸党校、上海市财贸管理干部学院

校长

张俊杰　1989.8—1993

中共上海市财贸党校、上海市财贸管理干部学院校长

任徽典　1993.9—1997

中共上海市财贸党校、上海市财贸管理干部学院校长

崔善江　1997.6—1998.2

中共上海市财贸党校、上海市财贸管理干部学院校长

1998.3—2001.6

中共上海市财贸党校、上海商业职业技术学院校长

甘忠泽　2001.7—2005.1

中共上海市财贸党校、上海商业职业技术学院校长

方名山　2005.2—2010.12

上海商学院校长

潘志纯　2005.12—2011

中共上海市经济党校校长

朱国宏　2010.12—2017.5

上海商学院校长

唐海燕　2019.7—

上海商学院校长

四、学校大事记

1950 年

1 月,设立中央税务学校华东分校,王南秋兼任校长,耿同麟任党支部书记。

2 月,首届招生 494 名学员,租赁私立上海立信会计专科学校校舍办学。

5 月,第一期学员结业。

8 月,举校搬迁至江苏省苏州市办学,校部设于带城桥下塘 37 号。第 1 队: 吴衙场;第 2 队: 金太史巷;第 3、第 4 队: 老城隍庙等四处校址。

1952 年

12 月,成立华东财政学校。撤销"苏州中央税务学校华东分校"和 1951 年成立的华东粮政干部学校,教职员工并入。

周光春兼任校长、党支部书记。校址在三门路 661 号。培养华东地区财政税务部门的县市级领导骨干。

1956 年

4 月，改名为“财政部上海财政干部学校”，耿同麟任学校党支部书记、校长。培养干部由华东地区扩大到中南地区。

1958 年

3 月，财政部上海财政干部学校与第一商业局、第二商业局、税务局、外贸局、人民银行所属的干部学校以及上海市商业职工学校合并，建立“上海市财政贸易干部学校”，由中共上海市委财贸政治部直接领导。

党支部书记、校长耿同麟。负责全市财贸系统干部的政治理论教育等。

1969 年

11 月，成立“上海市财贸五七干校”，举校迁往奉贤区五四农场办学，负责市财贸系统公司以上机关工作人员的下放劳动和学习。

1978 年

10 月 28 日，复校“上海市财政贸易干部学校”，市区校址在铜仁路 195 号,主要负责全市财贸系统干部政治轮训学习等。

1979 年

1 月,裴先白兼任校党委书记、校长。

陆续迁入铜仁路 195 号新校区办学。

1980 年

8 月,学校同时又称"中共上海市财贸党校","两块牌子、一个机构"。

1981 年

11 月,肖林兼任校党委书记、校长。

1983 年

5 月,根据国发〔1983〕87 号,国务院批转教育部等部门《关于成立管理干部学院问题的请示》的通知,8 月 3 日,批准设立"上海市财贸管理干部学院",并设有"中共上海市财贸党校"。

在继续扩大经济管理人才培训的基础上,加大全市财贸系统经济管理人才培养力度,陆续开设成人大专学历教育。

1984 年

7 月，潘其昌兼任校(院)长。

1987 年

8 月，庄晓天兼任校党委书记、校(院)长。

1988 年

系(部)中层干部实行聘任制，并试行院、系“两级办班、两级管理、两级分配”的管理模式。

1989 年

8 月，张俊杰兼任校(院)长。

1992 年

推出教学、人事和分配三项制度改革：教学方面实施《加强教学管理工作 32 条制度》和《质量保证体系 12 条意见》；人事制度主要推出“工作任务实行目标管理，教职员工实行动态管理”，完善教师聘任制，行政、党务和后勤人员实行岗位责任制；分配制度上试行岗位职务津贴，打破大锅饭，适当拉开差距。

1993 年

形成置换铜仁路 195 号校区、选址中山西路 2271 号建设新校区方案。

4 月，蓝少海任校党委书记。

7 月，租赁长宁区教育学院（愚园路 864 号）校舍办学。

9 月，任徽典兼任校（院）长。

加大改革力度，精简机构，改革用人制度，实行全员聘任制，采取两级聘用，择优上岗，聘余流动，允许教职工在校内跨部门受聘的原则，在分配制度上进一步向教学部门倾斜，完善两级分配办法，实行经费财务统收，按项支付，划块包干，试行国家和院内双轨工资制，计时、计件、按质、按量进行分配。

教师顾国建论文《上海超市发展的前景与对策研究》获上海市第二届（1986—1993）哲学社会科学优秀成果奖。

1994 年

10 月，将上海财贸管理干部学院、市第一商业局职工大学、市粮食局职工大学、市供销社职工大学合并组建“上海市商业高等职业技术学校”。同时，保留“上海市财贸管理干部学院”建制。

承担上海市财贸系统的全日制高等职业教育、成人高等学历教育和干部岗位培训等继续教育任务。

进一步精简机构，主要职能部门实行合署办公，精简人员，推出富余人员管理办法，系（部）实行按课时分配并统一课时标准。

1996 年

10 月，方名山任校党委书记、主持工作副校（院）长。

年底，学校行政部门租赁上海市社会主义学院（镇宁路 405 弄 65 号）办公。

教师刘建民论文《商业行规定位、特点及体系》荣获上海市第四届（1996—1997）哲学社会科学优秀成果奖。

1997 年

6 月，崔善江兼任校（院）长。

上半年，部分教职工搬迁至上海市商业学校（共和新路 1485 号）。

9 月，学校以立信会计高等专科学校名义，招收普通高等职业教育学生（1997 级）120 名报到、入学。

11 月，全部搬迁至上海市商业学校办学。

当年起实行“一级管理，一级分配”，提高分配比例。

1998 年

3 月，学校“转制”国民教育成功，设立全日制高等职业院校——“上海商业职业技术学院”。与“中共上海市财贸党校”实行“两块牌子、一个机构”管理。

上海市人民政府原市长汪道涵题写校名“上海商业职业技术学院”。

9 月，以“上海商业职业技术学院”名义，设置 5 个专业，成功招收学生 320 名。首届(1998 级)学生在上海市商业学校报到、学习。

与澳大利亚 TAFE 北悉尼学院签署合作办学协议，首开本市高等职业技术教育中外合作项目。

年底，徐汇校区(中山西路 2271 号)14 层教学办公楼，7 层生活楼竣工。

1999 年

1 月，陆续迁入徐汇校区办公、办学。

9 月，普通高等职业教育招生 1999 级 850 名学生在徐汇校区报到、学习。中澳合作专业开始招生。

2000 年

2 月，顾国建等的教材《超级市场连锁经营管理》获 1999 年度上海普通高校优秀教材三等奖。

9 月，普通高等职业教育招生 2000 级 1 800 名学生报到、注册。

当年学校被评为上海市商业系统精神文明单位。

2001 年

3 月 2 日，决定将上海兰生外经贸进修学院(兰生院区)开办高职教育，纳入本校当年招生计划。至此，本校与其他六个院区共办高职教育格局成型：共和新路院区、虹桥院区、赤峰路院区、中原院区、兰生院区、陆家浜路院区。

6月4日，初步确定在上海市工业综合开发区（奉浦工业区）购地建设新校区发展。

7月，甘忠泽兼任校（院）长。

9月25日，普通高等职业教育2001级2900名新生在奉贤区五四农场军训基地参加开学典礼。

9月25日，学校与上海市工业综合开发区有限公司签订征用上海市工业综合开发区教育园区规划用地合作开发协议书，建造学校奉浦校区。

10月28日，学院四届五次教代会一致通过异地扩建奉浦校区方案。

学校被评为上海市商业系统精神文明单位。

2002年

8月，奉浦新校区（奉浦大道123号）一期工程竣工。

10月，普通高等职业教育招生2002级1900多名学生在奉浦校区报到、注册。

当年学校被评为上海市职业教育先进集体、上海市文明单位。

顾国建等教材《超级市场营销管理》获全国高校优秀教材二等奖。

11月，副校长冯伟国教授被评为全国职业教育先进个人。

2003 年

3 月，学校被上海市教委批准为“上海市示范性高等职业院校建设单位”。

8 月，奉浦新校区二期工程竣工。学校办学重心整体转移至奉浦校区。

学校获 2001—2002 年度上海市文明单位。

9 月，普通高等职业教育招生 2003 级 3 150 名学生到奉浦校区及各个院区报到、注册。

11 月，宋文官教授获第一届上海市高等学校教学名师奖。

宋文官《电子商务实用教程》、刘斌《连锁物流》、张晔清《连锁企业门店营运与管理》分获 1999—2002 年度上海普通高校优秀教材一、二、三等奖。

2004 年

3 月，《电子商务概论》(宋文官等)、《会计学基础》(董惠良等)获上海市级精品课程。

《电子商务概论》(宋文官等)获国家级精品课程。

6 月 17 日，当年招收的应届三校学生到奉浦校区及各个院区报到、注册。三校生生源实际报到人数 1 756 人。

9 月，建立上海商学院，以本科教育为主。至本年度，全校高职专业设置已拓展至 37 个。

12 月，《物流基础》(宋文官、刘斌等)获国家级精品课程。

2005 年

2 月，方名山任上海商学院党委书记、院长。

5 月，学校获 2003—2004 年度上海市文明单位。

9 月，第一届（2005 级）本科学生 200 名在奉浦校区报到、学习。

本校 4 项教学成果获高等教育上海市级教学成果奖（一等奖 2 项，三等奖 2 项）。

本校“《连锁经营管理》专业教学改革试点探索与创新”（方名山、吴建国、乔刚、胡学庆、刘斌）获高等教育国家级教学成果奖二等奖。

12 月，中共上海市外经贸党校并入，改名为中共上海市经济工作委员会党校，潘志纯兼任党校校长。

冯伟国、陈敏教授分别领衔的两项成果分获上海市第八届教育科学优秀成果教育改革实验奖三等奖。

2006 年

8 月，《职业发展规划与设计》（陈敏等）获上海市精品课程。

9 月，第二届（2006 级）本科学生在奉浦校区报到、学习。

2007 年

3 月 19 日，市教委批复“同意上海商学院招收外国留学生”。

4 月，学校获 2005—2006 年度上海市文明单位。

6 月，学校全面设立二级学院（含直属系），并聘任二级学院领导。

7 月，韩国南海大学 14 名学生成为我校接受的首批外国留学生。

根据《上海市学位委员会关于同意上海商学院增列为学士学位授予单位的通知》（沪学位〔2007〕6 号），我校财务管理、连锁经营管理、信息管理与信息系统、艺术设计等 4 个本科专业增列为学士学位授予专业；从 2007 年起，上述 4 个专业的本科毕业生可依我校有关规定，申请学士学位。

8 月，董惠良教授获 2007 年上海市育才奖。

《经济法》（刘建民）获上海市级精品课程。

《职业发展规划与设计》（陈敏等）获国家级精品课程。

王妙《市场营销学教程》、宋文官《电子商务概论》、陈敏《成功走向社会——高职高专学生就业指南》、卜军《管理学基础（经管专业）》、姜荷梅《21 世纪大学实用英语基础教程》获得 2003—2005 年度上海普通高校优秀教材一至三等奖。

2008 年

6 月，建立由上海商学院牵头的上海商贸职业教育集团。

7 月，陈敏教授获第四届上海市高等学校教学名师奖。

8 月，连锁经营管理专业教学团队（方名山领衔），获上海市高等学校市级教学团队。

上海商学院流通现代化试验教学示范中心，获上海市市级试验教学示范中心建设单位。

冯伟国、陈敏教授分别领衔的两项成果分获上海市教育科研成果奖(改革实验类)二、三等奖。

2009 年

4 月,学校获 2007—2008 年度上海市文明单位。

6 月,二级学院调整,中层干部换届。

本校 4 项教学成果荣获高等教育上海市级教学成果奖(一等奖 1 项,二等奖 1 项,三等奖 2 项)。

7 月,职业发展教育教学团队(陈敏领衔),获上海市高等学校市级教学团队。

9 月,傅敬民、刘建民、冯国珍、宋艳婷获 2009 年度上海市育才奖。

2010 年

5 月,学校获批商务部首批国际商务官员研修基地。

5 月 18 日,中共上海市经济党校、上海商学院召开校庆 60 周年大会。

12 月,朱国宏任上海商学院院长。

2011 年

学校《“十二五”期间事业发展规划纲要》明确“以商立校”办学理念。

4 月,学校与东方财富传媒股份有限公司共建东方财富传媒与管理学院。

6 月，二级学院调整，中层干部换届。

8 月，学校与复旦大学签署合作共建协议。

7 月，学校“十二五”内涵建设规划项目——“商业服务类人才培养综合平台建设”（“5 类”“11 个项目”），纳入上海地方本科高校内涵建设（085 项目）资助。

2012 年

确定学校到 2020 年发展目标：建立以发展商科为主线，构建以管理学、经济学学科为主体，法、文、艺、工等多学科交叉支撑、协调发展的学科体系；培养专业知识扎实、具有社会责任、实践能力、创业精神、国际视野的创新性复合型商科人才；建成与上海城市功能相适应，满足上海现代服务业发展需求的特色鲜明的应用性教学型大学。

3 月 19 日，学校与复旦大学共建的重要落地项目——“上商大讲堂”正式启动。

3 月 28 日，学校与建设银行上海分行签署战略合作协议。

4 月 8 日，学校与上海市商务委员会共同发起成立上海商业发展研究院。

7 月，酒店管理专业入选“十二五”本科教学工程市级“专业综合改革试点”项目。

8 月，蒋博、蒋苏、陈志强获 2012 年度上海市育才奖。

11 月，刘建民教授获“宝钢优秀教师奖”，我校教师首获此奖。

12 月 18 日，上海商学院志愿者服务网开通。

2013 年

1 月 15 日，上海商学院教育发展基金会揭牌。

4 月 24 日，学校与江西财经大学签署战略合作协议。

4 月，学校获 2011—2012 年度上海市文明单位。

6 月，上海商学院与上海市经济党校两校分离。

酒店管理专业获批教育部第一批本科专业综合改革试点项目。

校长朱国宏领衔的上海商贸服务业知识服务中心(筹)获第二批上海高校知识服务平台(筹)。

7 月 19 日，市级专家组莅临对上海商学院“十大工程”专项资金支持项目实施中绩效实地评价，专家组对我校内涵建设工作给予肯定，后在全市地方本科高校内涵建设专题会议上给予表扬。

提出勇者、智者、行者、仁者即“四者”人才培养理念。

学校获上海市第十六届文明单位称号。

本校 3 项教学成果获高等教育上海市级教学成果奖(一等奖 1 项，二等奖 2 项)。

11 月，李明福任校党委书记。

12 月 18 日，学校获上海市西南片高校联合办学突出贡献奖。

12 月，辅导员刘俊获第二届上海高校辅导员职业能力大赛二等奖。

2014 年

3 月，上海商学院正式划归市教委。学校隶属关系由上海市经济和信息化委员会划转至上海市教育委员会。

5 月，辅导员刘俊获第三届全国高校辅导员职业技能大赛三等奖。

6 月 27—29 日，刘攀、武宏琳、居蓓蕾三位教师分获首届上海青年教师教学竞赛二等奖、二等奖和三等奖。

修改校训为："厚德博学、经世济民。"

9 月，刘俊获上海市育才奖。

12 月 14—18 日，教育部本科教学工作合格评估专家组到校现场考察。

朱国宏教授获上海市第十一届哲学社会科学优秀成果奖(著作类)一等奖 1 项。朱国宏教授获第六届全国人口科学优秀成果奖(专著类)二等奖 1 项。

12 月 16 日，学校获"上海市语言文字规范化示范校"荣誉称号。

12 月，学校首个海外教师培训基地在美国西弗吉尼亚大学挂牌。上海商学院商业博物馆正式开馆。胡巧多教授获 2014 年度"宝钢优秀教师奖"。

2015 年

《上海商学院章程》《上海商学院综合改革方案》获市教委核准。

4 月 13 日，学校成为全国应用技术大学(学院)联盟成员。

4 月 13 日，校团委获 2014 年度"上海市五四特色团委"称号。

5 月 26 日，学校当选为地方(财经)高校金融教育联盟副理事长单位。

7 月 8 日，周勇教授获中国商业联合会主办的"2014—2015 中国零售业年度人物”荣誉称号。

7 月 20 日，学校“上海商业博物馆商标分馆”揭牌。

7 月 24—26 日，学校承办全国高校商务管理研究会第 30 次年会；校长朱国宏教授当选为研究会副会长。

8 月，学校成为世界技能大赛商务软件项目技术支持单位。

10 月 16 日，学校获 2013—2014 年“上海市语言文字水平测试工作先进集体”称号。

12 月 11 日，学校获“全国高校后勤信息化建设工作优秀示范单位”称号。

12 月 1—3 日，爱心贵州社团“爱心贵州，爱在路上”助学帮扶项目进入第二届中国青年志愿服务项目全国总决赛并获银奖。

2016 年

3 月，上海市商务教育培训中心（上海市商业人才开发服务中心）整建制并入。

9 月，李昕任校党委书记。叶龙获 2016 年上海市育才奖。

2017 年

4 月，学校获 2015—2016 年度上海市文明单位。注册新西兰上海商学院有限公司。学校获上海市第十八届文明单位称号。

12 月，王胜桥教授获 2017 年度“宝钢优秀教师奖”。

12 月 22 日，成立上海市欧美同学会（上海市留学人员联合会）上海商学院分会。

2018 年

2 月，酒店管理学院团总支获评 2017 年全国高校“活力团支部”。

3 月，教育部本科教学合格评估专家组到校现场复评。获批教育部首批国家级新工科研究与实践项目。

4 月，本校 8 项教学成果获 2017 年上海市教学成果奖（高等教育组 5 项，一等奖 1 项，二等奖 4 项；职业教育组 3 项，一等奖 1 项，二等奖 2 项）。

6 月，沈大明任校党委书记。

7 月，学校与上海银行签署银校合作战略协议。

8 月，第 45 届世界技能大赛中国集训基地落户学校。

9 月 25 日，国务院教育督导委员会办公室公布，本校通过本科教学工作合格评估。

10 月，学校“营改增”试点改革研究成果入选上海改革开放 40 项标志性首创案例。学校 10 个项目入选教育部 2018 年第一批产学合作协同育人项目。

11 月，市委第十巡视组进驻上海商学院开展巡视工作。

12 月，学校成为上海市首批人工智能应用场景需求单位。姜红教授获“宝钢优秀教师奖”。

2019 年

4 月，学校获 2017—2018 年度上海市文明单位。

5 月 24 日，学校获第三届“上海市人道博爱奖”。

5月,本校管理学院、酒店管理学院获2014—2018年度上海市"教育先锋号"称号。

7月10日,学校与上海盒马网络技术有限公司签署校企合作协议。

7月31日,唐海燕任上海商学院党委副书记、院长。

9月,本校文法学院入选"上海高校课程思政重点改革领航学院"。

10月,教师李育冬、潘懿敏获2019年度"上海市育才奖"。

11月,曹静获"宝钢优秀教师奖"。

11月,辅导员高安慧、杨凤美获2019年上海高校辅导员素质能力大赛三等奖。

12月,学校与纽约金融学院签署战略合作协议。

11月17日,学校主办主题为"融合与赋能——新时代金融社会工作的建设与发展"的首届长三角金融社会工作论坛。

12月,工商管理、市场营销、酒店管理、电子商务4个专业通过ACBSP(美国商学院认证委员会)认证。

12月24日,工商管理、电子商务、酒店管理3个专业入选首批国家级一流本科专业建设点,金融学专业入选首批省级一流本科专业建设点。

2020年

1月,学校明确,建设特色鲜明的高水平应用型商科大学的十年发展愿景。

4月10日,学校获第一届上海市文明校园光荣称号。

5月14日,学校与上海财经大学签署全面战略合作协议。

5月17日,召开上海商学院建校70周年发展大会。

7 月 2 日，学校与中国银行上海市分行签署银校全面战略合作协议。

7 月，朱永莉老师的“面向新农科的应用型园林本科实践教育体系构建”和郗金标老师的“服务乡村振兴战略模式研究与实践”两个项目入选市级新农科研究与改革实践项目。司文和刘攀老师共同负责的“教育部校企深度产教融合基地建设——创建长三角区域‘互联网＋’产业需要的人才培养体系”项目入选上海市级新工科研究与改革实践项目。

9 月，朱永莉副教授主持的“面向新农科的应用型园林本科实践教育体系构建”成功入选教育部 2020 年“新农科研究与改革实践项目”。

10 月 22 日，学校与腾讯云计算(北京)有限责任公司签订合作框架协议。

11 月 19 日，学校入选上海市教委、市语委办授牌的首批 20 个中华经典诵写讲基地，其中上海商学院等三所高校入选高校组基地。

11 月 27 日，学校获得“上海市爱国拥军模范单位”。

12 月 7 日，上海市 2020 年博士、硕士学位授权审核推荐名单及材料网上公示。上海商学院名列“拟新增硕士学位授予单位推荐名单”；上海商学院“国际商务”(0254)、“旅游管理”(1254)硕士点名列“新增博士硕士学位授权点推荐名单”。

12 月 10 日，学校与上海市衡山(集团)有限公司举行产教融合框架合作协议签约仪式。

五、校史人物简编

王南秋

王南秋(生卒年不详),湖南湘潭人。1950 年 2 月至 1952 年 12 月兼任中央税务学校华东分校校长。

年轻时曾在湖南湘潭吴恒泰酱园当过店员。1927 年 1 月 21 日,曾带领工人纠察队参加湘潭雪耻会举行的反帝示威游行,并焚毁了河东太平街英商的“洋油池”。

抗战全面爆发后,被党组织派回湖南从事群众抗战工作,并参与恢复湖南的党组织等工作。1938 年担任湖南省县工委委员,是省委政治交通,常住长沙,负责与湘潭联系。他受委派出席中共湘潭(韶山)特别支部成立大会(1938 年 1 月,特支隶属中共湖南省工委领导)。其间还参与过(湖南)《观察日报》社的相关工作。

曾任陕甘宁边区陇东税务分局局长。1948 年任华北人民政府税务总局副局长,后任财政部税务总局副局长兼天津市税务局局长。

1949 年 9 月受命南下,出任华东财政部长、华东税务管理局局长，兼任上海市货物税局局长（1949 年 9 月—1950 年 3 月）。1950 年初，设立中央税务学校华东分校，兼任校长。

耿同麟

耿同麟（1917—1975），字香斋，山东沾化县北耿村人。曾连续担任本校主要领导 13 年：中央税务学校华东分校党支部书记、副校长（1950.2—1952.12），华东财政学校党支部副书记、副校长（1952.12—1956.4），财政部华东财政干部学校（1956.11—1958.2）和上海市财政贸易干部学校党委书记、校长（1958.3—1962.9）。

1933 年考入山东省立第四中学（在惠民县城），开始接受民主革命思想。1936 年到北平大同中学读高中。“七七事变”后，中断学业回乡，投入正在兴起的抗日救国运动，在沾化县城（今古城）一带组织青年学习，宣传抗日救国。1938 年 3 月加入中国共产党，并任本村党支部书记。同年 8 月任沾化县第一区区委书记，并负责编印沾化县委期刊《星火》。1939 年初，沾化县被日军侵占，经常扮作酒商（化名吴英民）传送党的文件及宣传品，搜集日伪情报，筹措款项，购买枪支，组织破坏日伪通信线路。1939 年任中共沾阳县工委组宣部长，翌年任书记。1944 年 5 月，任沾阳棣边区县政府副县长。为减轻群众负担，克服政府财政困难，组织开发百亩盐田，为发展教育，开办教师培训班，并在薛尔庄办起沾化县第一所完全小学。

1947 年 7 月任无棣县县长。1949 年夏随解放军南下，任上海市货税局人事室主任。1950 年初任中央税务学校华东分校党支部书记、副校长。1952 年底华东税校并入“华东财政学校”，改任党支部副书记、副校长。1956 年底担任“财政部上海财政干部学校、上海市财政贸易干部学校”党委书记、校长，直至 1962 年改任上海市供销合作社党委副书记。

“文革”期间遭受冲击，曾受到长期批判、斗争，1975 年病逝于上海。

周伯萍

周伯萍（1920—2012），安徽肥西人。1951 年 9 月至 1952 年 12 月兼任华东粮政干部学校校长、党支部书记。

1920 年 3 月 15 日生于安徽省肥西县。1941 年 3 月加入中国共产党。1938 年 4 月后，曾在安徽省乡政干部训练班、军政干部训练班学习，曾任泗县皖东北进出口货物检查处处长，涟水等县税检局局长，淮海行署财粮处副处长，苏皖边区政府第六专署财粮处处长兼淮海军分区供给部部长，苏南行署粮食局局长，华中行政办事处粮食局局长兼华中支前司令部粮食部部长等职。参加了涟水战役、淮海战役和渡江战役。

1950 年 4 月后，任华东军政委员会财政部粮食局副局长、局长。1952 年 10 月后，任中央粮食部党组成员，办公厅主任，采购司、计划司司长，政策研究室主任等职。1964 年入外交学院学习，同年 9 月调入外交部。1967 年 5 月后，历任驻坦桑尼亚使馆临时代办，驻希腊、阿尔及利亚和扎伊尔（今刚果）三国大使。

1981 年 11 月起，任国家计划生育委员会副主任，中国人口学会副会长，中国计划生育协会副会长、常务副会长、顾问，中国人口福利基金会副会长。曾任世界著名国际组织“争取更好世界协会”中国理事。第七届全国政协委员。2001 年 8 月离休，2012 年逝世。

许用思

许用思（1913—1993），安徽肥东人。1952 年底至 1955 年 8 月，任华东财政学校党支部副书记、副校长。

1913 年 2 月出生于安徽肥东，1930 年毕业于安徽省立六中高中师范科。1938 年 9 月参加革命。同年加入中国共产党，组织抗日游击队任副大队长。曾任抗日军政大学指导员。1942 年后历任区委书记、县委副书记、驻鲁办事处党总支书记、山东省人民政府秘书、华东财办党委委员兼干部科长，后调上海华东军政委员会财政部人事处任处长兼办公室主任。

1954 年底调任中央财政部人事司副司长兼党监委书记，1957 年 10 月调山东师范学院任党委书记，后兼院长至 1960 年 5 月。1964 年 3 月调皖南大学，后任安徽师大副校长、党委常委。1982 年 3 月离职休养。1993 年病逝。

周光春

周光春（1917—2011），安徽无为人。1952年12月至1955年8月，兼任华东财政学校校长、党支部书记。

曾用周卿云、周缦兮等名。1917年出生于安徽无为，1928年加入中国共产主义青年团。复旦大学肄业，1940年4月参加革命工作，同年11月加入中国共产党。曾任新四军淮南根据地路西各县联防办事处会计、路西专署财粮科科长、财政处处长兼军分区供给部政委。

1946年5月起，任苏皖边区政府粮食局副局长，新四军华中运粮司令部副司令，华东局财经办事处副秘书长，山东省财政厅厅长、财经委副主任。

1952年9月至1966年12月，任华东军政委员会财政部部长、华东财经委秘书长兼华东行政委财政局局长、国务院第四办公室副主任、国家经委副主任、中南局常委兼计委主任、广州氮肥厂厂长等职。

1970年后，任广东省计委主任、广西壮族自治区计委主任；1978年8月后，任广西壮族自治区党委书记（当时设有第一书记），兼任自治区政府副主席，自治区党委副书记兼顾问委员会主任。1984年3月至1994年1月，任审计署特约顾问。中共十二大代表。2011年逝世。

裴先白

裴先白(1916—2014),湖南澧县人。1979 年 1 月至 1981 年 11 月,兼任上海市财政贸易干部学校校长,党委书记,中共上海市财贸党校校长。

1938 年 2 月参加革命工作,1938 年 3 月加入中国共产党。1938 年参加新四军。曾任新四军四支队干事,政治部科长,二师四旅团政治处副主任、主任、团政委。

1949 年 5 月后,历任上海市财委处长、副秘书长,华东财委副秘书长,上海市服务局副局长、局长,上海市第二商业局局长、党委书记,上海市人民政府财贸办公室副主任、主任。“文革”期间受迫害。

1978 年 5 月后,先后任上海市革命委员会副主任、上海市副市长、第五届全国人大代表。任副市长期间(1979. 12—1983. 4),分管财政、商业、郊区副食品生产等工作。

1985 年 7 月至 1988 年 4 月,任上海市第八届人大常委会副主任兼财政经济委员会主任委员。1989 年起,任上海市人民政府顾问、上海市市政工作咨询小组副组长等职。2014 年在上海逝世。

潘其昌

潘其昌(1932—2018),浙江慈溪人。1984年7月至1987年8月,兼任中共上海市财贸党校校长、上海市财贸管理干部学院院长。

1950年2月参加工作,1952年12月加入中国共产党。1963年6月任上海市海洋渔业公司党委副书记。“文革”期间受冲击被下放劳动。

1976年3月起先后任上海网具厂党总支副书记,上海渔轮厂党委书记、厂长,上海市海洋渔业公司党委书记、经理。1979年5月起先后任上海市水产局副局长、党委副书记、局长等。

1983年7月任中共上海市财贸工作委员会党委书记。1986年3月任中共上海市委委员。

1987年2月任交通银行副董事长、副总经理、党组成员兼上海分行总经理。1993年10月任交通银行董事长。1998年11月任交通银行咨询委员会主任。2018年在上海逝世。

庄晓天

庄晓天(1932—),浙江镇海人。兼任中共上海市财贸党校、上海市财贸管理干部学院党委书记(1987.8—1993.4)、校长(1987.8—1989.8)。

1932年生于镇海唐家弄村，1945年蔚斗小学毕业后随兄长到上海。1950年6月参加工作，1956年3月加入中国共产党。毕业于上海财经学院夜校部工业统计专修。曾任上海市盐业公司营业员、科员，上海市禽蛋联合加工厂副科长，上海市禽蛋公司淀山湖饲养场党支部书记，上海禽蛋一厂党总支书记，上海市禽蛋公司党委副书记、副经理。1980年起，先后任市第二商业局副局长、党委书记，市第一商业局党委书记，市委财贸工作党委书记。

1986年3月，当选为中共上海市委委员。1988年4月至1993年2月，任上海市副市长。1993年2月起，首任上海浦东发展银行董事长、1995年起兼任上海银行董事长（首任）。现为上海市宁波商会会长。

张俊杰

张俊杰（1933—　），浙江鄞县人。1989年8月至1993年9月，兼任中共上海市财贸党校校长、上海市财贸管理干部学院院长。

1933年11月出生。毕业于暨南大学。曾任上海市百货公司经理，上海第一商业局局长，上海市人民政府财贸办公室主任，上海市财贸党校校长、财贸管理干部学院院长，立信高等会计专科学校校长，上海新亚集团股份有限公司董事长，上海市经济委员会主任。

高级经济师。上海市政协常委。先后著有经济、商业、物价等方面论文30余篇，在中央和地方报刊发表，撰写的《增强流通功能重振批发商业》被《回顾与展望面向新世纪》收录；《拓展国内市场》被上海市人民政府评为重大决策咨询二等奖；著有《商业基础知识》中专教材一本。

现任中国商业联合会副会长，上海市商业经济学会会长，上海华夏经济促进会会长。

甘忠泽

甘忠泽（1950— ），上海市人。2001年7月至2005年2月，兼任中共上海市财贸党校校长、上海商业职业技术学院院长。

1965年加入中国共产主义青年团。1966年毕业于上海中学初中部。1968年到土产公司仓库当工人。1974年加入中国共产党。1984年毕业于上海财经学院（夜大学）商业经济专业。1984年开始，先后担任市公司党委书记、市供销合作社党委书记、市财贸工作党委书记等职，1997年3月出任市工商局党组书记、局长，2001年开始担任市商委、市国资委和市建交委领导工作。2010年退休后，担任上海绿色建筑协会会长。

方名山

方名山(1949—),原籍浙江镇海,出生于上海。长期担任学校主要领导:1996 年 10 月至 1998 年 3 月,担任中共上海市财贸党校、上海市财贸管理干部学院党委书记、主持工作副校(院)长;1998 年 3 月至 2004 年 9 月,担任中共上海市财贸党校、上海商业职业技术学院党委书记、主持工作副校(院)长;2005 年 2 月至 2010 年 12 月,担任上海商学院党委书记、校长。

之前曾先后担任交电公司总经理、法人代表,上海市第一商业局副局长,上海内外联综合商社董事长、党委书记、法人代表,上海家乐福超市集团董事长、法人代表等。

毕业于上海财经大学,研究生学历,经济学硕士学位,研究员、博士生导师。长期从事商业经济实践和理论研究工作,上海创建和发展连锁业的主要奠基人之一,上海联华超市主要创始人之一。

曾获 1994、1995 年度上海市优秀企业家称号;2002 年被评为上海市职业教育先进个人;2004 年被列为上海连锁业特殊贡献人物获特别贡献奖;2005 年获上海职业教育杰出校院长表彰金奖;2006 年被评为上海市职业教育先进个人;中共上海市第六、第七、第八届代表大会正式代表,第九届代表大会列席代表,第十二届、第十三届上海市人大代表。

先后兼任上海商界同仁协会会长、上海服务经济研究会会长、上海商业联合会副会长、上海连锁经营协会会长、上海商业经济学会副会长、上海继续工程教育协会副会长、上海企业发展促进研究会副会长、上海商业企业管理协会副会长、《上海商业》杂志总编辑、中国商业联合会常务理事等。2010 年 12 月退休。

潘志纯

潘志纯(1954—),江苏江阴人。2005 年 12 月起,兼任中共上海市经济党校校长、校务委员会主任。

1972 年 12 月参加工作。在职研究生,工商管理硕士,高级政工师、高级经济师。先后担任上海市财贸工作党委干部处处长,市第二商业局党委副书记,市供销合作总社党委书记,嘉定区委副书记、区长,长江经济联合发展(集团)股份有限公司董事长,上海市经济工作党委书记,上海市经济和信息化工作党委书记,中共上海市金融工作委员会书记,中共上海市第十届委员会委员。2014 年退休。

冯伟国

冯伟国(1953—),上海市人。1999 年 6 月至 2004 年 9 月担任上海商业职业技术学院副院长,2004 年 9 月至 2014 年 2 月任上海商学院副校长(兼市经济党校副校长)。

1988 年 1 月毕业于复旦大学物理系,获理学博士学位。1988

年2月至1996年11月，在同济大学任教，历任物理系物理教研室副主任（讲师）、副系主任（副教授、硕士生导师），同济大学副教务长（教授）、校长助理；1996年12月至1999年7月，任上海市教委办公室主任（兼上海市教委信息中心主任，同济大学博士生导师）；1999年8月至2004年8月任上海商业职业技术学院副院长（兼市财贸党校副校长）；2004年9月至2014年2月任上海商学院副院长（兼市经济党校副校长）；2014年3月至2019年7月任上海杉达学院副校长；2019年8月起任上海震旦职业学院校长。

朱国宏

朱国宏（1963—　），福建省平和县长乐乡人。2010年12月至2017年5月，担任上海商学院院长。

1985年，毕业于复旦大学经济学系。1985年7月，参加工作。1985年4月，加入中国共产党。1987年，考回复旦大学攻读硕士、博士学位并先后获法学硕士、经济学博士学位。毕业后留校任教，历任复旦大学社会学系和经济学系教授、博导，复旦大学社会学系副主任、环境经济研究中心主任、社会科学研究处副处长、研究生院副院长、党委宣传部部长等职。

2003年1月，任中共上海市长宁区委常委、宣传部长。2010年12月，任上海商学院校长。2017年5月，任上海对外经贸大学党委副书记、校长。上海市第十五届人民代表大会代表。现任上海社科院副院长。

李明福

李明福(1964—　)，江苏扬中人。2013年2月至2016年8月，担任上海商学院党委书记。

国防科技大学飞行器系统工程专业毕业，工学学士，研究员。1995年9月加入中国共产党，1986年7月参加工作，先后担任上海航天设备制造总厂厂长，上海航天技术研究院院长助理、副院长、党委书记，中国航天科技集团公司科技委副主任，上海航天技术研究院科技委主任，市国防科技工业办公室副主任，上海市国防科技工业办公室副主任。2013年12月起担任上海商学院党委书记。2016年9月起任上海电力大学党委书记。

李　昕

李昕(1974—　)，湖北黄陂人。2016年9月至2018年7月，任上海商学院党委书记。

1996年，同济大学毕业，获学士学位；后在职共读硕士、博士

学位。1996 年 7 月，就职于上海市南市区房产管理局、上海南房（集团）有限公司；2001 年 12 月起，历任同济大学团委副书记、书记，学生工作部副部长（兼），党委办公室副主任、主任。2009 年 12 月，任同济大学党委副书记、兼任普通高等学校学生心理健康教育专家指导委员会委员；2013 年 8 月，任上海市长宁区委副书记；2016 年 9 月，任上海商学院党委书记；2018 年 7 月，任上海市教育卫生工作委员会党委副书记、上海市教育委员会副主任；2019 年 3 月，任上海市教育卫生工作委员会党委副书记、上海市教育委员会副主任，上海市青年联合会第十二届副主席。2020 年 11 月，任中国书法家协会分党组书记。

六、上海商学院历年所获教学成果奖

一、国家级教学成果奖(1 项,二等奖)

1	《连锁经营管理》专业教学改革试点探索与创新	方名山、吴建国、乔刚、胡学庆、刘斌	高等教育二等奖	2005 年

二、上海市级教学成果奖(共 19 项,高等教育一等奖 5 项)

1	《连锁经营管理》专业教学改革试点得实践与探索	方名山、吴建国、乔刚、胡学庆、刘斌	高等教育一等奖	2005 年
2	依托市场,探索高职高专就业指导新模式	陈敏、冯伟国、姚栋华、胡纬华、陈元靖	高等教育一等奖	2005 年
3	高职高专电子商务专业教学改革与实践	宋文官、徐静镠、冯伟国、马笑蓉、蒋传进	高等教育三等奖	2005 年
4	高职城市园林专业探究式教学模式得研究与实践	张建华、李雅娜、王旻、朱永莉、钱迪飞	高等教育三等奖	2005 年
5	应用型本科高校大学生职业发展教育探究	陈敏、冯伟国、黄欢、胡纬华、熊平安	高等教育一等奖	2009 年
6	连锁经营管理专业本科教学体系研究与探索	方名山、宋文官、曹静、冯国珍、徐文	高等教育二等奖	2009 年

续　表

7	《计算机应用基础》课程建设	张世正、娜日、唐思章、沈军彩、龙青云	高等教育三等奖	2009年
8	饭店管理专业深化校企合作得实践探索	姜红、徐静镠、查爱苹、王旭、朱庆章	高等教育三等奖	2009年
9	高校经济管理类专业跨校实践教学云平台建设与实践	胡巧多、韩景倜、于明亮、张士英、宋晓光、李周平、吴珊、侯立玉、池丽华、黄芸飞	高等教育一等奖	2013年
10	商文化融入创新创业教育得探索与实践	陈敏、张士英、黄欢、许瑛瑛、费黎艳	高等教育二等奖	2013年
11	校企融合得商业营销人才培养模式探索	池丽华、周勇、康海燕、朱文敏、李仉辉	高等教育二等奖	2013年
12	上海商学院“四者”人才培养的探索与创新实践	朱国宏、陈敏、杨荣昌、熊平安、侯立玉、王庆辉、刘晋波、许瑛瑛、虞玉华、张冰	高等教育一等奖	2017年
13	搭建国际人力资源开发合作大平台，创新高校服务“一带一路”倡议模式	贺瑛、陈巍、周德江、何晓明、尹世康	高等教育二等奖	2017年
14	以法律职业能力提升为中心的应用型法律人才培养机制创新与实践	段宝玫、林沈节、刘建民、王红珊、何爱华	高等教育二等奖	2017年
15	基于产教融合的酒店管理应用人才培养创新实践	姜红、钟伟、席宇斌、裘亦书、赵丽丽	高等教育二等奖	2017年
16	创新驱动背景下应用型本科专业建设改革与实践	熊平安、杨荣昌、马豫婷、池丽华、姜红	高等教育二等奖	2017年
17	立足上海，服务全国，职教师资培养培训创新实践	赵宏、陈敏、咸影波、王芬	职业教育一等奖	2017年

续　表

18	创设高职专科"文化素质+职业技能"考试模式　引领自主招考改革探索与实践	张永红、丁良、薛梅、陈敏、黄欢	职业教育二等奖	2017年
19	基于集团化办学背景下的商贸类中高职贯通专业培养模式的探索与实践	陈敏、曹静、傅建东、赵宏、王莉萍	职业教育二等奖	2017年

附录

一、上海商学院赋

李杏保

农工商学，民之四纲。商苑桃李，竞妍芬芳。溯往抚今，情满申江。

《易经》言商，源远流长。商之始祖，肇自炎黄。“日中行市”，神农炎帝首倡；“市不预贾”，黄帝利以世昌。《诗》云：“抱布贸丝”，贸易已见端倪。太史公曰：“农工商交易之路通，而龟贝金钱刀布之币兴焉。”汉唐宋明以降，商海沉浮历见，过乃无端抑商。更兼闭关锁国，阻隔五洲三洋。

西方炮舰破关，西风东渐华夏，五口商埠开放。滚滚长江东流，上海商都亮相。名士贤达荟萃，尤重崇学兴商。唐公蔚芝，主持南洋公学，即办高等商务学堂。江苏商专，并入省立上海中学，跻列名校商科圭臬。黄氏炎培，高擎职教大纛，创办中华职教。惜乎政局未顺民心，战乱祸及民生凋敝，商学焉置安宁之席？商科大学之梦，遂付汪洋！

东方正道沧桑，金鸡唱晓曙光。中央税务学校，应运而生。华东分校，申城坐镇。卅年辗转，财政财经干部学校；逐层提升，商业中职高职高专。千禧晋四，上海商学院立。东邻华亭宾馆，北毗东方商厦，西望虹桥枢纽，南眺闵浦诸桥。光启徐汇厚泽，相伯土山发祥。氛围商学咸宜，文化底蕴深广。建院四年，再建奉浦校区，促进城镇交融，拓展杏坛门墙。

从无到有，自小而大，由弱渐强。六十余载，日月风霜，甘苦备尝。全校一心，锐意进取，谱写华章。共建社会意识，立足现代服务，办校理念明朗。育人为本，商德为上。

学院素有党校传统，两课教育生动多样。上海世博盛会，学生志愿参与。“世博礼仪小姐”，名列全国卅强；又有俊男荣膺，风采之星金奖。平时自觉爱心捐助，踊跃义务献血荣光。学院任重道远，育人优化社会风尚。

学院教学为主，坚持教学相长。大学未必皆有大师，名师力求名实相当。学科建设，架构体系。社会需求，尊为导向。社会作大课堂，市场是实验场。鲜活课题，揽括教学科研锦囊。“连锁经营管理”，教学成果优秀，荣获国家二等奖项。精品课程，屡上国家、市级台阶。高职教育，明确路向目标，就业名列前茅。教者常乐其教；学者多善其学。认认真真教学，“做”中培养真人。

深化改革号响，扬帆乘风破浪。自由贸易钟鸣，上海响震八方。上海商学院人，把握时机挺上。商学文明沟通，学商文化弘扬。益世利民，功莫大焉。一以贯之，志远永年！

（2014 年特约本校文法学院兼职教授、上海师范大学教授李杏保撰）

二、上海商学院校歌

作词:集体创作
作曲:田　汩

1=G ♩=116 4/4

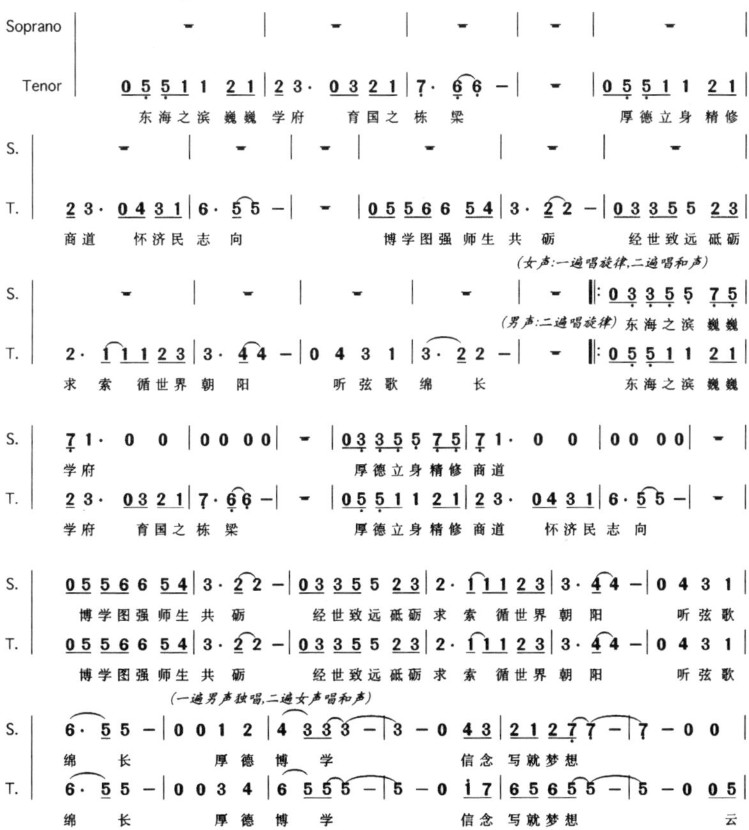

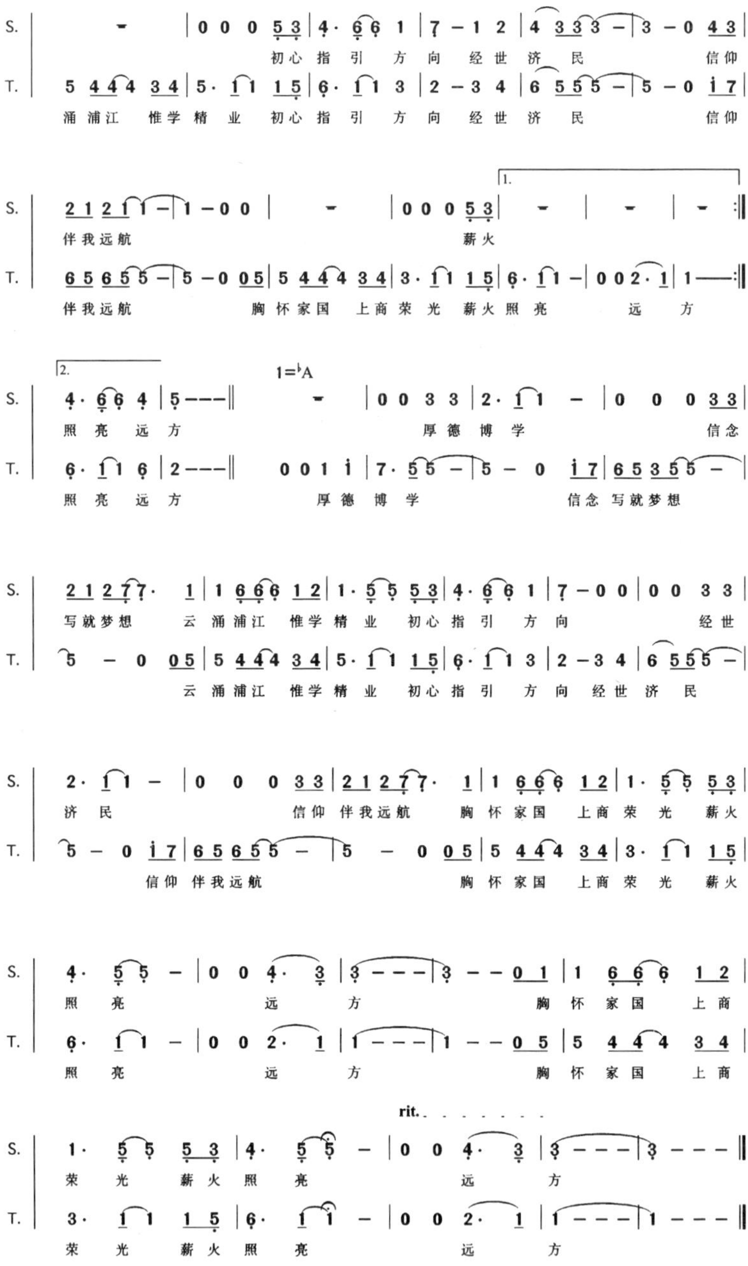
S.
T.
初心 指引 方向 经世 济民 信仰
涌浦江 惟学 精 业 初心 指引 方向 经世 济民 信仰
1.
伴我远航 薪火
伴我远航 胸怀家国 上商荣光 薪火照亮 远 方
2.
1=♭A
照 亮 远 方 厚德 博 学 信念
照 亮 远 方 厚德 博 学 信念 写就梦想
写就梦想 云 涌浦江 惟学 精 业 初心 指 引 方 向 经世
云 涌浦江 惟学 精 业 初心 指 引 方 向 经世 济 民
济 民 信仰 伴我远航 胸怀家国 上商荣光 薪火
信仰 伴我远航 胸怀家国 上商荣光 薪火
照 亮 远 方 胸 怀 家 国 上 商
照 亮 远 方 胸 怀 家 国 上 商
rit.
荣 光 薪火 照 亮 远 方
荣 光 薪火 照 亮 远 方

跋

我入职本校一年后，学校“升本”成功，校名改为上海商学院。那是2004年9月的事。

其时，我正在职攻读博士学位，查阅资料时注意到“国立上海商学院”。由此及彼，上海商科大学自1917年办学以来的三十多年历史轮廓在我眼前渐愈明朗，也感佩于上海办学的远见卓识，以及颠沛流离中西迁办学的坚韧不拔。课堂中常以顾准、孙冶方、马寅初、潘序伦等著名校友激励学子，增强学生自豪感和责任感。于己也时感肩上担子的分量。

我有幸参与60周年校庆筹备，大概了解中央税务学校华东分校自创校以来的沿革。虽然当时曾派人去上海市档案馆，查到过不多的校史资料，但是遗憾缺乏丰富的校史细节支撑。于我而言，学校20世纪50年的发展历史，仍然停留在茫然阶段，更难谈沧桑感和自豪感。不过，个人的归属感倒是日盛一日，或许是因为个人的成长与学校的快速发展合律，或许是因为与学校转制以来的一大批元老多年共事，被他们身上那种奋发向上的精神所熏染。

此后，笔者的关注增加了一个点：上海商学院校史。因为，从小的方面说，校史中的人和事，贴近自己的生活，特别亲切：其中的榜样容易效仿，某件事情甚至就“在场”，潜移默化中增添了认同，强化了归属感和幸福感。从大的方面说，校史昭示着学校从哪里来，到哪里去。用当下的话语体系来说，就是能够更好地了解学校的“初心”和“使命”。

本校不少师生员工对校史都有过程度不同的关注，包括校史资料的收集、整理、挖掘和研究等方方面面。荦荦大者，如方名山校长始终注重档案室建设，保存和收集了不少珍贵史料，比较集中地体现为编纂的《我们共同走过八年》《校庆60周年纪念图册》；又如朱国宏校长梳理校史形成了两个标志性成果：一是明确“以商立校，应用为本”的办学理念，二是变更校训为“厚德博学，经世济民”；本届校党政领导对校史建设的关注，也有诸多可圈可点之处。至于校友捐赠照片、实物，提供史料等更是不绝如缕；本校档案室的工作同志默默奉献近20年；……这些都为校史的建设和不断丰富奠定了坚实的基础。

遗憾的是，师生或校友尚难找到一个资料较为系统和全面的校史读本。这个感觉，我在去年上半年尤为急迫。当时，校党委筹划本校党建主题党课，决定以本校校史为主要内容，成立申报市教卫党委“伟大工程”党课备课小组，指定我担任备课小组组长。我当时最深切的体会是“巧妇难为无米之炊”。

作为小组长，我深感自己肩上的担子沉重。靠我们备课组成员几个人兼职去搜集校史资料，对于党课一个多小时的庞大容量而言，如此匮乏的校史资料，我们内心的焦虑不言而喻。

如何尽快搜集到足够多的史料，尽早搭起主题党课的框架来？我们试了很多办法，也出了多个方案，但是总觉得隔着一层，我们自己也都觉得不理想。究其原因，都是校史资料缺乏惹的祸。

去年下半年，学校启动了上海商学院建校70周年（1950—2020）筹备工作。与前者不约而同，都聚焦收集、整理、挖掘和研究上海商学院70年发展的历史。

临近放寒假时，我们形成了走群众路线的思路，就是发动校友群体回忆往事、征集校史的办法。于是，联手校党委宣传部发起征文，诚邀一些熟悉的老校友撰写亲历的校史回忆文章。希冀用这个办法，采撷上商 70 年丰富历史，展上商人奋斗风采，用故事深化奋进主题。

我们课题组成员带头，将自己搜集到的材料先形成文章，并在微信公众号中推送，再以此为“样稿”，约请一些我们能联系上的老教师、老校友撰写文稿。征文稿通过微信公众号陆续推送后，校内师生和校友们的阅读量居然不小。这种滚雪球的办法，竟然激发了不少老校友的写作热忱，大家纷纷来稿，短时间内形成了校庆征文的一波热潮。

5 月初，我们与校庆办等汇编了已经微信公众号推送过的 24 篇文稿，印制了《我与上商的故事——上海商学院建校 70 周年征文集》，共襄上海商学院建校 70 周年盛事。

征文延续了半年多的时间，最终我们居然收到了 80 多篇文稿，并且都先后安排在微信公众号上给予推送，助力校庆 70 周年隆重而热烈的氛围营造。

这些文稿，将建校 70 年历史中不少鲜为人知的故事精彩呈现，尤其提供了诸多翔实而生动的细节，给我们备课组以极大的鼓励和支持。我们一边研读上述征文，一边认真备课，一边小范围试讲，采用“小步走、不停步”的方式有序推进，主题党课的雏形渐次明朗起来。与此同时，我们还继续采取各种办法搜集，继续挖掘校史的丰富细节，继续反复开掘校史的内涵，以及提炼上商人 70 年拼搏奋进的精神内核。于是，有了主题党课《传承红色基因　弘扬奋斗精神》的基本框架。

因为疫情，2020 届毕业生无缘线下毕业典礼，但是可以让他们的毕业季拥有另一种精彩。笔者所在的文法学院团队有了打造一份特殊的毕业礼物的创意，于是，梳理校史沿革（上篇）、汇编全部校庆征文（中篇）、整理校史述要（下篇）紧锣密鼓地启动，就有了自印本《迎难而上 驰而不息——上海商学院 70 年》。其中，下篇收入了主题党课前期备课形成的教案文本。

学校成功申请上海市教卫党委“伟大工程”党课(第二季),对备课提出了新的要求,推进力度步入了快车道。“迎难而上”的精神内核,在暑假期间的备课中愈益得到大家的认可和肯定。经过全校上下的共同努力,最终形成了9月29日在奉浦校区集中展示的主题党课《红色基因　商道使命》。讲课实录自然收入本书的“下篇　校史撮要”。

了解本校的历史,是“知校——爱校——荣校”的逻辑起点。正在如火如荼开展的“四史”教育,早就从更高层面阐明了“知国——爱国——荣国”“知党——爱党——荣党”的现实价值,也为我们收集、整理、挖掘和研究校史提供了强大的理论指引。于是,我们提出了进一步优化前述阶段性成果,正式出版一本较为完整而系统的校史读本的设想,这立刻得到了我校校领导以及东方出版中心的肯定和支持。

呈现在读者面前的新《迎难而上 驰而不息——上海商学院70年》,由三个篇章构成:“上篇　历史沿革”;“中篇　上商往事”;“下篇　往事撮要”。“上篇　历史沿革”,以校名9次更替为线索,梳理了学校70年不同阶段的历史脉络,侧重校史整体印象的“坐标”构建。“中篇　上商往事”,以精选“往事”记述的校庆征文为主,辅之以与“往事”相关的其他篇什,侧重校史中人和事的阅读。“下篇　往事撮要”,收集主题党课实录《红色基因 商道使命》、二级学院风采录、学校历任校长、学校大事记、校史人物简编等,侧重历史传承和现实发展的多维叙述。

在搜集史料和编辑本书的近两年中,我一次又一次地被前辈们拼搏前行的事例所感动,也特别珍惜和感恩系统梳理上海商学院70年发展历史的机缘。尤其享受于搜集校史中的跌宕起伏:有时长时间踯躅于“踏破铁鞋无觅处”,有时却也欣喜于“千淘万漉虽辛苦,吹尽狂沙始到金”。

本书是集体智慧的结晶。衷心感谢校党政领导的悉心指导!

衷心感谢校党政办、组织部、宣传部、校庆办公室、校工会、校友会、档案室，以及全校各职能部门、各二级学院的鼎力支持！衷心感谢为本书出版付出艰辛劳动和智慧的上级领导和各界贤达的热切关怀和殷殷鼓励！

借本书出版之机，再次感谢参与70年校庆征文的所有作者！再次感谢在推文、搜集资料和成书过程中给予我个人和团队支持和帮助的全校师生员工和诸多校友！再次感谢上级领导和各界人士在本书编纂过程中给予的指导和提点！

由于成书时间仓促，资料收集有限，尤其是本人学养所限、力所难逮，导致本书或挂一漏万、或遗珠弃璧、或错讹舛误，祈请师生员工、校友和各界贤达不吝赐正，以便在修订时改正和优化，希冀汇聚更多智慧不断打造一本更为系统、更为精彩、更为权威的校史读本，为建设特色鲜明的高水平的应用商科大学而略尽绵薄之力。

主编　方有林

2020年12月10日于上海商学院

图书在版编目（CIP）数据

迎难而上　驰而不息：上海商学院70年 / 方有林主编. 一上海：东方出版中心, 2020.12

ISBN 978-7-5473-1760-0

Ⅰ. ①迎… Ⅱ. ①方… Ⅲ. ①上海商学院－校史 Ⅳ. ①G649.285.1

中国版本图书馆CIP数据核字（2020）第263594号

迎难而上　驰而不息
——上海商学院70年

主　　编　方有林
责任编辑　潘灵剑
装帧设计　钟　颖

出版发行　东方出版中心
地　　址　上海市仙霞路345号
邮政编码　200336
电　　话　021-62417400
印 刷 者　上海盛通时代印刷有限公司

开　　本　890mm × 1240mm　1/32
印　　张　12
插　　页　4
字　　数　227千字
版　　次　2020年12月第1版
印　　次　2020年12月第1次印刷
定　　价　56.00元